首批国家级一流本科课程（线上线下混合式）配套教材
高等院校经济管理类专业"互联网＋"创新规划教材

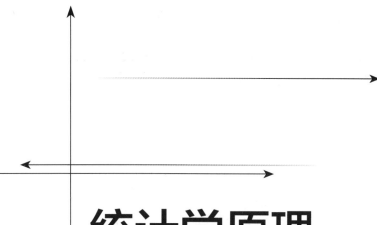

统计学原理

王小刚 ◎ 主 编

内 容 简 介

本书是国家级一流本科课程"统计学原理"（线上线下混合式）的最新建设成果，共分 7 章，包括绪论、数据产生、数据展示、数据描述、概率论、统计推断和统计指数，全面系统地介绍了统计学的基本概念、性质、理论和方法。本书配套各章思维导图、重难点内容、拓展知识、章节测试、习题讨论、微课视频等。

本书对于理解统计思想具有较高的参考价值，适合作为高等院校统计学专业、经济管理类专业的本科生教材，也可供统计工作人员、企业领导和其他管理工作者参考学习。

图书在版编目(CIP)数据

统计学原理/王小刚主编．—北京：北京大学出版社，2022.8
高等院校经济管理类专业 "互联网+" 创新规划教材
ISBN 978-7-301-31582-8

Ⅰ．①统…　Ⅱ．①王…　Ⅲ．①统计学—高等学校—教材　Ⅳ．①C8

中国版本图书馆 CIP 数据核字(2022)第 060537 号

书　　名	统计学原理 TONGJIXUE YUANLI
著作责任者	王小刚　主编
策 划 编 辑	李娉婷
责 任 编 辑	李娉婷
数 字 编 辑	蒙俞材
标 准 书 号	ISBN 978-7-301-31582-8
出 版 发 行	北京大学出版社
地　　址	北京市海淀区成府路 205 号　100871
网　　址	http://www.pup.cn　新浪微博：@北京大学出版社
电 子 信 箱	pup_6@163.com
电　　话	邮购部 010-62752015　发行部 010-62750672　编辑部 010-62750667
印 刷 者	北京鑫海金澳胶印有限公司
经 销 者	新华书店
	787 毫米×1092 毫米　16 开本　12.5 印张　291 千字 2022 年 8 月第 1 版　2022 年 8 月第 1 次印刷
定　　价	39.00 元

未经许可，不得以任何方式复制或抄袭本书之部分或全部内容。
版权所有，侵权必究
举报电话：010-62752024　电子信箱：fd@pup.pku.edu.cn
图书如有印装质量问题，请与出版部联系，电话：010-62756370

前　言

国内关于统计学方面的教材已有很多，再出版一本统计学教材的意义何在？经过多年统计学专业课程的讲授，借鉴统计学同行的优质教学、教研资源，结合近年来对统计学的理解和思考，编者认为现有统计学教材在编写时为了体现科学性、系统性和完整性，使用了严谨的写作风格和专业的叙述语言，这种风格的优点在于语言简练、知识结构完整、上下文衔接紧密，能够在短时间内直达要点，对于学习过一轮统计学之后再次学习时非常有效，但是，我总觉得欠缺一点什么。

编者在讲授统计学课程时遇到了很多学生。他们大多认可统计学非常有用，认为统计学对自己今后的学习和工作会有大的帮助，但同时也认为统计学很难学习，认为自己"不是学习统计学的'料子'"，慢慢形成了"统计学很有用，但不知道如何使用"的观点。传统的统计学教学很容易让学生陷入"学习知识+做题巩固"的循环，形成了"只会做题但不会解决实际问题"的现状。统计学的知识和思想对我们的工作和生活非常重要，这毋庸置疑。而要让学生真真切切体会到统计学有用，并能够使用统计学思想解决实际问题，则需要和学生拉近距离，或许生动有趣的实际案例、深入浅出的叙述风格、润物细无声的统计思想更加符合学生需求。因此，为了适应新形势下高等院校应用型人才的培养目标，对标金课标准，更好地培养统计学、经济学、管理学等学科高水平应用型人才，提高学生的归纳及辨析能力、分析及解释能力、评价及汇报能力，提升学生的应用及创新等高阶能力，在保证理论基础、注重应用实践、彰显创新特色的原则下，编者在参照国家教育部门规定的教学内容的广度和深度，借鉴国内外优秀统计学教材的基础上，结合自己多年的教学研究和教学实践，编写了本书。

本书的特点是在保持统计学知识的科学性和系统性的前提下，突出统计思想在实际中的应用，尽可能使用通俗易懂的语言解释统计学的思考方式。例如，如何将实际问题转化为统计问题，如何用统计学知识解决实际问题，现有的统计学解决方法有哪些缺陷、如何合理有效地进行改进等，通过学习、思考和实践引导学生初步具备归纳、辨析、分析、评价、汇报及应用等高阶学习能力。

本书的编写理念是：统计学是工具，是现代社会一个有效率的工作者必备的工具之一。在统计学的学习中，不要急于将学习重点聚焦于统计学的特定技术中，应该专注于理解统计思想，构建统计思维才是未来更加高效工作和学习的关键。因此，本书力求通过生动有趣的案例，用通俗易懂的话语解释"高大上"的统计术语和统计思想，介绍生活中统计学的概念及应用。更少的数学公式、更多的问题思考、更贴近生活的数据、更通俗的语言描述是本书坚持的写作风格，启发读者思考如何使用统计学解决实际问题是本书的出发点和落脚点。书中有很多思考和实践部分，请仔细分析、认真思考、小组交流讨论，学会这一点比生搬硬套使用数学公式做题更为重要。

本书把统计学的基本内容分成如下五部分。

一是数据产生：数据是怎么来的？是自己收集的还是别人收集的？不同的数据来源会

对结论产生哪些影响？

二是数据展示：数据类型不同，整理和展示方法也不同，如何更合理地展示不同数据？分辨数据展示是否会误导他人？

三是数据描述：数据类型不同，描述方法也不同，不同指标之间的区别和联系是什么？如何描述多列数据之间的关系？

四是统计推断：如何用少量的样本信息推断总体的特征和规律？对数值型数据和品质数据应该如何做统计推断？

五是统计指数：单一指标和综合指标如何反映事物特征？如何运用常用的经济指数来解决问题？

本书绪论部分包括统计学基础知识、基本概念和简要介绍。概率论部分的内容主要是为了满足严谨性的需要，非统计学专业学生简单了解即可。

本书是首批国家级一流本科课程"统计学原理"（线上线下混合式）的建设成果之一，配有微课视频、章节测试、习题库、拓展知识等教学资源，欢迎各位教师和学生使用。在本书的撰写过程中，编者借鉴和参考了国内外优秀教材，采纳了很多统计学专家的观点和案例，在此表示感谢。最后，特别感谢北方民族大学教学研究项目（2018ZDJY06）及2021年度校级本科教材建设项目的资助，感谢家人的支持和理解，感谢教学研究中遇到的专家学者、同行教师的帮助。

由于编者水平有限，书中难免存在一些疏漏之处，恳请读者提出宝贵意见和建议。

编　者

2022 年 5 月

目 录

| 第 1 章　绪论 | 1 |

1.1　什么是统计学 …………………… 4
　1.1.1　合理的数据也可能
　　　　很不靠谱 ……………… 4
　1.1.2　相信奇闻逸事还是相信
　　　　数据 …………………… 5
　1.1.3　数据来源相当重要 …… 6
　1.1.4　相关性可信吗 ………… 6
　1.1.5　统计学概述 …………… 7
1.2　为什么要学习统计学 …………… 8
1.3　描述性统计和推断性统计 ……… 10
　1.3.1　描述性统计 …………… 11
　1.3.2　推断性统计 …………… 11
1.4　无处不在的统计学 ……………… 12
习题 ………………………………… 14

第 2 章　数据产生 …………………… 15

2.1　基本概念 ………………………… 17
　2.1.1　个体和变量 …………… 17
　2.1.2　总体和样本 …………… 18
2.2　数据来源 ………………………… 19
　2.2.1　观察 …………………… 19
　2.2.2　实验 …………………… 19
　2.2.3　抽样调查 ……………… 20
　2.2.4　普查 …………………… 23
2.3　随机性与抽样误差 ……………… 23
　2.3.1　随机性 ………………… 23
　2.3.2　抽样误差 ……………… 24
2.4　数据类型 ………………………… 26
　2.4.1　分类数据、顺序数据、
　　　　数值型数据 …………… 27
　2.4.2　观察数据和实验
　　　　数据 …………………… 27
　2.4.3　横截面数据和时间序列
　　　　数据 …………………… 28
2.5　数据是如何"撒谎"的 ………… 28
习题 ………………………………… 31

第 3 章　数据展示 …………………… 33

3.1　数据预处理 ……………………… 35
　3.1.1　数据审核 ……………… 35
　3.1.2　数据筛选 ……………… 36
　3.1.3　数据排序 ……………… 37
　3.1.4　数据汇总 ……………… 38
3.2　数据整理 ………………………… 39
　3.2.1　分类数据整理 ………… 40
　3.2.2　顺序数据整理 ………… 42
　3.2.3　数值型数据整理 ……… 43
3.3　数据展示 ………………………… 45
　3.3.1　品质型数据展示 ……… 45
　3.3.2　数值型数据展示 ……… 55
3.4　数据图表的使用 ………………… 68
　3.4.1　统计图 ………………… 68
　3.4.2　统计表 ………………… 69
3.5　数据可视化 ……………………… 70
习题 ………………………………… 72

第 4 章　数据描述 …………………… 75

4.1　数据分布特征描述 ……………… 77
　4.1.1　集中趋势度量 ………… 78
　4.1.2　离散趋势度量 ………… 86
　4.1.3　分布形态度量 ………… 90
4.2　相关关系 ………………………… 92
习题 ………………………………… 96

第 5 章　概率论 ……………………… 99

5.1　什么是概率 ……………………… 101

  5.1.1 随机事件 …………… 102
  5.1.2 古典概率 …………… 103
  5.1.3 概率的性质与运算
     法则 …………………… 104
 5.2 随机变量 ………………… 105
  5.2.1 随机变量的定义与
     分类 …………………… 106
  5.2.2 概率分布与数字
     特征 …………………… 106
 5.3 离散型随机变量 ………… 108
  5.3.1 二项分布 …………… 108
  5.3.2 泊松分布 …………… 109
 5.4 连续型随机变量 ………… 110
  5.4.1 均匀分布 …………… 111
  5.4.2 正态分布 …………… 111
 习题 ……………………………… 113

第 6 章 统计推断 …………… 117

 6.1 抽样分布 ………………… 120
  6.1.1 抽样分布的基本
     概念 …………………… 120
  6.1.2 三大抽样分布 ……… 121
 6.2 大数定律与中心极限定理 … 123
  6.2.1 大数定律 …………… 123
  6.2.2 中心极限定理 ……… 124
 6.3 数值型数据统计推断 …… 127
  6.3.1 点估计 ……………… 127
  6.3.2 区间估计 …………… 131
  6.3.3 样本容量的确定 …… 138
 6.4 假设检验 ………………… 139

  6.4.1 单总体假设检验 …… 143
  6.4.2 两个总体假设检验 … 148
 6.5 品质数据统计推断 ……… 151
  6.5.1 拟合优度检验 ……… 151
  6.5.2 列联分析 …………… 155
  6.5.3 列联表中的相关
     测量 …………………… 158
 习题 ……………………………… 159

第 7 章 统计指数 …………… 161

 7.1 指数的概念及分类 ……… 163
  7.1.1 指数的概念 ………… 163
  7.1.2 指数的分类 ………… 164
  7.1.3 指数编制中的问题 … 165
 7.2 个体指数和总指数 ……… 166
  7.2.1 个体指数 …………… 166
  7.2.2 总指数 ……………… 167
 7.3 指数体系因素分解 ……… 173
  7.3.1 总量指数因素分解 … 173
  7.3.2 平均指数因素分解 … 175
 7.4 常用经济指数 …………… 177
  7.4.1 居民消费价格指数 … 177
  7.4.2 生产者价格指数 …… 178
  7.4.3 满意度指数 ………… 180
  7.4.4 股票价格指数 ……… 180
 习题 ……………………………… 181

附录 ……………………………… 183

参考文献 ………………………… 193

第 1 章 绪 论

知识目标

- 复述描述性统计和推断性统计内容
- 判断统计数据及结论是否可信
- 解释描述性统计和推断性统计的差异

能力目标

- 初步具备统计数据及结论是否可靠的判别能力
- 举例说明什么是统计学及统计学的用处

思维导图

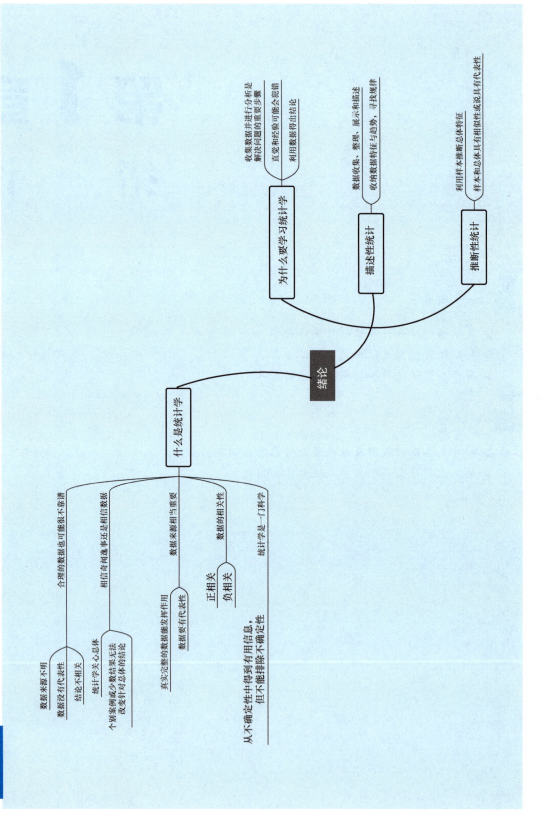

"总有一天,就像听说读写一般,统计思维将成为社会人必不可少的能力之一",这是被称为"科幻小说之父"的威尔斯在1903年的预言。一百多年前,这句话可能会被当作玩笑,因为当时统计学正处于萌芽状态。一百多年后的今天,我们发现拥有统计思维已经成为现代人生活、工作中必不可少的能力之一,它已经融入我们生活的方方面面。即使你没有系统学习过统计学知识,了解和掌握一些统计思维也会让你更加理解数据及其结论背后的意义。

统计学

例如,网站、报纸或书籍中可能会出现以下话语。

➢ 每个月的7日购物能省下更多开支。
➢ 天秤座的人会更乐观,善于与人交往。
➢ 姓名中的字含有竞技含义的运动员,其平均职业生涯比其他运动员要少2年。
➢ 登上《财富月报》会受到诅咒,登上该杂志的企业有30%在5年内宣告破产。
➢ 压哨球最好传给最近10分钟进球最多的球员,因为他"手热"。
➢ 每天吃2个苹果,能有效降低患心脏病的概率。

上述包含数据的结论一个都不能信任,不能信任的原因如下。

一是数据来源不明。有的结论为了吸引眼球,甚至会杜撰子虚乌有的研究机构。有的报道不给出数据来源,甚至给出杜撰的数据。数据来源是我们相信结论的前提,没有可供查询的数据来源显然是无法相信的。

二是数据没有代表性。如果要将样本(较小群体)中得到的结论推广到总体(某一类较大群体)中,期望得到适合总体的结论,首要条件是必须保证样本具有代表性。所谓代表性是指样本的挑选不能受到某种控制。简单来讲,从一个1000人的企业中挑选50人的数据,那么设计调查的人只知道会抽中50人,而不能预先知晓某人会不会在这50人之中。另外,抽中的这50人的某种特征(如男女比例、年龄构成等)最好与1000人的特征相近。如果不能保证代表性,则所得结论不可信。

三是结论不相关。结论(如企业破产、平均职业生涯)会受到很多因素的影响,忽略一些重要因素会使得原本不相关的结论看起来居然有关系,导致结论出现偏差,因而不可信。

随着互联网技术,尤其是移动互联技术的日益发展,越来越多的数据被存储下来,我们面对海量的数据进行工作时一定要审慎思考,对数据的合理思考将有利于区分优质数据和垃圾数据,从而更加靠近合理的结论。就像《简单统计学》一书中所嘲讽的"如果你对数据'拷打'足够长的时间,它一定会'招供'的"。学习统计学有助于我们理解统计思维,远离统计谬误和不合理的推断,建立有用的指导原则。

统计学的世界里有未知、假设、实验、调查和博弈等,当然也有统计学家喜爱的抛硬币和掷骰子。学习统计学的主要目的在于明白统计学能帮助我们做什么、如何使用统计学及科学合理地评价统计报告等,当我们在现实世界遇到和统计相关的问题时,知道如何用统计学思维看待问题、思考问题和解决问题。欢迎来到这个充满随机性和不确定性的世界学习!

1.1 什么是统计学

合理的数据靠谱吗？

统计学是理解并运用数据的科学，谈到统计学就离不开数据！那么数据是什么？现代社会里，几乎任何数据都可以转换成一串数字，单纯的数字对于统计学来讲是毫无意义的。例如只说数字 210 就会不知所云，如果我们知道篮球队来的新队员身高 210cm，结合上下文意思、数字和个人经验我们就可以做出推断，即使是在篮球队，身高超过 210cm 的球员也并不是很多，因此该队员很大可能会担任中锋。

大家已经知道统计学是和数据有关，是要对数据进行处理的，那么是否处理数据的工作就是统计学的工作呢？

假设你参加工作后，看到财务室的张三同学正在做报表，正在处理企业经营数据，你跑过去说："看不出来你也是学统计的呀！"那么，我猜张三同学听了会非常生气。张三同学是在做数据分析工作吗？当然是，会计处理的是企业财务数据，做报表需要对企业的投入和产出进行分析，那么这个工作是统计学的工作吗？

假设你家装修时需要挂一幅装饰画，挂画工人需要测量墙面的中心位置，这样必然要测量并进行"数据"处理，这样的工作是统计学的工作吗？当然不是！

不是所有和数据（或者说与数字处理相关）打交道的工作都是统计学要解决的问题，也不能把所有处理数据的工作人员都当成统计专业人员，统计学是要处理数据，但是这里的数据处理和前面所说的数据处理之间有明显的差别。那么，差别是什么呢？随机性！前面所述的数据仅仅是个体数据，没有随机性，不能对总体进行推断，因而不是统计学关心的数据。

简单来讲，统计学是利用某种方法获得数据，通过对数据进行描述和推断得到结论，并利用统计图或表进行展示和解释的。统计学的所有事情都是围绕数据而展开的，收集、整理、分析和解释数据是统计学的核心内容。在理解什么是统计学之前，我们先来看几个例子。

1.1.1 合理的数据也可能很不靠谱

2015 年，牛津大学的伯翰农等人做了一个实验，将 19～67 岁的男女分成三组：第一组要求保持低碳饮食结构，每天额外供应可可含量为 81% 的巧克力 42g（巧克力组）；第二组不供应巧克力，其他饮食和第一组保持一致（低碳组）；第三组按照自己之前的饮食习惯供应食物，不进行任何限制（对照组）。实验开始前，所有参与者都被告知参与实验的风险。然后，实验正式开始。实验开始和结束时，测量了每个参与者的体重、BMI、腰臀比、血压、睡眠程度等指标。21 天后发现：巧克力组是体重下降"最简单、最成功"的（见图 1.1）！低碳组降低了 3.1% 的体重，巧克力组降低了 3.2%，而对照组体重上升了，比平均体重上升了 0.7%！另外，巧克力组的 BMI 指数也比研究前降低了 0.93。

实验结果被接受之后，被人火速写成新闻稿件发给德国的 *Bild*，紧接着被全球多个国家和地区转载报道，风靡全球的"巧克力减肥方法"成功诞生。随后事件马上反转。伯翰

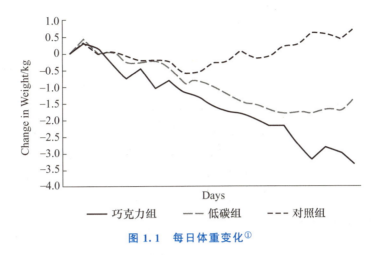

图 1.1　每日体重变化[1]

农爆料：巧克力减肥方法是伪科学，是自己一手炮制的。这些夺人眼球的新闻在报道时，没有人来咨询过他相关细节[2]。

看似完全合理的"实验"，结果也是通过数据分析得出的，错误出在什么地方呢？参与者的选取及参与人数！如果告诉你参与者只有 16 人（5 男 11 女），而且这 16 人也不是通过随机挑选的，你对上面的数据是否有不同的看法？这也印证了前面提到的观点：合理的数据也可能不靠谱（后面的内容会讲到怎样得到的数据才是合理的）。**一本正经地胡说可能没有人相信，但是加上数据后再一本正经地胡说可能会欺骗很多人！** 学习统计学可以让你更加理性地看待和分析事情，仔细甄别那些依靠数据得出的结论。因此，在你相信一个由数据得出的结论前，首先要问这样的问题：数据是如何收集的？是否值得相信？

1.1.2　相信奇闻逸事还是相信数据

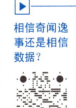

相信奇闻逸事还是相信数据？

如果住宅小区离变电站只有 500m，那么从变电站的高压线产生的电磁辐射（准确地说是电磁场）是否与小区儿童患白血病有关系？高压线之类的电力设施不受欢迎的主要原因是，人们担心高压电产生的电磁辐射会对人的健康产生危害，导致患病风险增大。那么，是否有研究可以验证电磁辐射会对人体健康产生危害，二者之间有无必然关系？

1999 年，一项对英国 4000 名儿童癌症患者的大规模调查发现：暴露在高压线这类高频磁场之下，包括白血病在内的各种癌症的患病风险都没有增加。另外一些研究也表明，高压线附近居住的儿童患白血病的风险不会增加。1997 年，美国国家癌症研究所的一项历时 8 年花费 500 万美元对美国 1000 名儿童的研究也显示，白血病与磁场之间没有相关性。同时发表的社评甚至大声疾呼：是时候停止浪费研究资源了！真实的结果是即使直接

---

[1] BOHANNON. Chocolate with high cocoa content as a weight-loss accelerator [J]. Internation Archives of Medicine，2015，55（8），Doi：10.3823/1654.

[2] 伯翰农是一名科学记者，对"标题党"和"传播学"感兴趣，他和朋友想测试的内容是"如果发表一篇虚假的关于健康的突破性的报道，媒体是否会不假思索地疯狂推广？"

站在高压线下方，强度最大也不超过国际标准的五分之一，而且随着距离的增加，高压线产生的磁场强度会迅速降低[①]。

数据给了我们做出决策的依据，但是如果出现一则报道："居住在高压线旁的少年患白血病。"那么可能会有较多人倾向于相信此类奇闻逸事而不是基于数据的科学研究，毕竟活生生的例子比枯燥的数据冲击力更大！奇闻逸事是从生活中出发，以生动的例子感染人，以真实的内容打动人，但是可能用不相关的数据或有偏差的结论误导人。这里不是说这样的事实有误，只是要提及：**统计学关心的是总体，得出的结论也是关于总体的，拿个别案例或少数几个结果无法改变针对总体的结论**。就像班里平均成绩是80分，你不能以某人成绩不及格或某人满分来说明平均成绩80分不对是一样的道理。值得注意的是，动人的奇闻逸事是无法用来做决策的，说法是否可信的前提取决于是否有数据支持！

1.1.3 数据来源相当重要

一般而言，数据总比定性化的结论要显得可靠些，因此人们喜欢在汇报、讲演、报告等场合使用数据，但是，数据是否值得相信的首要问题是明确数据来源。2015年，英国政府推出政策，同意父亲和母亲共同休产假，一年后的统计数据结果显示，只有1%的父亲选择了休产假，这是否能说明休产假的父亲人数太少，从而得出取消父亲休产假的政策？查看数据来源后得知，1%的数据是通过休产假的父亲与所有男性的比值，而不是和有资格休产假的父亲对比！因此，结论不可靠。

在一项针对"母亲是否比父亲更强烈地认识到父亲教育孩子的重要性"的调查中，有82.35%的母亲认为父亲教育孩子更重要，这是不是最终的结论？真实情况中调查样本是34对两地分居的父母，孩子出生后由母亲一人抚养，一年后团聚。针对这样的调查设计，我们有理由质疑数据来源，进而怀疑结论存在严重偏差。倘若如此，假设孩子出生后由父亲一人抚养，是否会得到相反的结论呢？

1.1.4 相关性可信吗

某调查结果显示，电子设备越多的家庭，孩子的学习成绩越好。有报道称，周末住院的病人死亡率比周一住院的病人高15%！看到此类消息时最好不要急于做出判断，而是先问一下有没有忽略什么？有教师说，线上公开课（如MOOC）教学比传统教学效果好。上述都是二者是否存在相关性的问题。若某一变量会受到其他变量的影响，那么某一变量和其他变量之间存在着某种关系，即相关性。

孩子学习成绩好可能是因为家庭富裕，才有钱买更多的电子设备，有可能通过更多的课外辅导而使得成绩高。周末住院的病人死亡率高的原因更可能是因为医院人手不够而不是"星期日效应。"线上公开课教学效果好可能是因为学生年龄较大，理解力较强。

通用汽车曾经收到一个投诉，客户说他们购买的汽车存在"冰激凌恐惧症"。车主说每天晚饭后要开车去商店购买冰激凌，有时候会买香草味的，有时候会买巧克力味的。他发现买香草味冰激凌后汽车无法起动，而购买巧克力味的就可以起动。这是否说明汽车起动和冰激凌的口味存在相关性呢？显然这样的相关性是无法让人相信的。但是调查后发现

---

① https://www.guokr.com/article/437699/ 〔2022-06-20〕

客户的投诉属实。调查人员发现，香草味冰激凌广受欢迎，因此被摆放到了货架的最前面，所需购买时间较短，巧克力味冰激凌则需要长一些的时间。购买香草味冰激凌后，因为时间短，汽车发动机没有完全冷却，于是起动出现问题，而购买巧克力味冰激凌所需时间较长，发动机可以充分冷却，从而起动没有问题。最后的真相是汽车的发动机冷却时间与起动存在相关关系，而不是冰激凌口味的问题。

以上种种都是涉及两个变量的相关性的结论，在相信一个变量可能影响另一个变量前，先要看是否存在隐藏的、可以解释的变量被忽略了，好的统计研究一定要考虑较多的变量，从中选出影响变量的其他重要变量。

1.1.5 统计学概述

统计学能帮你估计能否被意向院校录取，企业管理人员用它来制订销售计划，购物网站通过以往数据为你推荐可能喜欢的产品，你可以用天气预报的数据决定明天要穿什么，决策者用来判断是否应该加大对学前儿童教育的投入，等等。统计学是围绕数据展开的，所以理解并正确运用数据很重要。为了更好地了解统计学是什么，先来看看著名的女士品茶的故事。

下午茶是英国的一项传统，19 世纪时，英国贵族的晚餐通常在晚上八点开始，而贵族夫人们下午四点就感到饥饿了，因此请仆人们准备一些茶、面包、黄油和小蛋糕等送到房间。下午茶逐渐演变成女主人邀请三五好友在下午三点到五点一起喝茶、聊天、听音乐等，现在则演变成生活在附近或工作在一起的人下午聚在一起喝茶、聊天。英国人认为牛奶和红茶是绝配，因此在喝上一两口茶水后要加入牛奶，但也有人喜欢先加牛奶后加茶（有种说法是可以防止喝茶的瓷器因热茶而破裂）。问题来了，在一个科学家聚在一起的下午茶时间，有位女士提出她能分辨出牛奶和茶的添加顺序，你相信这种说法吗？就算她尝出不同了又能说明什么呢？因为她答对和答错的可能性是相同的，而且即使她确实品出区别了，也有可能是将错就错得到的。那么如何判断她是品茶专家呢？

什么是统计学？

众人一筹莫展时，费希尔出场了（费希尔为统计学做出了大量奠基工作，是统计学的奠基人之一）！费希尔创造性地提出实验设计方法（不只是针对品茶实验），使统计学成为一门严谨的科学。他的做法其实也不复杂，就是给女士 10 杯（具体数量可由调查者决定）不同添加顺序的茶，泡茶顺序只有调查者知道，然后请女士品尝，通过正确回答添加顺序的数量（或比例）来确定女士是不是品茶专家。假设女士能够正确品尝出 10 杯中 9 杯的泡茶顺序，是否可以相信她的论述？如果只有 8 杯，还能相信吗？5 杯呢？总存在一个具体的数，如 7 杯，那么，大于等于 7 杯可以认为女士说的是对的，小于 7 杯则认为她是瞎猜的。尽管费希尔本人没有给出这个品茶实验的结果，但是这个故事的结局是那位女士正确地区分出了所有的茶。

前面说过，统计学是围绕数据展开的。为了回答什么是统计学，我们首先要解决统计学到底有什么用这一问题。假设你睡醒后发现已经中午了，然后你不愿意出去吃饭，于是就在手机上点了外卖，点完之后你意识到前几天刚看到新闻说某家外卖食品极其不卫生，想到你父母常说的外卖没营养，你开始自责，我为什么要吃这种东西？一周吃了 6 顿外卖是不是有点不正常？长此以往我的健康会不会受到影响？当然，你也会很快说服自己：辛苦一周了，有点累，不愿意出去，也不想自己做。然后趁着外卖还没送过来之前，你打开手机查看外卖食品有关的新闻，看到了某某机构做的外卖调查，你可能下意识会想：哪种类型的人点外卖多一些？大家点外卖的原因是什么？周末点外卖的人是否比其他时间更多？吃外卖对缓解压力是否有帮助？一周吃 n 次外卖会不会导致身体不健康？统计学能解决这些问题吗？

为了回答什么类型的人会点外卖或者点外卖的原因。首先，你可能需要向周边的人群发放调查问卷，请他们填写，但你没办法保证他们会完全如实回答。他们有可能不愿意承认自己只是懒不愿意下楼吃饭，也可能是因为外卖做得好吃，也有可能是所有选项都不符合，甚至他们可能根本就没考虑过为什么。其次，从问卷中得到数据，分析数据得到多数吃外卖的人都是年轻人，吃外卖的原因最多的是图省事。如果为了回答是否周末吃外卖的人比其他时间多，我们不仅需要知道点外卖的人数，而且还需要知道点外卖的具体时间，借助统计学工具，我们依然可以解决人们哪一天吃外卖更多。但是如果要回答是否能缓解压力，我们就必须首先数量化"压力"这一指标，如何用统计指标测量压力，而且还得先想清楚到底是因为吃外卖缓解了或增加了压力，还是有了压力才吃外卖？这是一个很有趣的问题。"一周吃 n 次外卖是否不健康""人们为什么会吃外卖"等类似的问题就不是统计学能解决的问题，无法通过统计学来解释。"一周吃 n 次外卖的人健康程度如何"这类问题倒是可以回答的。

统计类似伐木工人的电锯，不理解原理的话，不仅无用还可能有害。我们必须要知道什么能做，什么不能做。学不好统计会增加我们吃亏上当的可能性，而用品质差的电锯会导致全年 3 万起以上的伤人事件（其中 81% 是撕裂伤）。

思考：使用电锯受伤的人中 95% 是男性，这能说明男人使用电锯更容易受伤吗？

统计学能帮我们计算上大学会花费多少钱，能帮助我们计算在购车、购房时贷款多少划算，能帮我们计算玩游戏时的胜率，能帮我们了解做眼科手术的风险……总之，统计学有所为，有所不为，学习统计学最重要的目的是理解这里面的差异。

统计学是工具，它能帮助我们理解外界传递给我们的信息，就像眼睛和耳朵能过滤掉外界无用的刺激从而呈现出最精彩的世界一样。统计学也是从万千数据中提取有益的信息，如剔除个体信息之后所得的总体特征，或者从少部分个体得到的信息推演到总体的结论。**但是，统计学不是万能的，它能帮我们从不确定性中得到有用的信息，但是不能排除不确定性。**

是的，统计学主要是处理**不确定性**数据的科学，是一门收集、分析、表述和解释数据的科学。

1.2　为什么要学习统计学

为什么要学习统计学呢？用一句话就可以回答，那就是：**不管在什么领域，只要涉及收集数据并进行分析，那么统计学就是能够最客观、最快捷得到答案的方法之一。**

假设你在一家企业工作，经理打算召开全体会议，研究如何增加销售量，这次会议究竟会是怎样一种情况呢？首先介绍公司销售情况，指出销售情况和其他公司或与历史销售之间的差距，然后请参会人员对增加销量提出解决方法，接下来一些老资历的员工就会发言。常见发言为"我感觉……""根据我多年的经验……""我认为……"之类的建议。可以断言，如果你的公司拥有足够多的数据，但是却不对数据进行分析，而只是根据直觉和经验进行讨论的话，那此次会议就是在浪费时间。不仅如此，还会白白浪费会议参加者的人工费。有时，企业领导会经常训斥那些基层的工作人员，说他们偷懒，不好好工作，浪费时间，但是对那些资历较深的员工在会议上浪费时间的情况却毫不在意，他们认为直觉和经验能起很大作用。

为什么要学习统计学？

不可否认，直觉和经验会有所帮助，但是单凭直觉和经验做出的决定可能会导致决策错误，会给经营者、员工及客户造成困扰。如果你的错误决策将会导致上万人失去性命，你会以什么作为判断的依据呢？你还会依靠直觉和经验做出决定吗？

19世纪的伦敦，人类在历史上首次利用统计学的力量与夺走数以万计人类性命的病毒展开了搏斗，为了遏制原因不明的流行病（即霍乱），统计学发挥了巨大的作用。当时霍乱在英国本土暴发了4次，据说总共夺走了十几万人的性命，尽管当时的科学技术没有现在这么先进，但是当时的伦敦也聚集了大量接受过高等教育的科学家和医生，还有优秀的政府官员，但是面对霍乱的流行却一筹莫展，甚至可以说他们的一些决定对当时的局面是有害而无利的。例如有的医生提议用他调制的特别除臭剂来阻止霍乱流行，因为空气不干净，而病毒是依靠空气传播开的。

当时的伦敦正处于工业革命的高潮期，在这一时期依靠农业无法养家糊口的人，被迫涌进了城市，进入工厂变成了工人。城市的建设跟不上急剧增加的人口数量，于是城市中充满了狭窄而肮脏的房屋，房屋中又挤满了蜂拥而至的人群。因为没有完善的排水系统，垃圾与排泄物充斥着地下室、街道和河流，街头巷尾的恶臭使人难以忍受。或许这位提议用除臭剂的医生认为，既然死于霍乱的人大多是那些居住在恶臭之地散发着恶臭的工人们，那么只要消除这些恶臭，就能够控制霍乱的肆虐。

但是有更加果敢的官员认为应当把脏的东西彻底清除，这位官员组织清扫城中的垃圾，疏通排水管道，让污物排入河中流走。这位官员采取行动的时间节点正好在霍乱第1次和第2次大暴发的间隔期间，但是第2次霍乱的死亡人数约7万人，比第1次霍乱的死亡人数（约2万人）更多。总之看上去充满知识和见地，绞尽脑汁想出的办法，不仅消耗了大量的时间和劳力，浪费了人力、物力和财力，还造成了更糟糕的结果。

用一个简单的方法能够拯救10万人的生命，究竟该怎么做呢？"流行病学之父"、外科医生斯诺所做的事情现在看起来非常简单。首先，访问有家人因霍乱去世的家庭，询问具体情况，仔细观察周边环境并进行对比。其次，分析在同样状况下感染霍乱的人和没感染霍乱的人的区别，做出假设后收集大量数据，对假设是否准确进行验证。

斯诺将自己的调查结果制作成一个详细的数据报告，其中最能够显示霍乱预防方法的内容如表1.1所示。

表1.1 斯诺的数据报告

	家庭数/户	因霍乱死亡人数/人	万户死亡人数/人
使用供水公司A	40046	1263	315
使用供水公司B	26107	98	37

注：数据来源于斯诺的《霍乱的传染模式》。

分析后发现，即使在同样贫穷肮脏的地区中，使用不同供水公司的家庭数以及因霍乱死亡的人数也不同。使用供水公司 A 的家庭，有 1263 人死于霍乱，而使用供水公司 B 的家庭，只有 98 人死于霍乱。当然单纯地比较死者数字是不公平的，所以必须通过家庭数量来进行调整。如果家庭数量多的话，出现霍乱感染者的概率也会增加。于是斯诺将家庭数量限制在 1 万户，然后对两者的霍乱死亡人数进行比较。但即使如此，使用供水公司 A 的家庭死亡率仍然是使用供水公司 B 的家庭死亡率的 8.5 倍。当时伦敦还没有专门选择供水公司的习惯，而在同一个地区，一户人家的房屋面积及居住于其中的人数是基本相同的。所以在同样的条件下，只是因为所使用的供水公司不同就会出现高出 8.5 倍的死亡风险，这究竟是为什么呢？

基于数据，斯诺提出解决霍乱暴发的方法非常简单：停止使用供水公司 A 的水！遗憾的是，斯诺的主张因为缺乏科学依据，或没有足够的证据而没有被学会和政府采纳，可是听从他的建议放弃使用被霍乱污染水源的城区却成功地防止了霍乱的继续传播。

在斯诺发表这一研究结论 30 年后，德国的生物学家才发现霍乱的病原体是霍乱弧菌，并证明了霍乱弧菌能够存活于水中。而霍乱患者的排泄物中含有 4 种细菌，因此人们饮用了包含这种细菌的水就会感染霍乱。

实际上，供水公司 A 和供水公司 B 的区别就在于，前者从流经伦敦中心的泰晤士河下游取水，而后者从泰晤士河上游取水。而当时的泰晤士河，正因为前面提到过那位勇敢的官员的努力，充满了大量霍乱患者的排泄物，也就是说那位官员在无意间创造了一个非常高效的扩大再生产霍乱病菌的系统。

正如霍乱这一案例所表现的那样，一群优秀的聪明人聚集在一起不一定能够提出简单而强有力的解决方法，甚至还有可能互相制约或受到限制，而且即使乍看上去很有道理的方法，实际上却经常是无益甚至是有害的。如果一个判断现在还被认为仅仅是基于直觉和经验的，那么究竟有多少人会浪费时间或失去性命。由此可见，统计学发挥的作用实在难以估量，因此，你知道为什么要学习统计学了吗？

1.3　描述性统计和推断性统计

从广义上讲，统计学起源很早，凡是和数相关且进行简单概括的，都属于早期的统计学。现代意义上的统计学，也可以看作狭义统计学，是建立在"概率论"基础上的，除了数字概括，还有建立在"数理统计"之上的统计推断。

简单划分，统计学可分成描述性统计和推断性统计。

所谓描述性统计，是指从得到的数据中挖掘其特征和规律的方法。早期的描述性统计起源于人口统计，是国家出于征税、战争等原因对全国、各地区情况所做的调查。例如汉朝时为了征税进行的人口调查和土地调查、埃及为建造金字塔进行的全国人口和财产方面的调查等。现代的描述性统计起源于 17 世纪，其代表作有康令的《国势论》和配第的《政治算术》等。

推断性统计是结合概率方法通过分析有代表性的群体，得到较大群体的特征和规律的方法。简单来说就是**从部分推测全体**。需要注意的是，统计中的推断都是对于总体的一种可能性衡量，并不是必然会发生或者绝对会成立的推断。现代推断性统计的理论基础离不开数理统计，其开山鼻祖是 19 世纪晚期的皮尔逊。

1.3.1　描述性统计

加薪的困扰

假设你是一名厨师，已经在一家餐厅工作了 3 年，创造出一道大家喜爱的精美面点（为简单起见，假设这道面点只有你能做得非常美味）。此时，你想以此为由让老板加薪，那么加多少合适，是 50 元、500 元还是 5000 元？

你大概知道自己比餐厅其他人的能力大一点，而且能创造价值，但是遗憾的是你不知道别人的薪资情况。因此，到底要加多少薪水自己也不确定，怎么办？上网搜索是个好办法！从一个"厨师爱好者"的专业论坛中你得知，本地面点师的月工资最低 2000 元，最高上万元，而且有成千上万的工资数据。你不知道该怎么办，到底加薪多少才算合适呢？

这时，统计学可以登场了。你可以计算出这些面点师的平均工资和每个工资段（如 2000～3000 元，3000～4000 元……）的人数分布（就是每个工资段有多少人）。可以看出，2000～3000 元的可能是刚入职的实习生，最高工资的可能已经进入管理层了，有了这些数据，再结合自己工资和级别的所在范围，大概就知道并有足够的把握向老板开价了。

上例中的分析方法就属于描述性统计。描述性统计是关于数据收集、整理、展示的分析方法，其目的是描述数据特征，寻找数据规律。尽管描述性统计在生活中非常有用，但是它只能提供最基本的信息。例如通过描述性统计分析，可以给出班级平均成绩、标准差等，但是却无法得出不同班级成绩高低的影响因素有哪些；可以得到某一群体男性和女性所占比例、平均收入和标准差等，但无法给出男性和女性的薪资水平是否有差异。要回答这些问题就必须用到推断性统计。

1.3.2　推断性统计

假设你在做饭，想知道这道汤的味道如何，你会怎么做？很简单，撒入调味料并搅匀，然后舀一勺尝尝就能判断。这就是推断性统计的思想：用样本来推断总体。现在你的问题是想知道整锅汤的味道（总体的特征），而不是一勺汤的味道（样本的特征），判断方法是利用一勺汤的味道（样本的特征）进行推断，因此只要把汤搅匀了（这很重要），然后随机舀一勺，用这勺汤的味道（样本的特征）推断整锅汤的味道（总体的特征）就是一个很好的方法，即推断性统计。

推断性统计是关于如何利用样本特征推断总体特征的统计方法，其目的在于利用样本推断总体。类似的事情有很多，通过不同学校的升学率推断哪所学校更好，通过入住某品牌酒店推断该酒店的服务水平高低，市场监管部门经常通过检测某产品的质量状况推断市场上所有该产品的质量优劣。利用样本推断总体的好处有很多，一是可以节约时间、节省资金、提高效率。要了解全校考研同学的比例，就不需要让所有考研同学回答这一问题，可以通过选取合适的样本进行推断。二是有时直接对总体进行调查是无法实现的，此时也只能通过样本来推断。例如对电子产品的使用寿命进行估计，不可能将所有产品用到报废得出使用寿命，只能通过抽取样本进行估计。

如果有人说吃了 A 药物能提高人的智商，你会相信吗？假如有人说吃了 A 药物的人一个月后智商比不吃 A 药物的人高出 20%，有没有动心？从这些样本中是否能推断总体呢？作为个体，你可以选择相信也可以拒绝相信，不同的实验设计、样本选择、统计推断等各种因素都可能成为我们相信与否的理由。需要说明的是，即使经过统计推断，也不可能完全消除不确定性，而且统计推断还存在犯错的可能性。统计方法不能解决所有的不确定性，它只能揭开不确定性的面纱，扫除大部分的障碍。当然，任何时候，排除不确定性、获取有价值的信息都是统计学要做的重要工作。面对具有不确定性的事情，做得没那么好比什么都不做要好一些。

1.4 无处不在的统计学

统计学已经渗透到我们生活的方方面面，应用范围非常广泛，尤其是在经济学、金融学、管理学、社会学、生物医学、工程等学科中。应用领域包括但不限于以下领域：计量经济学、风险管理、精算学、可靠性分析、人口统计学、环境统计学、流行病学、生物统计学、航天统计学、地球统计学、机器学习、运筹学、种群生态学、心理统计学、计量心理学、统计力学、统计物理学、统计信号处理、统计热力学、地质、考古、历史统计等。

无处不在的统计学

正因为统计学无处不在，所以学习统计学对我们的生活、工作都会有非常大的帮助。正确使用统计学能够帮助我们理解生活中的很多事情和规律，错误使用统计学可能会产生灾难性的后果。学习统计学的目的不是让学习者成为统计学专家，而是要让学习者对这个领域保持谨慎和尊重，不至于犯大的错误。

统计学非常好理解，任何人只要拿到数据和使用统计软件，就可以通过简单输入命令完成复杂的统计建模和分析过程。问题是，如果数据是有偏差的或者使用的统计方法不适合，那么将会产生失之毫厘，谬以千里的情况，甚至还会有潜在的危险。张三同学正在上网时看到一条消息说：工作的时候，休息10分钟的人比不休息的人更容易死于癌症，你会怎么想？急忙点开网页看详细内容，一项包含将近4万人的办公人员统计调查结果显示：在工作期间离开办公室休息10分钟的员工在未来5年内患肺癌的概率要比那些从不离开办公室的同事高40%以上，这是怎么回事呢？是真的吗？我们应该怎么去理解？这么多人的统计结果应该是真的吧？或许，我们只需要对员工在休息10分钟里做了些什么事情，多一些思考。工作经验告诉我，离开办公室去休息的员工中，一部分人会聚在办公室外面的吸烟室吸烟，那么一个较合理的推断是，是吸烟引起了肺癌，而与休息时长无关。

大家都听过章鱼保罗的故事吧，章鱼保罗成功地预测了2010年世界杯七场比赛的获胜者。章鱼保罗是怎么预测的呢？在比赛前，水族馆的工作人员会把两只正面贴有球队国旗的透明盒子摆在保罗面前，盒子里装着相同的美味食物，保罗打开的第一个盒子对应的国旗就是它对胜利者的预测。七场比赛保罗全部选择对了，是不是很神奇？

如果保罗是一个没有任何运气的猜测者，那么每次正确预测的可能性都只有50%，连续七场都猜中的可能性非常低，因此大家都认为正确预测七场比赛的章鱼保罗是具有超能力的，那么它自然可以预测出下一场比赛的冠军。真实情况是这样吗？

章鱼并不十分喜欢足球，但是它们拥有出色的视力和良好的记忆力。章鱼一般都是色盲，但是实验表明，章鱼能够识别色彩的明暗度，而且它喜欢横向的形状，德国、塞尔维亚和西班牙的国旗都是由三块鲜艳的水平条纹组成的，而保罗也只选择过这三个国家。

假设你选择 1024 人，然后让他们去猜硬币的正反面，猜中正面的人和反面的人，假如各占一半的话，那么连续猜中十次的至少有一人，此时你绝不会说这个人具有超能力。现在你大概了解了，我们找 1024 只章鱼，让它们去"预测"某件事情成功或失败的概率（假设"预测"成功和失败的各占一半），然后将猜错的章鱼去掉，如此进行下去，连续猜对十次的章鱼至少会有一只，然后，媒体只是没有报道那些没有预测成功的章鱼而已！

想象这样一个画面，你在和朋友玩牌的时候，你的朋友连续七次都抽中了同样一张牌，你相信这仅仅是巧合，还是他会变魔术，或者他具有超能力？接着看，如果你在一场球赛中连续得分时，你会认为自己将继续保持得分势头，至于原因，或者今天是你的幸运日，或者这个球是你的幸运球，又或者是今天穿上了你梦寐以求的球鞋。我们每天面对很多复杂难辨的数据，有时连解释都很困难，更不要说去预测了。我们不喜欢完全未知的世界，喜欢掌控自己的生活，因此，可能会陷入寻找规律并要求很快找到规律的陷阱里（从数据推断总体并得出规律的事情绝不可能从寥寥数次经验中得出）。此时，一旦找到某种规律（如连续得分），我们就会继续寻找证据去支持这种规律，有时当数据不支持之前的规律时（如连续得分的中途其实有两三次没有得分），可能会倾向于忽略与规律相左的数据。穿上你心爱的球鞋，拿着你的幸运球，在能够给你带来好运的某一天并不会让你状态爆发，因为这些都不可能具有记忆性，它们所具有的幸运含义是你自己赋予的。

如果你想要理解新闻中出现的数字背后的含义，并见识数据的巨大力量，那么学习统计学、理解统计学就是你的法宝之一。用数据说谎容易，但是用数据说出真相却很难。因此，学习统计学的目的就在于从数据中得到"真相"，而分析出真相需要运用统计学的知识。

文学研究中也能发现统计学的身影。红学家对《红楼梦》的作者历来争论不休，《红楼梦》共 120 回，前 80 回公认的作者是曹雪芹，而后 40 回原作散失，至今作者归属仍是谜团。胡适先生认为后 40 回是高鹗续写的。周汝昌认为《红楼梦》共 108 回，现存 80 回，后 28 回遗失。白先勇认为，没有人能续作红楼梦，后 40 回中作者笔触细腻，前后呼应，120 回应全是曹雪芹所作。关于续作的文学价值，张爱玲认为后 10 回乃是狗尾续貂。大家各执一词，学术界仍无定论。统计学家从统计学的角度予以分析，给出一种佐证。

我们先做如下假设：如果是同一作者所写，在没有重大变故的情况下，作者的用词习惯应该保持前后一致。因此，我们可以通过假设检验判断作者的前后用词的一致性是否有显著差异。将 120 回分成三段，前 40 回、中间 40 回和后 40 回，重点检验后 40 回是否和前面 80 回存在差异。统计每段中某类词语（如形容词、副词、助词等虚词）出现的频率，然后利用 t 检验去检验 3 个总体间的差异，结果显示"前 80 回情况相近，后 40 回文言虚词变少，语言向白话文靠近"①。

中科院安鸿志研究员对《红楼梦》有着多年的研究，他选取书中一组土语，对比《红楼梦》前后两部分同其他 6 部明清小说使用这类词汇的情况，做出"土语词组"随着时间

---

① https://www.afenxi.com/56377.html　[2022-06-20]

推移进入小说的坐标图，从而考察它们的演变过程。考察的结果呈现出很好的演变发展规律，《红楼梦》在使用这些词汇时，正处在演变过程中的重要阶段，同时前 80 回与后 40 回在使用时，还显示出时间次序的差别。他还对考察的结果从土语词组的来源、土语词组演变的起步象征、创新点、时间的有序性、土语词组演变的尾声等方面进行了详细的分析，最后给出了分析的结论：《红楼梦》前 80 回成书于 1754 年是可信的，前 80 回与后 40 回作者有别[①]。

习　　题

一、单选题

1. 以下选项中，（　　）不会影响到统计结果的可靠性。
   A. 数据来源　　　　　　　　　　　B. 奇闻逸事
   C. 数据的代表性　　　　　　　　　D. 结论与数据的相关性
2. 以下选项中，（　　）可能是统计学更倾向解决的问题。
   A. 做出年度财务报表　　　　　　　B. 测量产品的质量
   C. 利用部分师生消费情况估计全校师生消费情况
   D. 清数存款人存款金额
3. 以下选项中，（　　）属于推断性统计。
   A. 女性占比　　　　　　　　　　　B. 年龄平均值
   C. 估计电子产品的寿命　　　　　　D. 收入标准差
4. 比起直觉经验，统计学更（　　）。
   A. 客观、准确、快捷　　　　　　　B. 费时、费力
   C. 容易出错　　　　　　　　　　　D. 片面
5. 以下说法正确的是（　　）。
   A. 统计学比直觉经验更客观准确，所以不需要直觉经验
   B. 样本容量、抽样方法对统计结果没有影响
   C. 统计学是工具，它能帮助我们排除不确定性
   D. 统计学应用范围非常广泛，它无处不在

二、简答题

1. 什么是统计学？
2. 什么是描述性统计？什么是推断性统计？
3. 描述性统计和推断性统计的区别是什么？
4. 统计学的作用是什么？

三、论述题

你认为学习统计学有什么作用？结合自己的学习、生活谈谈感想。

---

① https://blog.sciencenet.cn/blog-53483-691769.html　［2022-06-20］

第 2 章 数据产生

知识目标

- 区分个体、总体及样本并进行判别
- 判断不同数据来源,比较数据来源差异
- 解释个体、变量及所使用的不同类型数据间的差异
- 区分抽样误差和非抽样误差
- 解释描述性统计和推断性统计的差异

能力目标

- 具备归纳调查中的总体、个体等分析能力
- 判断统计数据及结论是否可信,能说明不可信的理由
- 具备对统计报告中的调查方案及数据产生过程提出修改意见和建议的能力
- 具备评价不同抽样方法的能力

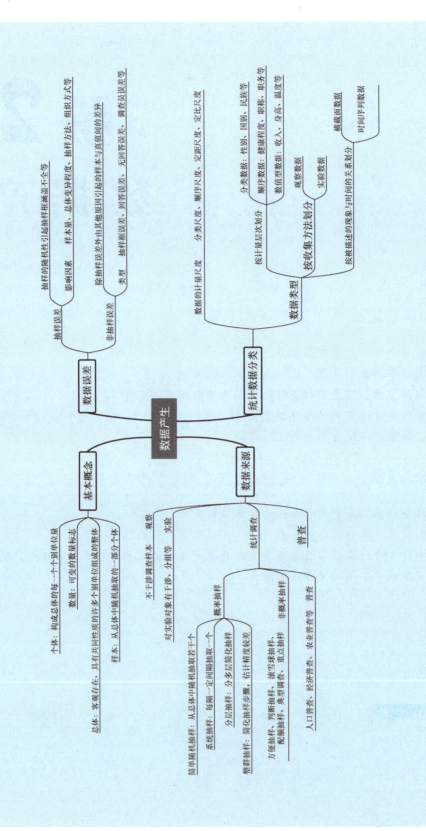

日常生活中，你在浏览报纸、杂志、网站、App 时会看到很多信息，我相信，统计数据和结果应该是你每天获取信息中频率最高的信息之一。有调查显示，2016 年到 2018 年间英国网民通过网络购买杂货的人数比例从 49% 降至 45%，同时有 63% 的受访者称他们在网络购物时订单出现过问题。年轻人对网络购物充满热情，中老年人则更谨慎。年龄在 45 岁及以上的受访者中，仅有 35% 网购，而"从未在网上购买杂货且无兴趣这么做"的人的比例从 2015 年的 34% 增长到 2018 年的 42%。德国 IFO 经济研究院发布的研究报告称，如果把所耗电量折算为二氧化碳排放量，并将锂电池生产和相关能源消耗考虑在内，电动车二氧化碳排放量可能比普通燃油汽车还要高出 11%～28%。每辆特斯拉电动汽车的实际排放量可能在 156～180g/km。这一数字甚至超出了一般燃油车的二氧化碳排放量。2016 年的美国选举，美国有线电视新闻网发布的民意调查显示希拉里以 62%：27% 大胜特朗普，有 11% 的受访者认为打平或不好判断，网络投票显示特朗普以 62%：29% 获胜，有 9% 的调查者未投票。《时代》周刊网站收集的 254094 份投票中，特朗普以 56%：44% 胜出。另一个著名网站 Politico 显示特朗普以高达 77% 胜率获胜。对于结果完全不同的两种调查结果，我们该怎么解读？

诸如此类的数据和结论充斥着我们的生活。这些数据从哪里来？是怎么得来的？我们能相信它吗？好的数据能为我们揭开迷雾，看清事情的真相，找到本质规律，但是不好的数据会误导我们。就像你报名参加 100 元的首都一日游，你当然不会期望 100 元的付出能带来"正常"的旅游体验一样，你也不应该期望在糟糕的数据上得出任何可靠的结论。所以，学习一些统计学知识有助于我们理解以上问题，在利用统计学知识研究问题前，请先问一个问题："数据从哪里来？"任何统计方法都无法拯救不具备代表性的数据。从我们关注的总体中抽取的简单随机样本能够对总体进行推断，但没有任何"灵丹妙药"能够处理随意收集、偏差无法掌握，甚至不知道总体是什么的数据。

2.1 基本概念

2.1.1 个体和变量

个体是数据所要描述的对象，它可以是人、企业、物品等。**变量**是描述个体特征的量，个体的不同特征是不同的变量，不同个体的同一变量取值可以不同。我们以"统计学"课程的学生为例，假定有以下数据（见表 2.1）。这里显示了若干学生信息，每个学生就是一个个体，在表 2.1 中，每个个体有五个不同的特征，因此需要五个变量来描述具体信息，即姓名、专业、考勤、作业和成绩，不同个体的同一变量如专业是不同的。例如，张大同学是统计学专业的学生，考勤变量的取值为 T 表示没有缺勤，作业变量取值 A、B、C 表示作业的等级，A 表示做得很好，成绩是"统计学"的得分。

个体、变量、总体和样本是什么？

表 2.1 "统计学"课程成绩表

姓名	专业	考勤	作业	成绩/分
张大	统计学	T	A	90
张二	经济学	F	C	85
张三	文学	T	B	94
...	...	...	...	...

说明：统计学所需的数据并非都需要用数字表示，可以用逻辑字符表示类别（T、F或1、0），也可以用字母或文字表示顺序（如 A、B、C，优、良、中、差……）。在不产生歧义的情况下可以用数字表示，因为用数字表示简单方便。

2.1.2 总体和样本

就像厨师要知道菜品味道是否合适时不需要把整盘菜都吃完就能得出结论一样，我们也不需要把所有事物都调查一遍才能得出结论，这就是采用调查研究的初衷。在做调查研究时，我们会面对一个较大的群体，当群体受到人力、物力或财力等成本限制不能全部调查时，可以调查群体的一部分，我们希望从部分群体的特征和规律推断所有群体的特征和规律，这就要求所选择的个体和群体要尽可能类似，具有相似的结构，或者说个体具有代表性。

上面所说的群体是我们要研究的目标对象，通常由研究个体组成，称为**总体**。例如，我们想知道去年毕业的统计学专业大学生的薪资水平，那么全国所有统计学专业的大学毕业生就是我们的研究总体。如果具体到研究某校统计学专业毕业生的薪资水平，此时研究总体就变成了该校所有统计学专业的大学毕业生。对总体进行研究通常是困难的，有的是因为总体数量众多，调查一次在成本、时间和时效上不可行；有时不直接对总体进行研究是因为没有必要。例如，测量一台设备的使用寿命的做法是持续使用该产品到报废或者大于某个很大的时间点（例如 20000 小时）为止，市场监管部门调查该产品的使用寿命，就没有必要将总体用到报废。

通常的做法是从总体中选取一部分个体，即**样本**。样本的数量称为样本容量或样本量。仍然以产品的使用寿命为例，该品牌所有产品是调查的总体，产品的使用寿命是研究变量，每个产品都是一个个体。从总体中抽取 100 台进行检测，100 则是样本容量。

【**例 2.1**】 收视率调查。收视率调查是一种市场调查和社会调查，用来估计有多少人收看某个电视节目，调查结果对于广告商要花多少钱购买广告播出的时间有重要意义。想一想这个调查的总体和样本分别是什么？

总体：所有观看电视节目的用户。

样本：从总体中抽取的若干参与调查的用户。

现在一些媒体的收视率调查已经不再局限于人工抽取样本方式，大部分采用了机顶盒、网站、App 的流量数据，这些数据可以直接收集和分析，而不是通过传统的电话调查等方式获取样本数据。这类基于互联网方式的数据采集方式使得收集数据的成本更低，数据量更大，几乎能做到收集总体的数据。

思考：为了调查卓越企业所具备的品质，某次调查选取了 30 家在股票市场上生存时间超过 20 年的企业，调查结果显示有若干共同因素，如"善于合作、让消费者满意、产品质量上乘、服务效率高"等，请问这项调查的总体是什么？样本又是什么？

调查者声称，具备以上品质是企业从成功走向卓越的标志。假设在上述调查中不考虑企业成功与卓越的界定是否正确，你相信这些品质是卓越企业所具备的吗？如果答案是否定的，聘请你对卓越企业所具备的品质进行调查时，你所设定的总体和样本分别是什么？

提示：调查者选取的样本若没有代表性，则对总体的推断结果值得怀疑。想一想具备这些品质的企业能在股票市场上生存 20 年以上吗？

思考： 阅读一项在全国范围内进行的关于大众对转基因态度的社会调查[①]。2016 年，关于转基因的全国范围社会调查共收集到有效问卷 2063 份。调查结果显示，中国公众对转基因食品持支持、中立和反对态度的比例分别为 11.9%、46.7% 和 41.4%。

以上调查测量的变量是什么？这项调查的总体是什么？样本是什么？样本量多少？

思考： 为了调查消费者的旅游出行方式，某旅游 App 在其软件内开展了一项调查。其中有一个问题是"你旅游出行时偏好哪种出行方式？"，你可以在"自由行"和"跟团游"两者中选择任何一个。结果显示有 1000 人选择了"自由行"，有 2000 人选择了"跟团游"。

上述调查的样本量是多少？你认为针对这一问题来看，这项调查是否有可能得到可靠的结果？如果在这个问题之前，加入这样一句话："省时省力省心才是假期出游的最佳打开方式。刚刚过去的五一黄金周的数据显示，跟团游仍然是旅游市场的最佳出行方式。"你认为是否会对调查结果产生影响？

2.2　数据来源

2.2.1　观察

一些数据需要通过观察的方式获得。通过观察获取数据要遵守一个原则，就是不能打扰观察个体。假如我们想了解狼群的生活模式，通过观察就能获得数据。例如狼群的数量、活动范围、雌狼和雄狼的数量、猎食频率等可能是我们感兴趣的变量。研究吸烟与肺癌之间是否相关，相关程度有多大？通常所采用的方法是收集吸烟和不吸烟者的观察数据，得到肺癌患者的数量，最后进行分析研究。

数据从哪里来？（观察与实验）

有人说开设一家餐饮店，如果没有理想的地址，那么选在麦当劳旁边是一个好的选择，为什么？麦当劳在开店时，会绘制商圈地图（在距离餐厅 1~2km 的范围内，如果有停车场之类的设施，则延伸至 3~4km），商圈范围一般不会跨越公路、铁路、立交桥等，然后通过调查所得数据分析商圈内人口特征、住宅特点、聚集场所、交通和人流量、消费倾向等，预设收支，分析可能的盈利状况，其中交通和人流量可以通过观察获得。为了获得具体数据，可能需要按照工作日、周末、节假日分不同时段，每隔几小时观察并记录通过的人、机动车和非机动车流量，换算成 15 分钟的数据，最后决定店铺地址。可以认为，麦当劳已经为我们做过前期的调查分析，因此，如果没有理想的地址开设一家餐饮店，不妨开在麦当劳旁边，当然也可以按照上述观察法获取数据进行决策。

2.2.2　实验

有时候我们需要干涉部分个体的行为以便知道个体的反应，可通过实验来获取数据。统计学的实验和物理、化学等的实验有很大不同。统计学通常是通过对一部分个体进行某种改变而另一部分个体维持原样来测量个体特征变化的。例如回答某种新药是否能够降低

[①] https://user.guancha.cn/main/content?id=84941　[2022-06-20]

罹患心脏病的风险、学生更喜欢线上教学方式还是线下教学方式、给刑满释放的人员提供技能培训能否降低再次犯罪的可能。不同于物理、化学中的实验，统计学的实验有着一些限制。例如研究吸烟是否会增大患肺癌的可能性，我们不能通过让一部分人吸烟的方式调查是否会患肺癌，这样存在道德风险。假设对提高居民就业率有三种方案，而且三种方案各有优劣，想了解实施某种方案是否能提高就业率，也不可能通过先后实施三种政策进行实验。原因有二：一是要维持政策的稳定性，不能在短时期内实施多种方案；二是先后实行方案也不可行，因为不能保证在同一情况下做实验，效果不具可比性。这类实验在经济学、金融学和社会学中常常遇到，不能保证每次实验都在同一条件下进行，而且以人为实验对象的实验会面临道德风险和法规约束，所以通常要精心设计实验。

第1章提到的女士品茶是一个非常经典的统计实验，它可以保证在同样的条件下进行多次。医学中通常会使用"双盲"实验得到数据。例如要测试某种新药是否会显著提高某种病的治愈率。通常的做法是选择一批背景相似（例如患病的程度、年龄、性别等大致相近）的实验者，然后随机将实验者分成两部分，一部分称为实验组，一部分称为对照组。然后给实验组吃新药，给对照组吃无副作用的药片。这里实验者不知道自己分在实验组还是对照组，参与实验的医生也不知道实验者所在的组别，称为双盲。双盲实验的目的在于消除主观偏差，例如实验者或医生意识到自己所在组别后产生的心理作用等与药物无关的因素。通过对两个组别实验者在一段时间之后的某些指标进行统计分析，以此作为新药是否有效的依据。具体方法及理论见本书第6.4节。

由于实验可以提供可重复的论证过程和证据，因此通常情况下实验研究要比观察研究更有效。值得注意的是，统计研究得出的都是针对样本从平均的角度得出的结论，也就是大部分个体具有的特性，将结论拓展到任何特定的个体都是不对的。从总体来看，参加辅导班的学生成绩比不参加的要高，但并不代表参加辅导班对你提高成绩会有效。

2.2.3 抽样调查

数据从哪里来？（抽样调查与普查）

就像我们不用把整锅汤都喝完也能知道汤的味道，我们也不需要把所有人都调查一遍才能得出结论。也就是说，我们可以通过调查一部分人来对大部分人进行推断，这就是抽样调查的精髓所在。抽样调查的研究目标，只是总体中的一部分人，选中这一部分人，不是因为对他们感兴趣，而是因为这一部分人是总体的一个近似，也就是说样本具有代表性。代表性高的样本就是一个"好"的样本，那么怎样才算具有代表性呢？我们抽样时不能带有主观性和偏向性，满足随机原则的样本代表性就好。随机原则就是在抽样中排除主观性的、有偏向的意识，让总体中每个个体都有一定的机会选入抽取的样本中。

常见的随机抽样方法有简单随机抽样、系统抽样、分层抽样和整群抽样等。所有的随机抽样方法能确保在抽样前不知道谁会被抽入样本，每个个体选入样本的可能性在抽样前已经确定。有时为了调查方便还会采用一些非随机抽样方法，如方便抽样、判断抽样、滚雪球抽样和配额抽样等方法。由于非随机抽样方法不能保证样本的代表性，因此一般不能对总体进行推断。非随机抽样方法一般适用于初步调查，为后续调查分析做基础性准备。

1. 随机抽样

1）简单随机抽样

简单随机抽样是从 N 个总体中抽取 n 个样本，每个样本被抽中的机会相同。简单随机抽样用的是与人为因素无关的随机方式选取样本。用随机方式选出的样本，既不会受取样者偏好的影响，也不会受回应者个人选择的影响，随机方式选取样本是通过赋予每个个体同样的入选机会来消除偏差，总体中的每个个体被选中的机会一样，保证公平。举个例子，我要在学院 100 名同学中抽取 10 人，可以先准备 100 张卡片，上面写上每个人的名字，然后放到"帽子"里搅拌均匀，从中抽取 10 张卡片，抽中的 10 个人就是简单随机样本。在统计学的世界里，我们将"帽子"称为**抽样框**。若只有 100 张卡片时我们可以将其放到帽子里，若从 1000 万人中抽取 100 个，就不能从帽子里抽取了，此时我们可以通过计算机产生的随机数来选取样本。

常用的 Excel、R 等统计软件都有随机数生成函数，你也可以在网络上搜索在线随机数生成器（见图 2.1），你只需要选择要生成的随机数范围（总体个数）、每组生成的个数、生成的组数，然后单击"随机数生成"按钮，就能生成一组随机数了。

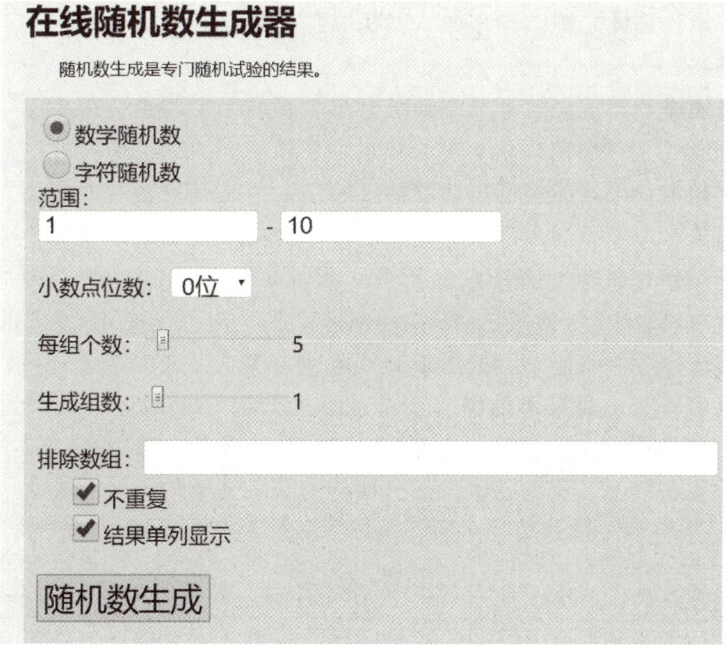

图 2.1 在线随机数生成器

一个调查所得到的结果会因为各种各样的原因而产生偏差。对于简单随机抽样得到的调查结果来说，我们对样本的信心要比其他抽样方法大得多，因为样本的抽取是完全随机的，没有人为主观因素的干扰，可以减少因抽样而产生的偏差。因此，我们对于任何一个由样本推断总体所得的结论，问的第一个问题就是：样本是不是随机产生的？

简单随机抽样是最基本的抽样方法，其他抽样方法或多或少会用到它。该方法简单直接，计算估计量的误差也很方便，其缺陷是有时很难获得抽样框，或者抽样框很大导致样本分散在不同区域，样本获得的成本较大，因此该方法不适用于样本容量大的调查研究，常常与其他抽样方法配合使用。

思考： 某学校共有 20000 名学生，其中，男生 12000 人，女生 8000 人，从男生中抽取 120 人，从女生中抽取 80 人。上述抽样过程中有无简单随机抽样？从 20000 人中抽取 200 人（男生 120 人、女生 80 人）这是简单随机抽样吗？

2）系统抽样

通过**系统抽样**从 N 个总体中抽取 n 个样本，先将 N 个总体按一定顺序排列，每隔一段抽取一个样本，保证最终得到 n 个样本。例如从 100 人中抽取 5 人，可以先将 100 人无规律排列，从前 20 人中随机抽取第 1 人，然后按排列顺序每隔 20 人抽取 1 人，得到的 5 个人的方法即系统抽样。系统抽样操作简便，易于理解，在调查分析中应用较为广泛。

3）分层抽样

分层抽样将总体按照某种特征或规则分为不同的层，从不同的层中随机抽取样本。分层抽样中层的划分有助于分解调查任务，也为调查实施提供了便利。例如针对全国 50 岁以上人群的医疗服务情况调查，可以先按省（自治区、直辖市）划分第一层，接下来按照地级市（地、州、盟）分第二层，再按县（市、区、旗）分为第三层，最后请各县（市、区、旗）按照给定的样本数量和特征随机抽取样本。分层抽样能保证样本中含有总体的某些特征，从而样本和总体之间结构相似，能提高估计精度。

4）整群抽样

为理解**整群抽样**，先考虑这样一个例子。市教育局为了调查全市小学生学习情况，需要从全市 10 万名小学生中抽取 1000 人的样本，采用前面的三种抽样方法都会导致某一所学校只有十几个样本，虽然能保证后期的估计精度，但是调查会费时费力。此时，教育局采用了另一种方法，由于小学生都属于特定班级（为简便起见，假设每个班的人数都是 50 人，这个假设并不会对抽样产生影响），因此，假设在全市 2000 个班级中抽取 20 个班级，将每个进入样本的班级中 50 名同学都作为子样本，则一共产生了 1000 人的样本，这 1000 人样本即为整群抽样所取的样本。例子中的班级即为群，当选中某个群后，该群的所有个体都自然而然成为样本，即**整群抽样**。整群抽样的好处在于通过群的设置使得样本框变小，将从 10 万人中抽取 1000 人的任务变为从 2000 个群中抽取 20 个群，减少了任务量，使得调查实施时地点集中，节约成本。整群抽样的缺陷在于估计精度较差。

2. 非随机抽样

非随机抽样方法操作简单、成本低廉、节省时间，对调查人员的专业技术要求不高，在发现社会问题、了解基本情况、初步探索问题、不要求对总体进行推断时较为常用。

1）方便抽样

方便抽样是依据调查者的便利原则选取样本的抽样方法。常见的拦访式或拦截式调查就属于此类调查，大多用于对商品的促销、对某种社会现象的调查等，如节日前夕记者对某商场调查时拦住一名消费者所做的采访即为方便抽样。

2）判断抽样

判断抽样和方便抽样类似，是依据调查者对受访者的了解程度判断此人是否能被归为调查对象，然后对调查对象所做的调查。例如，针对吸烟用户的调查就要先大致判断受访者是不是属于吸烟人群，针对 50 岁以上人群的调查不能对面相过于年轻的人进行调查。在判断抽样中，依据不同的研究目的还可以分为重点抽样、典型抽样等。例如要了解本地蔬菜市场情况，只需要对最大的一家大型蔬菜批发中心进行重点抽样即可。想了解学生考取硕士研究生情况，通过调查几个典型，如考取不同学校专业的研究生情况即可得到，此即典型抽样。

3）滚雪球抽样

当调查群体较为稀少或不易获得时，**滚雪球抽样**往往是一种好的抽样方法。例如想调查某些小众兴趣群体的情况，可以先找到少数几个个体，调查结束后请他们推荐更多小群体的人员继续调查，整个过程一直持续下去就形成了类似滚雪球的效果，即滚雪球抽样。

4）配额抽样

配额抽样是较为常用的一种非随机抽样方法，类似前述的分层抽样，但是在划分层之后，抽样方法采用了方便抽样或判断抽样，在每个层中抽取事先约定的配额作为样本。配额抽样操作简便，可以保证总体中不同类别和特征在样本中有所体现，但是由于后期选择了非随机抽样中的方便抽样或判断抽样，因此也不能对总体进行推断。

2.2.4 普查

抽样调查只是调查了总体的一部分，那么为什么不对所有的个体进行调查呢？理由是与成本有关。例如，没有那么多的人力、物力及财力支持，或者调查存在固定的时间结束点。普查就是对所有的个体都进行的调查。对重要的国情国力调查采用的是普查方式，普查能够获得详细全面的统计数据。例如最常见的是全国人口普查，我国目前的人口普查每隔 10 年进行一次，通常是在年份尾数为 0 的年份进行，2020 年是我国第七次人口普查年。此外，为了全面掌握我国第二、第三产业的发展规模、结构等情况，建立企业数据库，我国还有经济普查，每五年进行一次，在年份尾数为 3 和 8 的年份进行，2018 年进行了第四次经济普查。另外，每隔 10 年我国还会进行农业普查，在年份尾数为 6 的年份进行，2016 年进行了第三次农业普查。需要注意的是普查的问题不能太多，而且普查也不能保证做到对所有都进行了调查，比如在本地人口普查工作结束后，但全国人口普查工作未结束前，本地又有新出生或死亡的人口可能会没有计入本次人口普查数据中。

无论是从时间、金钱还是从效率的角度来看，抽样调查都比普查要划算，那么我们为什么要做普查呢？每隔数年，全国社会、经济环境会发生一些变化，掌握全国人口、农业和经济数据能够对居民经济、社会生活的方方面面做出正确的决策指导，提供必要的数据支持。

2.3　随机性与抽样误差

统计调查常伴随着随机性和抽样误差。没有随机性，就没有抽样误差。那么，什么是随机性呢，随机误差又指什么？

获取的数据有误差？
（随机性与抽样误差）

2.3.1 随机性

什么是随机性？你无法预料结果时，这就是随机现象，例如你不知道掷骰子会出现多大的点数，你不知道吸烟是否会让你得癌症，你不知道今天老师上课是不是会点你的名，等等。这些都是随机现象。

尽管"随机"这个词很容易理解，但不少人却始终搞不清楚随机变量。

我们经常说，一个变量是随机变量，那么随机变量到底是什么意思呢？例如说我得到了 1000 个人的学习成绩，这些学习成绩值不都是固定的数值吗，怎么又是随机的呢？

这里的随机变量并不是字面上的意思。例如本次调查中，得到了 1000 个人的学习成绩数据，但是这 1000 个数据只是一次调查中的结果，实际上如果别人再次调查这 1000 个人的学习成绩，那么可能得到的是另外 1000 个人的成绩，两次的数据不会完全相同。只不过是在一次调查中，恰好得到了这 1000 个人的成绩而已，并不是说你每次调查都一定会得到这 1000 个数据，所以这就是随机变量中的"随机"的意思。

随机是不确定的。例如两个高血压患者，在服用同一种药物后，一个人没有变化，另一个人血压降低了，这是不确定的。两名同学以同样的成绩考入一所大学，如果再进行一次高考，那么这两个人的成绩可能会不一样。这些都是不确定性。

既然每个人都不同，都是随机的、不确定的，那研究的意义何在？个体当然是不确定的，当我们把众多不确定的结果放到一起的时候，我们能够发现总体存在某种规律。以最简单的抛硬币为例，假设硬币是均匀的，抛一次硬币你不知道出现的是正面还是反面（不确定性），如果抛 1000 次硬币，出现正面的可能性**大约**就在 0.5 附近波动（确定的）。抛掷硬币次数越多，出现正面的可能性就越接近于 0.5。例如有时候乌云密布，并不一定保证会下雨，但你或许可以发现规律：上百次乌云密布的时候，有大约 70% 的概率会下雨，虽然你并不知道哪一次会下雨。从不确定性中发现确定性彰显了统计的魅力所在。需要说明的是，这里的确定性是存在大多数情况之中，对于个体来说存在的是不确定性。某培训机构自创的读书法，声称 1 分钟可以读完 10 本书，还有人现身说法来证实说这种读书法是可信的，掌握简单的统计学知识你就能判断这个读书法是否可信了。

2.3.2　抽样误差

抽样是有误差的，即使统计学发展到现在，也只能尽可能地减小抽样误差，并不能完全消除误差。

《文学文摘》杂志曾准确地预测了 1920 年、1924 年、1928 年、1932 年的美国总统大选。1936 年，《文学文摘》进行了一次最具雄心的民意测验活动，将选票寄给了从电话簿与车牌号登记名单中挑选出来的 1000 万人，收到了 230 万人以上的回应。结果显示，有 57% 的人支持共和党候选人兰登，而当时在任的总统罗斯福的支持率为 43%。两个星期后，投票结果显示：罗斯福以历史上最大的优势——61% 的得票率——获得第二届任期。相对于罗斯福的 523 张选票，兰登仅得 8 张。

这次错误归咎于抽样误差。《文学文摘》的读者大多是共和党人，他们更倾向于投票给共和党候选人。1976 年 The American Statistician 刊登的文章指出，抽样错误的主因是民调完全依赖自愿参与，导致"无反应误差"。文章解释，回收的 230 万份问卷是受访者的自愿选择，"是读者中对该议题拥有比较浓厚兴趣的一撮人，根本算不上随机样本……事实很清楚，是那些反对罗斯福的人比支持罗斯福的人更强烈地认为他们应该参与民调。"无反应误差及抽样框不能代表大部分选民，二者皆是错误的来源，单单抽样框不良已经足以导致《文学文摘》无法准确预测出选举结果。

1936 年民调的误差对《文学文摘》民调的信用度大打折扣，而该杂志于选举后几个月停止发行。同年，一名创立科学民调的广告公司高层盖洛普根据配额抽取 50000 个样本，并据此预测罗斯福会胜出大选，他亦同时预测《文学文摘》会错误预测选举结果。其正确预测令民调成为记者及政治家的重要参考元素。盖洛普民意调查此后成为美国大选的重要参考指标，其机构亦成为最具指标性的选举民调机构。

1948 年美国大选，盖洛普和多数民调机构预测，杜威会击败杜鲁门，结果是杜鲁门胜了。2000 年小布什对战戈尔，盖洛普的民调产生过大幅波动，最终结果也不符。2012 年奥巴马对战罗姆尼时，也出现了同样的失误，罗姆尼的支持率甚至比其他民调公司的更高，被媒体反复引用，结果罗姆尼输了。

2016 年美国大选民调，盖洛普干脆没参加。2016 年美国大选支持率数据见表 2.2。

表 2.2 2016 年美国大选支持率数据

	希拉里/%	特朗普/%
Real Clear Politics	47	41
ABC News/Washington Post Tracking Polls	47	43
FOX	48	44
CBS	45	41
Reuters/Ipsos	42	39

注：数据来源于 Real Clear Politics 网站。

从表 2.2 可以看出，大选前的所有民调结果都认为希拉里获胜几乎是没有悬念的。当然，我们除了关注谁能预测正确，也要看一看哪家民调机构的预测更接近最终结果。综合美国洛杉矶时报、新媒体网站 Quartz 等报道，选票最终开票结果显示，希拉里在普选选票上虽然大胜特朗普；但在选举人票方面，希拉里仅仅拿下 232 张，远不及特朗普的 306 张，74 张票的落差，也让希拉里无力回天。

即使是一个代表性非常好的样本，也无法真正等同于总体，总会存在一定的抽样误差，那么到底什么是抽样误差呢？**抽样误差**是指由抽样的随机性引起的样本值与真实值之间的差异。

我想知道大一新生的平均身高。假设今年有 5000 名新生，由于经费、人力、时间等限制，只能从中抽取一个样本来推断 5000 名新生的身高。从中随机抽取 100 人，由于每个人抽中的概率是完全相同的，因此无法知道抽取的是哪 100 人。如果这 100 人的平均身高是 175cm，那么推断大一新生的平均身高是 175cm。有些同学可能发现了，例如我再做一次抽样，可能抽中的是另外 100 人，这 100 人的平均身高可能是 172cm。如果再做一次抽样，有可能这 100 人的平均身高是 177cm。理论上这种抽样可以做很多次，而每次的平均身高都是不一样的。这种不同就是所谓的抽样误差。由于抽样误差的存在，当采用样本统计量去直接估计总体参数时，一定会存在偏差，幸运的是我们有统计量能够测量这种偏差的大小。偏差越大说明抽样误差也越大，那么样本的代表性就不是很强，这种情况下我们需要加大样本量，否则结果就是不可靠的。

一般而言，样本量越大，抽样误差就会越小。当样本量和总体一样大时，此时抽样误差为 0，因为此时不再是抽样调查，而是普查。另外，抽样误差的大小和总体的变异性也有关系，总体的变异性越小（极端值较少，且大部分数据都集中在某个值附近），表明组成总体的各单位间越相似,抽样误差就越小,反之则越大。例如,某品牌的手表品质控制做得很好,则精度高、可靠性强,同一批次的手表的变异性就很小,随机抽样所得误差就很小。

除了抽样误差,由其他原因引起的样本值与真实值之间的差异属于**非抽样误差**。无论是随机抽样还是非随机抽样,都可能产生非抽样误差,但抽样误差与随机性有关,因此只存在于随机抽样之中。非抽样误差有以下几类。**一是抽样框误差**,即一些应该属于总体的个体,但是在获取抽样框时并没有包含在内。例如调查总体是本校所有大学生,新转学进入学校的学生有可能并不包含在获取的抽样框中,同时已经转出的学生应该从抽样框中剔除才行。一般情况下,获取精确的抽样框困难重重,大多能获取近似的抽样框。**二是回答误差**,受访者在调查中给出了与真实状况不符的回答都属于此类。例如,对调查问卷中的问题理解存在偏差,如问题存在歧义,对程度描述的不同理解(有些人对"偶尔"的理解是一个月2~3次,有些人则认为一个月5~10次属于"偶尔",而这又没有对错之分。类似对美食视频中的"少许"油盐中的少许理解各不相同)。你很难记清楚你上一周花费了多少钱,更不用说准确回答你上个月消费了多少钱的问题了,这属于记忆偏差。涉及敏感话题可能会有意识回避,称为有意识偏差。例如人们一般不会如实填报自己的收入信息。**三是无回答误差**,它是指受访者拒绝接受调查。例如需要调查某个个体,而该个体由于出差在外、工作调动、拒绝接受调查等原因产生了空白问卷都属于无回答误差。在随机抽样中,选定好的样本不能随意更改,遇到无回答问卷应该事先做好应对策略,比如调换相近样本、增大样本容量等。如果无回答问卷数量较少则推断总体仍然可信,但是当无回答问卷较多时会影响推断的质量。

思考:一份网络收集的问卷有6000人填写,看起来问卷数量很大了,为什么做出的推断仍然会不靠谱?

除之前说的网络问卷不存在总体,填写问卷的大多属于自愿样本会影响最终的推断外,无回答误差是其中重要的一环。你可以这样考虑,与6000人填写问卷来看,看到问卷没填报和没看到问卷的人是不是也有很多,而且这批人可能比6000人更多,无回答问卷太多会严重影响问卷质量。

除抽样框误差、回答误差和无回答误差外,还有调查员误差和测量误差等。调查员误差指的是调查员的主观倾向、对问卷的熟悉程度、不专业的业务培训、粗心和无耐心等都可能导致调查员误差。测量误差指的是由于测量工具而产生的误差。

只要是随机抽样,抽样误差就不可避免。但是抽样误差可以通过增大样本容量和确定最大容许的抽样误差加以控制。而非抽样误差与随机性无关,只要是抽样都可能存在。因此,尽量使用最新最全的抽样框、做好问卷设计、对调查员进行培训和监督是减少非抽样误差的关键。

2.4 数据类型

统计数据是对社会经济现象进行测度的一个结果,例如对经济活动的统计可以通过国内生产总值等数据来展现,对企业活动统计可以采用成本、收入和利润来衡量,银行对信用卡客户是否违约可以通过分成若干级别(如优、良、中、差)来决定,人口统计中性别可以通过男、女来表示,而这些数据之间是有细微差异的,依据这些差异可以将数据分为不同的类型。下面我们来看一下数据的分类及其类型。

2.4.1 分类数据、顺序数据、数值型数据

统计数据按照计量层次分类可以大致分为分类数据、顺序数据和数值型数据三大类。

数据还有不同之处？
（数据类型）

分类数据是只能归于某一类别的非数值型数据，它是对事物进行分类的结果，数据表现为类别，用文字来表述。例如，按性别将人分为男、女两类，按照不同民族划分，每个民族类别就是分类数据。分类数据也可以用字母或数字表示，例如男女可以用 M、F 或 0、1 表示，民族可以用 1 到 56 表示。分类数据只能用属于和不属于表达关系，每个类之间分不出大小，也就是说类别之间没有大小，不能比较。给定一个人，他要么属于男性群体，要么属于女性群体，而不能说男性大于女性或者女性大于男性，两类之间不能进行比较。

顺序数据是只能归于某一有序类别的数据。对事物类别顺序的测度，数据表现为类别，用文字或数字来表述。例如，产品分为一等品、二等品、三等品、次品等；学生的学习成绩分为优、良、中、差；教师职称分为教授、副教授、讲师和助教四个等级。以上数据可以用文字、字母表示，也可以用数字表示，例如成绩可以表示为 4、3、2、1（优、良、中、差）。顺序数据之间存在大小关系，上一级别和下一级别可以比较大小。例如，一等品要好于二等品，副教授职称高于讲师职称。

数值型数据是按数值尺度测量的观察值，结果表现为具体的数值，是对事物的精确测度。今天气温很低，−3℃，45 岁的张三去 5km 以外的银行取出本月收入 8124 元，这些数据都是数值型数据。在数值型数据中，有时还会精确地划分为定距数据和定比数据。例如我说今天的温度比昨天高 5℃，这是有实际意义的。但是我说今天的温度和昨天的温度相加起来是 40℃，这就没什么太大意义了。也就是说，有些数据做减法时有意义、做加法意义不大，此类数据属于定距数据。定距数据都有一个数据上的起始点，0℃ 和 0 岁并没有太大意义，温度、年龄与 0 之间的距离才是我们关注的，所有其他数据和起始点之间有一定的距离，这个距离是有意义的。例如温度 40℃ 衡量的是和 0℃ 之间的距离，45 岁衡量的今年和出生年之间的距离。有时我们也会说三个人年龄加起来超过 200 岁，以此说明这三个人年龄都很大，这里对定距数据使用了加法运算，这个数据在统计上来看意义不大。另外一类数据是定比数据。定比数据除了可以做加法或减法运算，还可以做乘法或除法运算。例如张三的收入是 4000 元，李四的收入是 2000 元，我们可以说张三比李四收入多 2000 元，也可以说张三的收入是李四收入的两倍，这都是有意义的。定比数据没有起始点，0 表示没有收入。

分类数据和顺序数据说明的是事物的品质、特征及性质，通常用字母表示（用数字表示是为了方便），其结果均表现为类别，因而也可以统称为定性数据或品质数据。数值型数据说明的是事物的数量特征，通常用数值来表示，其结果表现为具体的数，常被称为定量数据或数量数据。

2.4.2 观察数据和实验数据

按照收集方法的不同，可以将统计数据分为观察数据和实验数据。观察数据是通过调

查或观察而收集到的数据，这类数据一般是在没有对事物人为控制的条件下得到的，有关社会经济现象的统计数据几乎都是观察数据。实验数据则是在实验中控制实验对象而收集到的数据，例如对一种新药疗效的实验数据，或对一种新的农作物品种的实验数据，实验数据多用于自然科学领域。

2.4.3 横截面数据和时间序列数据

统计数据按照被描述的现象与时间关系可以分为横截面数据和时间序列数据。横截面数据是在相同或近似相同的时间点上收集的数据，通常用于描述现象的某一时刻变化特征。例如从《中国统计年鉴》上查到 2019 年全国各省（自治区、直辖市）的居民消费价格指数就是横截面数据，这些数据都是同一个时间点的数据。时间序列数据是在不同时间收集的数据，这类数据是按时间顺序收集的，用于描述现象随时间变化的情况。例如 2000—2020 年我国居民消费价格指数数据就属于时间序列数据。

图 2.2 给出了统计数据分类的状况。

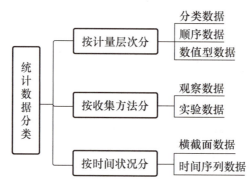

图 2.2　统计数据分类的状况

区分数据的类型十分重要，因为对于不同类型的数据需要采用不同的统计量或统计方法进行处理和分析。对于分类数据，通常计算出各组的频率或频数，使用卡方检验或列联表进行分析。对顺序数据可以计算其中位数和四分位差，计算等级相关系数。对数值型数据可以计算均值和方差，通过线性回归度量影响程度等。

2.5　数据是如何"撒谎"的

第二次世界大战期间，英国空军计划在飞机上安装防护板，以抵抗德国战斗机和高射炮的攻击。这些防护板非常沉重，无法用来覆盖整个飞机，因此英国空军开始对结束轰炸任务的飞机进行调查，收集飞机上子弹孔和弹片孔的位置数据。收集起来的数据显示大多数弹孔位于机翼、飞机尾部和驾驶舱（图 2.3），因此应该将防护板安装在弹孔密集处，如机翼、飞机尾部和驾驶舱，你同意这种观点吗？

统计学家沃尔德敏锐地意识到这些数据存在幸存者偏差。幸存者偏差是指看到的是经过某种筛选后的结果，忽视了被筛选掉的关键信息。返航的飞机很少出现弹孔的部位是发动机和油箱。之所以很少在这些部位出现弹孔，

数据还能"撒谎"？

图 2.3　飞机弹孔分布

是因为这些部位被击中后飞机幸运返回英国的概率较小。而机翼等部位出现很多弹孔并且能够返航，是因为这些弹孔的伤害很小。沃尔德的建议与最初的结论完全相反：他认为应当加固弹孔少的位置，而不是弹孔密集的位置。沃尔德还写了一篇文章专门论述如何根据幸存飞机损伤情况去推断飞机要害部位的方法，他用一组虚拟数据推断了飞机不同部位被击中一弹后生存和坠毁的概率，见表 2.3。

表 2.3　飞机不同部位被击中一弹后生存和坠毁的概率

被击中部位	被击中一弹后生存概率	被击中一弹后坠毁概率
整个飞机	85%	15%
发动机系统	61%	39%
机身	95%	5%
燃油系统	85%	15%
其他部位	98%	2%

资料来源：https://blog.sciencenet.cn/blog-1792012-1281407.html　[2022-06-20]

由表 2.3 可以看出，发动机系统被击中一弹后飞机坠毁的概率最大，高达 39%，而机身被击中一弹飞机坠毁的概率只有 5%。采用沃尔德的方法加装防护板后发挥了巨大作用，被击落的飞机数量大幅减少，安全返航并且可以重新投入战斗的飞机数量大幅增加。

再来看一个例子，科林斯及其研究团队花了 5 年的时间，考察了 1435 家有 40 年历史的企业，发现了股价表现优于平均水平的 11 家企业。他们对这 11 家企业进行了一番详细的调查，发现一些共同的特点。他们甚至为这个共同的特点起了一个吸引眼球的名字——第五级领导者，意思是"具有谦逊的个人品质和职业驱动力、能够将企业打造成卓越企业的领导者"。科林斯将他的工作描述成寻找适用于一家组织的永恒而普遍的答案。通过研究，他认为只要认真使用他们发现的思想框架，几乎任何组织都可以极大地提高自身的境界和表现，甚至成为一家卓越的组织。科林斯和他的团队为此编写了一本销量突破了 400 万册的畅销书《从优秀到卓越》。

思考： 想一想这样做调查是否正确，能否对总体进行推断？

前面的章节提到过：要对总体进行推断，所获的样本必须是随机的，即样本具有代表性，能够代表总体的样本才能推断总体。现在样本是 11 家超过 40 年历史且股价优于平均水平的企业,那么上述例子研究的问题是什么,总体是什么呢?如果是你来研究卓越企业,总体应该是什么?

按照科林斯的研究,样本是11家企业,总体应该是股票市场上现存的有40年历史的企业,他的研究问题是卓越企业所具备的品质。这个结论是值得怀疑的,因为这是一项存在幸存者偏差的回溯性研究。先去查看哪些企业表现出色,然后去预测那些企业表现出色的做法是没有价值的,也是没有意义的。这不是预测,而仅仅是回顾。

我们来看一下正确的研究方法。研究的总体应该是所有的上市企业,而不仅仅是现在还生存下来的,有可能那些拥有上述品质的企业在40年的发展过程中已经破产了(即存在幸存者偏差,调查前已经"死去"的企业没有资格进入科林斯的调查),破产的企业也应该包括在总体之中。因此,这项研究应该从40年前开始,从所有上市企业中选择若干样本,使用科学、客观和合理的标准预测出表现优于其他企业的"11家"企业,这些标准不能参考"11家"企业40年后的表现。选定11家企业后,比较它们与其他企业在接下来40年时间里的表现。如果这样做,那么这11家企业有可能会让人失望,因为一些企业可能会破产,一些卓越的企业有可能不被选中,不过,从40年前就开始选择是一个公平的做法。

科林斯的团队并没有这样做,他们在40年时间结束的时候,选择了11家成功的公司,确保调查结果不会失望。事实上,在40年前从1435家企业中随机抽取到这11家企业的概率不到千万分之一。

举个例子,我抓了5张扑克牌,分别是黑桃1、红桃5、方片4、梅花K和大王,这不是很神奇吗?因为随机抓到这把牌的可能性大概是1/3000000,但是这副牌竟然能出现在我的眼前!其实,如果我能够在抓牌之前正确地预测出这5张牌,那才是一件神奇的事。如果我抓到这把牌以后再去预测,那就一点都不神奇了,因为我在看到这把牌以后,拥有这5张牌的概率是1,而不是1/3000000。

科林斯的做法相当于从1435家企业中抽取了11家股价表现优于平均水平的企业,然后基于这11家企业的数据,得出了所谓卓越企业的结论,这一点都不神奇,就和你随手摸牌抓到对子一样。事实上,从2009年《从优秀到卓越》出版到2012年之间,科林斯推荐的11家企业中有1家破产,有1家受到美国政府的资助,其他9家企业在股市上的表现非常平庸。因此,科林斯等人并没有提供任何证据来证明他们描述的特点是这些企业过去取得成功的原因!

其实,对成功企业的品质、百岁老人的秘密或幸福人生的经验等进行回溯性研究的调查分析都或多或少存在这样的问题,此类品质、秘密和经验的分析大多存在幸存者偏差。如果有专家号称自己知道企业或个人成功的任何秘密,一个有效的检验方法是找到拥有这些品质和特点的企业、个人,然后查看他们在未来10年、20年或50年的表现是否成功,否则仅仅是在观察过去,而不是在预测未来。

我们会观察人们的工作生活,而且我们会自然而然地根据观察到的现象得出结论,但是我们的结论可能会失真,因为这些人所做的事情是他们自己选择的。我们观察到的特点可能并非源于活动,而是反映了选择这种活动的人的个性。

如果有人告诉我们,通过调查得到一组数据,对数据的研究表明参加竞争性体育运动的孩子会非常自信,我们不应该认为竞争性体育运动可以增强自信,也许自信的孩子喜欢参与竞争性活动。如果有人告诉我们华尔街的工作人员很有进取心，我们不应该认为华尔街可以培养进取心，也许华尔街容易吸引具有进取心的人。我们会自然而然地依据观察数据得出结论，例如工人的工资、成功的公司。事实上，我们还应当考虑到我们没有观察到的数据，例如离职的员工、失败的公司。从某种角度来说，我们没有看到的数据，可能和我们看到的数据一样重要，甚至更加重要，为了避免幸存者偏差，应当从过去开始并向未来展望。

本节用"数据是如何'撒谎'的"作为标题，但是读到结束，你或许明白了，会撒谎的不是数据，是使用数据的人！有时我们看到的统计图表可能会误导我们，仔细分辨这只是一张单纯且糟糕的统计图表，还是有人出于其他原因而刻意制造的博人眼球的虚假信息，这非常重要。因此，在看到任何关于统计相关的结论时，应该仔细想一想，数据是怎么得到的？数据是否有足够的代表性？推断出来的结论是否可靠？

习 题

1. 指出下面统计数据的类型。
（1）性别。
（2）年龄。
（3）月收入。
（4）消费者对于某种商品的满意度（很不满意、不满意、一般、满意和很满意）。
（5）获取信息的途径（网络、电视、广播、报纸）。

2. 某研究部门计划从某市中学中抽取 10 所中学来推断某市中学的教育情况。请描述总体、个体和样本分别是什么。

3. 从一批灯泡中随机抽取 100 个灯泡来推断这批灯泡的平均使用寿命。请描述总体、个体和样本分别是什么。

4. 为了考察某校学生的身高情况，从中抽取 20 名学生进行身高测量。请描述总体、个体和样本分别是什么。

5. 一家研究机构从大学生中随机抽取 1200 人作为样本进行调查，其中 40% 的人回答他们月生活费在 2000 元以上，70% 的人回答他们获取新闻的方式是通过网络。
（1）这一研究的总体是什么？
（2）月生活费是分类数据、顺序数据还是数值型数据？
（3）获取新闻的方式是分类数据、顺序数据还是数值型数据？

6. 一项调查表明，消费者购买智能家居产品更注重"产品质量"，大多数人认为智能家居产品的人性化程度较高。
（1）这一研究的总体是什么？
（2）"消费者购买智能家居产品注重的方面"是分类数据、顺序数据还是数值型数据？

7. 某单位有职工 180 人，其中业务人员 100 人，管理人员 20 人，后勤服务人员 10 人，为了解职工的某种情况，要从中抽取一个样本容量为 30 的样本，请问完成上述调查应采用的抽样方法是什么？

8. 从某中学高三年级的 22 名体育特长生中选出 6 人调查学习负担情况，请问应采用的抽样方法是什么？

9. 某工厂对生产的产品进行检验，每隔 8 小时抽 1 小时全部生产的产品进行检验，请问采用的抽样方法是什么？

10. 整群抽样与分层抽样的区别是什么？

11. 针对校园食堂满意度的调查，请你设计一个"不好的"的抽样方法，并说出该抽样方法为什么不好？请再设计一个好的抽样方法，并描述与前者的区别。

12. 一项关于"校园内是否应该禁止外卖车辆进入校园区域"的调查在 2021 级新生群内转发，学生可以通过手机也可以通过计算机完成问卷。截至 2021 年 10 月 31 日 24 时，共有 2500 名学生填了问卷（该校一年级新生有 5000 人，这个比例已经非常高了），调查结果显示，有 78.16% 的学生投了赞成票（即禁止进入），21.84% 的学生投了反对票。我们是否可以做出推断：将近 8 成的学生不同意外卖车辆进入校园区域。说出理由。注意：不要混淆个人意见和统计结果。有人说，样本量只有新生的一半，结果可能不可信，建议继续开放调查时间，将样本量扩大到 4000 人，此时是否可以做出推断？如果 4000 人的样本量仍然不能让你满意，假设可以要求每位新生都填问卷，等到样本量等于 5000 时做出的推断是否可信？

13. 你工作生活中有没有一些事情需要用到双盲实验？能否设计一个双盲实验？

14. 学生会要开展一项关于晚班会制度的抽样调查，计划通过打电话的方式进行。这种方式会遗漏没有电话、拒接电话、电话停机的学生。请回答，这是非抽样误差还是抽样误差？

15. 在下面情况中，你支持使用随机抽样调查法吗？请说出理由。

（1）班里只有 5 个助学金名额，办理需要提供资助的学生有 10 人，通过随机抽样可以吗？

（2）某电影首映有 500 个名额，但是有 1000 名观众都想买票观看并且进行了预约。随机从 1000 人中随机抽出 500 人是个好的方法吗？

（3）需要器官移植的排队人数远远超过了捐赠器官的数量。应该采用随机抽样的方式保证公平吗？

16. 某游戏公司考虑对目前销售火热的一款游戏是否推出续作。该公司研究人员准备在总人数 600 万人的游戏论坛中随机发放 1000 份问卷进行调查。为保证随机性，通过将 600 万的注册号作为抽样框，由系统随机抽取 1000 人。同时，对参与调查的 1000 名受访者提供续作的优先试玩权利来降低无回答率。

（1）此项调查的总体和样本各是什么？

（2）公司的做法能否保证随机性和降低无回答率？

（3）调查结果显示 85% 的游戏玩家选择支持续作，能否作为公司投资的一项依据？

第 3 章
数 据 展 示

知识目标

- ➢ 准确复述数据预处理的步骤和方法
- ➢ 判断数据整理的方法是否准确可行
- ➢ 利用统计方法展示不同的统计数据

能力目标

- ➢ 具备数据预处理及数据整理的基本能力
- ➢ 具备根据图表准确判断数据特征及简单预测的能力
- ➢ 具备针对实际问题分解任务、收集数据并进行展示的能力
- ➢ 具备对统计报告中的图表展示提出可行建议和意见的能力

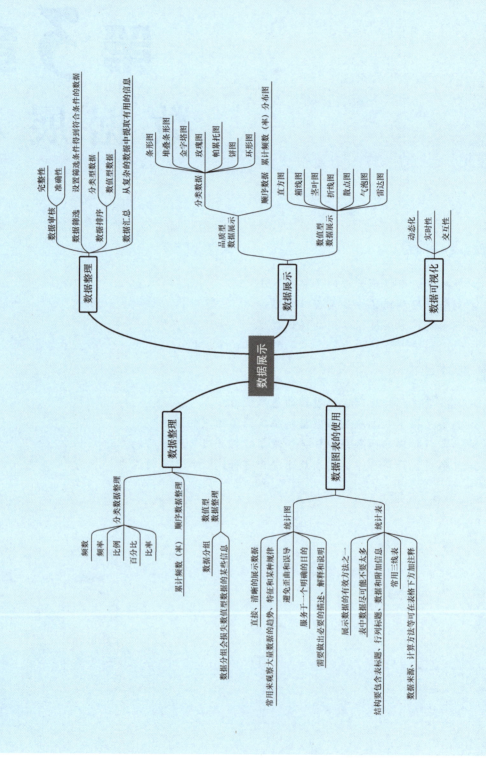

一段让人记忆犹新的故事不能只靠华丽的文字堆砌，需要造诣深厚的作家对文字进行加工，加工得不好可能让人看不懂，达不到预期的效果。数据也一样，要让读者在短时间内看清数据背后隐含的逻辑关系和重要信息，也需要对数据进行"加工"。文字太啰嗦会让读者失去兴趣，而直接呈现过多的数据会让主题模糊不清，甚至让人无法分辨。因此，在得到数据之后需要将数据用合适的方法进行展示，以凸显重要信息。那么如何对数据进行展示呢？

常用的数据展示方法是通过统计图或统计表进行表达的，在用统计图或统计表进行展示前需要明确展示信息。拿到数据后，首先需要对数据进行预处理，然后通过统计方法处理数据，最后通过图表等方式展示数据。数据的预处理包括审核数据的正确性、筛选需要的信息（不是对所有数据进行展示），如果有必要还要对数据进行排序并汇总。数据处理过程其实是对数据进行约简的一个过程。原始数据一般很大，直接展示原始数据不实际、也无必要，需要用较少的量对原始数据进行归纳、总结，即数据约简。由于数据类型不同，在处理时要用到不同的统计量，例如品质型数据处理常用频数、百分比等统计量，而数值型数据处理常用均值和方差等统计量。不同的数据类型在用统计图或统计表展示时也有差异，品质型数据可用箱线图进行展示，而数值型数据常用直方图进行展示。有用的统计图或统计表常常会比文字表达更多、更直观的重要信息，但误用统计图或统计表有时会适得其反。

需要强调的是，就像可以利用统计数据一本正经地"撒谎"一样，有些网站的文章中展示的统计图或统计表也可能会扭曲事实。因此，统计图或统计表是用来展示数据的，必须呈现数据真实的状况。学习本章内容之后，每当你看到不同展示形式的数据时，请在心里问两个问题：这个用来展示数据的统计图或统计表会不会误导他人？会不会让某些人落入陷阱而上当？当然，即使在此时，你也不要苛责统计数据不真实。数据不会说谎，但说谎的人会"算计"你，所以，请格外小心！

3.1 数据预处理

数据预处理就是将原始数据在做分析前预先进行处理，保证数据能够正确计算统计量并展示，通常的预处理手段包括数据审核、筛选、排序、汇总等。拿到原始数据后，首先要判断数据是否存在不完整或逻辑错误等情形，然后考虑是用全体数据还是其中一部分数据进行展示。例如，有时只需统计月销售额低于 100 万的员工，或只展示市场占有率排名前 3 的企业，或只筛选年龄在 20~40 岁、每月在某电商平台花费超过 2000 元的群体，这些问题都会涉及数据预处理。按照预处理流程，数据预处理可分为四步，即数据审核、数据筛选、数据排序和数据汇总。

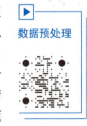

数据预处理

3.1.1 数据审核

数据审核的目的在于保证数据的质量，确定数据是否完整无遗漏，是否在逻辑上准确无误。对于调查获得的原始数据应该审核什么？

第一是完整性审核，主要检查全部数据是否填写完整，在调查时是否遗漏某项重要数据。遗漏多发生在纸质问卷调查时，受访者漏填某个问题。现在大多采用电子问卷，可通过设置"全部回答完问卷才能提交"来保证数据的完整性。需要注意的是，漏填数据和受访者不愿意回答有所不同。漏填重要数据会影响后期的数据展示和分析，而受访者不愿意回答则表示数据是完整的，只是受访者不答复。因此，我们在做问卷设计时应该提前考虑到可能会有受访者不愿意或不方便回答某些问题的情况。

第二是准确性审核，主要检查数据是否能够真实反映客观实际情况，是否有逻辑错误，是否存在远高于或远低于正常值的数据。一些异常值容易分辨。例如调查总体是 40 岁以下的男性，若记录中存在一条 20 岁女性记录，则属于逻辑错误。例如调查贫困家庭基本情况，某条记录显示该家庭月收入为 50 万元，高于正常值很多，可能存在异常情况。但是，如果在调查中错误地将某家庭月收入 500 元记录为 1000 元，则无法通过数据审核发现。

第三，对于不是自己调查收集的数据，要注意审核数据是否适用。检查数据是谁、在何时、为了何种研究目的收集的。首先是谁收集的数据，审核数据是否可靠。国家统计局和政府各组成部门公布的数据具有公信力，证券市场的数据是公开的且自动记录的，一般也是可信的。对于一些咨询机构发布的数据要留意是否存在问题，通过交叉验证确认无误后也可以使用。网络上直接搜索到的数据文件，且不是具有公信力的机构发布的数据要特别留意，建议从官方机构下载数据。其次是何时收集的数据，审核数据是否过时，或数据的统计口径在时间节点中是否有变化，建议尽可能使用最新的统计数据，使用滞后或变化的数据对研究无任何益处。最后是为了何种研究目的，审核数据是否符合自己分析研究的需要，是否可以继续适用于自己的研究工作，切不可为了省事而生搬硬套数据。

3.1.2 数据筛选

数据筛选是通过设置筛选条件得到符合条件的数据，分析数据所蕴含的价值，其目的在于提高数据的可用性，便于后期数据展示和数据分析。数据筛选将符合某种特定条件的数据单独显示出来。例如，将不符合特定要求的数据隐藏，从数据中筛选出销售额在 1000 万元到 2000 万元的销售团队，筛选出"统计学原理"考试成绩高于 60 分的统计学院男生，都属于数据筛选过程。

【例 3.1】 表 3.1 所示为 10 名考生的三门课程成绩，请筛选出科目三成绩排在前 4 名的考生。

表 3.1　10 名考生的成绩　　　　　　　　　　　　　　　　　单位：分

姓名	性别	科目一	科目二	科目三
张大	女	89	97	81
张二	男	56	87	83
张三	男	45	47	56
张四	男	67	90	66
张五	女	78	48	88
张六	女	90	46	94
张七	男	57	59	93

续表

姓名	性别	科目一	科目二	科目三
张八	女	60	67	65
张九	女	59	76	75
张十	男	43	58	57

解：Excel 数据筛选步骤如下。

第 1 步：单击任意数据单元格，选择【数据】菜单中的【筛选】命令。这时会在第一行出现下拉箭头。

第 2 步：在下拉箭头方框内选择要筛选的数据。例如要筛选出科目三成绩排在前 4 名的考生，可选择"前 10 个"，并在对话框中输入数据 4，单击【确定】按钮后出现的结果如表 3.2 所示。

表 3.2 科目三成绩前 4 名的考生　　　　　　　　　　　　　　单位：分

姓名	性别	科目一	科目二	科目三
张二	男	56	87	83
张五	女	78	48	88
张六	女	90	46	94
张七	男	57	59	93

思考与实践：

尝试筛选科目二成绩排在前 4 名的女生。

尝试筛选三门成绩都低于 60 分的考生。

3.1.3 数据排序

数据排序是将数据按照升序或降序进行排列，以便发现数据的特征或趋势，找到解决问题的线索。数据排序有助于对数据进行检查纠错。例如，数据的最大值或最小值是否存在异常，或者数据中是否存在空值。另外，数据排序也可以为重新归类或数据分组提供依据。例如数据排序后可以按照考试分数将学生分为高、中、低三组。在某些场合，数据排序本身就是数据分析的目的之一。例如新能源汽车的市场占有率排序有助于揭示企业的发展情况，也能很好地显示龙头企业和其他企业的差距。我们常说的世界 500 强就是排序数据，通过将企业当年的销售总收入按照从高到低排序，取前 500 名企业入围。

对于不同类型的数据，数据排序方法稍有不同。如果分类或顺序数据是字母型数据，排序按照字母升序或降序进行，习惯上按照字母升序排序。中文汉字数据排序有两种方法，一种是按照汉字的拼音首字母排序，另一种是按照笔画数排序。数值型数据的排序，也有升序和降序两种，即按照数值大小关系从小到大或从大到小排列。

需要注意的是，如果分类数据用数值表示，如 0 和 1 分别表示男和女，则此时的排序结果并不是数据间大小关系的测度，而是分属不同类别的数据。

3.1.4 数据汇总

较复杂的数据可以通过 Excel 数据透视表进行**数据汇总**。利用透视表可以提取数据并对数据表中的重要信息进行分类汇总。可以先按照某一标准对数据进行分类，然后在分类基础上对各类别的数据进行求和、求平均数、求频数、求最大值、求最小值等方法的汇总。按照多个类别进行汇总可以得到统计中常用的交叉表（列联表）。注意：在数据透视时原始数据的首行需要列标题。例如，按全校各专业分类汇总各专业男同学和女同学的频数，或按照性别和年龄汇总各省市居民的平均消费水平。

【**例 3.2**】 表 3.3 是一张企业销售原始数据表，表中记录了该企业销售时间、分支结构、产品名称、销售人员与销售额等数据。建立一个数据透视表，对此进行分析。

表 3.3 企业销售数据

销售时间	分支结构	产品名称	销售人员	销售额/元
一季度	北京分公司	会议桌	刘东	68000
一季度	北京分公司	组合沙发	刘东	94500
一季度	深圳分公司	组合沙发	张青	92000
一季度	深圳分公司	真皮靠背椅	张青	53600
一季度	深圳分公司	会议桌	张青	58400
二季度	北京分公司	真皮靠背椅	董力	154600
二季度	北京分公司	组合沙发	董力	174600
二季度	北京分公司	会议桌	董力	225800
二季度	深圳分公司	会议桌	周凯	55600
二季度	深圳分公司	组合沙发	周凯	25800
二季度	深圳分公司	组合沙发	张青	24650
三季度	北京分公司	组合沙发	刘东	37850
三季度	北京分公司	会议桌	刘东	95600
三季度	深圳分公司	会议桌	张青	86500
三季度	深圳分公司	真皮靠背椅	张青	68200

在 Excel 中我们怎么去创建数据透视表呢？

数据透视表（用 Excel 创建数据透视表）创建过程如下。

第 1 步：选择【插入】→【数据透视表】。

第 2 步：在【表/区域】框内选定数据区域，选择放置数据透视表的位置。

第 3 步：右击数据透视表，选择【数据透视表选项】，在弹出的对话框中单击【显示】，并选中【经典数据透视表布局】，然后单击【确定】。

第 4 步：将数据透视的一个字段拖至"行"区域，另一个字段拖至"列"区域，再将要计数的变量拖至"值字段"区域，即可输出数据透视表，结果如表 3.4 所示。

表 3.4　企业销售数据的数据透视表　　　　　　　　　单位：元

行标签	会议桌	真皮靠背椅	组合沙发	总计
二季度	281400	154600	225050	661050
北京分公司	225800	154600	174600	555000
董力	225800	154600	174600	555000
深圳分公司	55600		50450	106050
张青			24650	24650
周凯	55600		25800	81400
三季度	182100	68200	37850	288150
北京分公司	95600		37850	133450
刘东	95600		37850	133450
深圳分公司	86500	68200		154700
张青	86500	68200		154700
一季度	126400	53600	186500	366500
北京分公司	68000		94500	162500
刘东	68000		94500	162500
深圳分公司	58400	53600	92000	204000
张青	58400	53600	92000	204000
总计	589900	276400	449400	1315700

求和项：销售额　　列标签

3.2　数据整理

　　数据经过前期预处理后，需要做进一步整理。对不同数据类型所做的数据整理是不同的，要对不同数据类型区别对待。对于分类数据和顺序数据，最主要的整理是分类，而对数值型数据的整理多采用分组。当然，适用于低层次数据（分类数据和顺序数据）的整理、展示方法也适用于高层次数据（数值型数据）。例如，对于分类数据或顺序数据使用的频数统计对数值型数据也可以使用。数值型数据的值有很多，以居民收入为例，可以将收入按照某种标准分为高、中、低三种类型，新定义一个变量为收入类型，其数据只能取高、中、低三个中的一个，此时收入类型可以使用频数统计。这种做法的缺点是损失了数据中的信息，因为从居民收入数据中可以得到更多关于收入的信息，如最大收入、最小收入、收入差距等，但是在收入类型数据中这些信息被抹去了。但高层次数据的整理、展示方法并不适用于低层次数据，例如可以对居民收入计算平均值，但是对性别数据取平均值没有任何意义。

3.2.1 分类数据整理

分类数据整理

对于分类数据来说，分成几类，那么数据取值就只由几个值组成，如性别数据只有男和女两个数据取值。分类数据的整理过程是分别计算各类别的频数、频率或比例，根据需要可以制作成一张频数分布表，用统计表或统计图来展示数据。

频数是落在某一特定类别或分组中的数据出现的个数，将各个类别或分组中的数据数一下，统计各类别和分组的个数即可。对于单个类别或分组来说，频率是特定类别或分组的频数与样本容量的比值。把落在各个类别或分组中的频数列出来，再用表格形式表示出来就是**频数分布表**。

【例 3.3】 点名得知，参加某次活动的 30 岁以下（不含 30 岁）的员工有 50 人，30～60 岁（不含 60 岁）的有 30 人，60 岁以上的有 20 人，则对应的频数分布表如表 3.5 所示。

表 3.5 参加某次活动的人数统计

年龄层次	人数/人	比例	百分比
30 岁以下（不含 30 岁）	50	0.5	50%
30～60 岁（不含 60 岁）	30	0.3	30%
60 岁以上	20	0.2	20%
合计	100	1	100%

频数分布表是分类数据描述的常用方法，也是其他描述方法（如比例分布表、百分比分布表与比率统计量等）的基础。**比例**是某一类别或分组数据的频数占全部数据个数的比值，也称构成比，通常反映样本中各类别或分组的构成结构。对于单个类别或分组来说，比例和频率是一致的。例如，根据表 3.5 中 60 岁以上员工参加本次活动的比例是 0.2，常见的职工性别比就是企业职工的性别构成，国民经济统计中的三大产业占比反映了三大产业在国民经济中所占的比重。**百分比**是将对比的基数作为 100 而计算的比值，用%表示，通常由比例数据换算成百分比数据即可，反映的也是数据的组成结构。不难看出，百分比和比例对数据的处理是一致的，仅仅是分母是否换算成 100 而已，如无特殊要求，一般只计算百分比即可。例如，表 3.5 中，30 岁以下（不含 30 岁）的员工参加本次活动的百分比是 50%，可以了解企业员工参与活动的年龄构成。**比率**是不同类别频率之比，表 3.5 中 30～60 岁（不含 60 岁）的员工参加本次活动的人数与 60 岁以上人数的比率是 1.5。例如，企业男女比率是 0.95，可以理解为男性有 95 人、女性有 100 人（假设企业员工有 195 人）；如某场球赛 A 队和 B 队的获胜比率是 3，表示 A 队获胜的可能性为 75%〔3/（1+3）×100%〕。比率不是部分与整体的比值，所以比值可能大于 1。

【例 3.4】 某财经大学 2018 级统计学专业的一个学生调研小组，对 2020 年 12 月份在校大学生的手机消费状况进行了调查，从全校本科生中选取了 50 名学生发放问卷调查，表 3.6 是 50 名大学生性别及持有手机品牌的调查数据。试通过编制频数分布表来观察不同性别的学生持有手机品牌的分布情况。

表 3.6 50 名大学生性别及持有手机品牌的调查数据

性别	持有手机品牌	性别	持有手机品牌
男	华为	男	苹果
男	苹果	男	苹果
女	努比亚	女	三星
男	华为	女	三星
女	HTC	女	努比亚
女	vivo	男	联想
女	苹果	女	苹果
男	苹果	男	苹果
女	苹果	女	苹果
女	三星	男	苹果
男	苹果	男	小米
男	索尼	女	苹果
女	OPPO	女	苹果
男	三星	女	华为
男	苹果	男	苹果
男	魅族	男	锤子
女	苹果	……	……

表 3.6 中有两个变量，分别是学生性别和持有手机品牌，对此我们可以就每个变量单独编制频数分布表，观察各自的分布状况；还可以将两个变量交叉起来编制频数分布表形成列联表（又称交叉表）来观察两个变量的交叉分布情况。表 3.7 是 50 名大学生按持有手机品牌分组形成的频数分布表。表 3.8 则是将 50 名大学生的性别与持有手机品牌交叉起来编制的频数分布表。

表 3.7 50 名大学生按持有手机品牌分组形成的频数分布表

持有手机品牌	学生人数/人	频率/%
HTC	2	4
OPPO	2	4
vivo	2	4
锤子	1	2
华为	4	8
联想	1	2
魅族	3	6
努比亚	2	4
联想	1	2

续表

持有手机品牌	学生人数/人	频率/%
苹果	22	44
三星	5	10
索尼	1	2
小米	4	8
合计	50	100

表 3.8　将 50 名大学生的性别与持有手机品牌交叉起来编制的频数分布表

持有手机品牌	学生人数/人		总计
	性别		
	男	女	
HTC	1	1	2
OPPO	0	2	2
vivo	0	2	2
锤子	1	0	1
华为	3	1	4
联想	1	0	1
魅族	3	0	3
努比亚	0	2	2
联想	1	0	1
苹果	9	13	22
三星	3	2	5
索尼	1	0	1
小米	3	1	4
合计	26	24	50

3.2.2　顺序数据整理

如前所述，对于低层次数据适用的整理方法对高层次数据也适用，因此，适用于分类数据处理的频数、比例、百分比及比率方法同样适用于顺序数据的整理。但适用于顺序数据的整理方法并不适用于分类数据。所以本节和上节的处理方法也适用于下节的数值型数据。除了可使用 3.2.1 节介绍的整理方法，顺序数据的整理方法还有计算累计频数、累计频率和百分比。

累计频数就是将各类别或分组的频数逐级累加。频数的累计方法有两种：向上累计和向下累计。向上累计是从类别或分组的开始向结束方向加总，如果是数值型分组数据，一般是从变量值小的方向向变量值大的方向累加。向下累计与向上累计方向相反。

累计频率（累计百分比）就是各类别的频率（百分比）的逐级累加，它也可以分向上累计和向下累计两种。

【**例 3.5**】 千玺中学想了解一年级期末考试情况，在一班和二班各抽 60 名学生进行调查，将成绩分为五个等级：优秀、良好、中等、及格和不及格。调查结果的频数分布表分别如表 3.9 和表 3.10 所示。

表 3.9 千玺中学一年级一班学生期末成绩频数分布表

成绩等级	人数/人	百分比/%	向上累计		向下累计	
			人数/人	百分比/%	人数/人	百分比/%
优秀	6	10	6	10	60	100
良好	18	30	24	40	54	90
中等	15	25	39	65	36	60
及格	9	15	48	80	21	35
不及格	12	20	60	100	12	20
合计	60	100	—	—	—	—

表 3.10 千玺中学一年级二班学生期末成绩频数分布表

成绩等级	人数/人	百分比/%	向上累计		向下累计	
			人数/人	百分比/%	人数/人	百分比/%
优秀	5	8.3	5	8.3	60	100
良好	16	26.7	21	35.0	55	91.7
中等	12	20.0	33	55.0	39	65.0
及格	13	21.7	46	76.7	27	45.0
不及格	14	23.3	60	100	14	23.3
合计	60	100	—	—	—	—

表 3.9 和表 3.10 对数据的处理方法是一致的。我们以表 3.10 为例进行分析。表 3.10 中的前两列分别是学生成绩等级和五个不同类别学生的频数。第三列给出了各组频数占总人数的百分比，第四、五列是人数和百分比向上累计的结果。注意：人数从第一组开始累加，累计结果最终达到样本总数，百分比累计到 100 为止。第六、七列是人数和百分比向下累计的结果，人数从样本总数开始减少，减少到最后一组学生的频数，百分比则是从 100 开始减少。

3.2.3 数值型数据整理

如前所述，分类数据和顺序数据的整理方法适用于数值型数据，但数值型数据的整理方法并不适用于分类数据和顺序数据。数值型数据常用的方法是数据分组。

数据分组是根据研究目的或研究对象的特征，将原始数据按某种标准划分成不同的组，分组后的数据称为**分组数据**。数据分组的依据是总体的

数值型数据整理

变异性，分组的目的在于将具有不同性质的个体分开，把性质相同或相近的个体放在一起，揭示不同组之间的区别。例如，对于收集的年龄数据，可以按照20岁以下、20~60岁、60岁以上将总体分成三类；居民的消费水平可以按照2000元以下、2000~5000元、5000~10000元和10000元以上划分为四组。上述分组之间的划分标准是主观的，要根据具体问题来定义，没有统一的划分标准。有些划分标准是客观的，如把全国人口按照城镇和农村分成两类，把对国内生产总值的贡献率分解为资本形成总额、最终消费支出及货物和服务净出口三大需求的贡献率，把工业企业分为规模以上工业企业和规模以下工业企业。

注意：①对于复杂的数据，有可能要对分组后的数据继续进行分组。例如某大型企业拥有三家下属企业，大型企业的职工年龄构成可能需要先对三家下属企业进行分组后，再按照职工年龄进行二次分组。②有时要根据经济社会发展现状对分组进行调整，重新分组。例如，按照企业经营类别进行分组，A企业经过多年发展决定从传统制造业转向高科技行业，则企业经营类别会发生变化，应该重新分组；B企业之前归属沪深300指数组别[①]，现经营失败，被剔除出沪深300指数，也需要调整分组。

对于品质数据而言，变量的取值较少，可以把每一个变量取值作为一组。例如按照性别对数据进行分组，按照城镇和农村对数据分组，按照优、良、中、差四个等级对数据进行分组等。对于变量取值较多或变量取值是连续的数据，一般采用组距分组，将变量取值的某个区间当作一组，依次划分为若干区间，将每个区间的变量取值作为一组。**组距**是一个组的上限与下限之差。可根据全部数据的最大值和最小值及所分的组数来确定组距，即组距＝（最大值－最小值）÷组数。在组距分组中，一个组的最小值称为该组的**下限**，一个组的最大值称为该组的**上限**。在数据分组时，分组的数量不宜过多。

下面通过实例说明分组计算方法。

【例3.6】 某大学统计学专业某班有100名学生，线性代数考试成绩如下（单位：分）。
43 68 59 99 66 78 64 66 75 48 59 94 86 69 57 72 77 89 53 57 74 48 73 69 62 86 65 68
47 67 69 78 85 66 59 69 55 67 72 64 88 53 56 66 78 76 82 98 43 75 68 69 72 76 82 64
45 78 62 64 87 85 41 66 88 58 58 53 76 77 86 57 95 86 65 88 68 69 75 76 69 63 55 62 76
43 56 86 89 58 53 65 65 89 44 66 68 52 59 62 89

组距分组的步骤如下。

第1步：确定组数。组数的确定应以能够显示数据的分布特征和规律为目的。在实际分组时，组数 k 一般不少于5组且不多于15组，即 $5 \leqslant k \leqslant 15$。通过简单计算得

$$全距＝最大值－最小值＝99－41＝58$$

第2步：确定组距。本例采用等距分组，即组距＝（最大值－最小值）÷组数。假设分成6组，则组距为

$$组距＝全距/组数＝58/6＝9.7$$

即组距近似为10。

第3步：统计出各组的频数并整理成频数分布表，结果如表3.11前两列所示。

---

① 沪深300指数由上海证券市场和深圳证券市场中市值大、流动性好的300只股票组成，综合反映中国A股市场上市股票价格的整体表现。

表 3.11　某班学生线性代数考试成绩的频数分布表

按成绩分组/分	学生数/人	频率/%
40~50	9	9
50~60	19	19
60~70	32	32
70~80	19	19
80~90	17	17
90~100	4	4
合计	100	100

在进行组距分组时，需要遵循"不重""不漏"原则。"不重"是指一项数据不能在两个或两个以上的组中重复出现，数据只能归属某个组。"不漏"是指所有的数据都必须包含在某组中，也就是说分成的组要覆盖所有数据。

为解决"不重"的问题，统计分组时习惯上规定"上组限不在内"，即当相邻两组的上限和下限重叠时，恰好等于某一组上限的变量值不计算在本组内，而计算在下一组内。例如，在表的分组中，60 这一数值不计算在"50~60"这一组内，而计算在"60~70"这一组内，其余类推。当然，也可以采用相邻两组组限间断的办法解决"不重"的问题。

在组距分组中，如果全部数据中的最大值和最小值与其他数据相差悬殊，为避免出现空白组（即没有变量值的组）或个别极端值被漏掉，第一组和最后一组可以采取"××以下"及"××以上"这样的开口组。开口组通常以相邻组的组距作为其组距。例如，在上面的数据中，假定将最小值改为 30，采用上面的分组就会出现空白组，这时可采用开口组，将第一组改为 50 分以下即可。

组距分组分为等距分组和不等距分组两种。等距分组即各组间的组距相等，各组间的组距不等则为不等距分组。等距分组各组频数的分布不受组距大小影响，如果对数据没有任何先验知识，则大多采用等距分组。但对于某些特殊现象或者为了特定研究的需要，也可以采用不等距分组，不等距分组各组频数的分布会受到组距大小的影响。

组中值是上限和下限的平均值，即组中值＝（上限＋下限）÷2。对于第一组是"××以下"，最后一组是"××以上"的开口组，组中值的计算参照相邻组的组距来决定。即：缺下限的开口组组中值＝上限－1/2 邻组组距，缺上限开口组组中值＝下限＋1/2 邻组组距。如果各组数据在组中值两侧是近似对称的，那么可以将组中值看成各组标志值的一般水平。如果实际数据不符合这一假定，组中值就不能当作该组数据的近似代表。

3.3　数据展示

3.3.1　品质型数据展示

在对统计数据进行展示时，统计图具有非常重要的地位，而数据的图形化展示更加直观，更加方便人们观察、理解及解释。当数据量较大时，统计表中数据量过多会影响整体的阅读、理解及把握,因此有必要单独介绍数据的图形化展示。

1. 条形图

条形图是在直角坐标系下用等宽直条的长短或高度表示数据的图形,可以反映品质数据的频数分布,也可以反映数值型数据的数值大小。绘制图形时,类别或分组可以放在纵轴,也可以放在横轴。类别变量放在纵轴的称为条形图,放在横轴的称为柱形图,在不引起混淆的情况下,称为条形图或柱形图均可。条形图分为单式条形图和复式条形图两种。单式条形图适用于只有一组数据的情况,复式条形图适用于有若干组数据的情况。

条形图用条形的长度表示各类别频数的多少,其各直条等宽,其宽度一般无具体意义,长条等间距分开排列,长条间的宽度和直条相等或为其一半。

【例3.7】 设有如表3.12所示的频数分布数据。

表3.12 某城市居民关注广告的频数分布

广告类型	人数/人	频率/%
商品广告	119	40
金融广告	28	9
公益广告	79	26
服务广告	18	6
其他广告	56	19
合计	300	100

绘制单式条形图如图3.1所示。

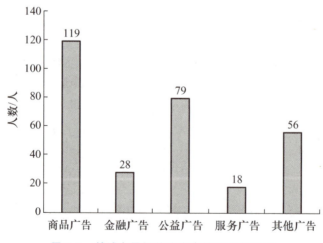

图3.1 某城市居民关注广告的单式条形图

复式条形图是以两个或两个以上条形为一组,且在同一观察项目的各组之间无间距。它可进行组内各条形间的比较。

【例 3.8】 设有如表 3.13 所示的频数分布数据。

表 3.13　中国、日本、美国的人均国内生产总值　　　　单位：美元

国家	2017 年	2018 年	2019 年
中国	8879	9977	10262
日本	38387	39159	40247
美国	59958	62997	65281

注：数据来源于世界银行 WDI 数据库。

绘制复式条形图如图 3.2 所示。

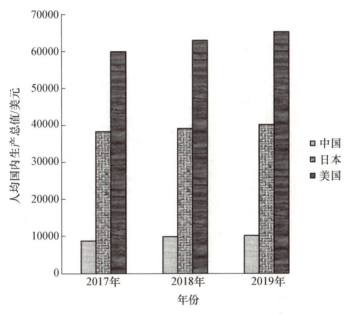

图 3.2　中国、日本、美国的人均国内生产总值的复式条形图

2. 堆叠条形图

一项针对在校大学生关于不同教学模式的意愿调查数据如表 3.14 所示，可以通过**堆叠的条形图**展示，如图 3.3 所示。

表 3.14　大学生关于不同教学模式的意愿调查

	大一	大二	大三	大四	研一	研二	研三
线上教学	0.21	0.24	0.42	0.67	0.15	0.2	0.6
线下教学	0.7	0.65	0.53	0.21	0.73	0.42	0.36
混合式教学	0.09	0.11	0.05	0.12	0.12	0.38	0.04

安装 EasyCharts 插件后，利用 Excel 可以绘制堆叠条形图，步骤如下。

（1）复制数据到 Excel。

(2) 在第一行和第二行之间加入一行，命名为宽度，全部输入 1（表示每个条形图所占的宽度相同）。

(3) 选中所有数据（包括类别名称），单击【EasyCharts】，单击【柱形图】，选择第一行第三列【马赛克图】即可。

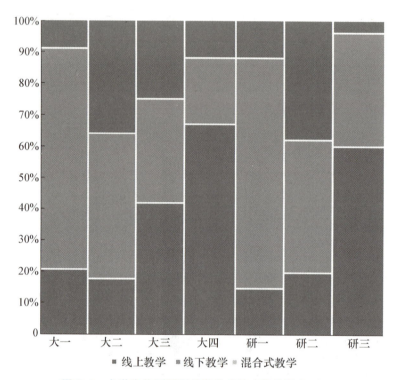

图 3.3　大学生关于不同教学模式的意愿堆叠条形图

有时，为了更直观地显示某种情况的动态变化，如全球 205 个国家或地区每周的新冠肺炎确诊人数数据，可以绘制动态条形图进行展示。更多关于动态条形图的信息可以搜索数据可视化网站，这里不再赘述。

3. 金字塔图

金字塔图是一种特殊的条形图，常用来反映人口年龄和性别情况，因为图形类似古埃及的金字塔而得名。各年龄段人口数据如表 3.15 所示。绘制金字塔图时，按照男女人口年龄的自然顺序从大到小、自上而下在纵轴左右画成并列的条形图，各条柱长度代表各个年龄组的人口数量，横轴表示人口数量或百分比，如图 3.4 所示。

表 3.15　各年龄段人口数据

年龄/岁	男	女
0～4	3.08	2.59
5～9	2.89	2.43
10～14	3.02	2.60

续表

年龄/岁	男	女
15～19	3.89	3.76
20～24	4.80	4.76
25～29	3.81	3.76
30～34	3.72	3.57
35～39	4.53	4.32
40～44	4.77	4.59
45～49	4.03	3.89
50～54	3.03	2.88
55～59	3.08	3.02
60～64	2.24	2.16
65～69	1.56	1.53
70～74	1.23	1.24
75～79	0.85	0.94
80～84	0.44	0.56
85～89	0.17	0.26
90～94	0.04	0.08
95 以上	0.01	0.02

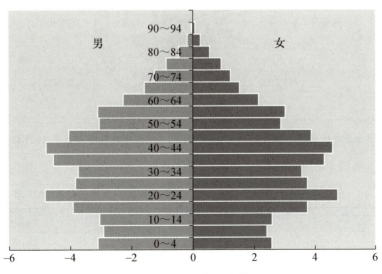

图 3.4　人口结构金字塔图

安装 EasyCharts 插件后,利用 Excel 可以绘制金字塔图,步骤如下。

(1) 复制数据到 Excel。

(2) 选中所有数据(包括类别名称),单击【EasyCharts】,单击【柱形图】,选择第二行第三列【金字塔条形图】即可。

4. 玫瑰图

将柱形图绘制在极坐标下,称为玫瑰图。玫瑰图使用圆弧的半径长短表示数据的大小或数量的多少。玫瑰图又称南丁格尔玫瑰图、极坐标区域图。

图 3.5 中,圆的半径长度表示数据大小,圆的外圈对数据进行了标注,这是截至 2021 年 3 月全球新冠肺炎累计确诊人数前 10 个国家的死亡率。从图中可以看出,意大利、英国和德国的死亡率均为 2.84% 以上。

玫瑰图适用于由类别或分组变量和数值型变量组成的数据,尤其适合类别或分组较多的情况,类别或分组建议在 3~30 类比较适宜。当分类较少时建议使用饼图或统计表来展示,当部分分类数据很小时建议采用柱形图展示。在图形中,类别或分组变量会映射到分类轴的位置,而数值型变量则映射到半径的大小。由于圆形有周期特性,因此玫瑰图也常用于表示一个时间周期内的数据,如星期、月份等。

注意:玫瑰图采用半径长短度量数据,其对应扇形面积大小并无实际含义。但是由数学知识可以知道,扇形面积和半径的平方有关,因此从视觉上看,很容易认为扇形面积大的图形表示的数据比扇形面积小的图形表示的数据大很多,其实不然。玫瑰图会将数据的比例夸大,尤其是大小相近的数值。

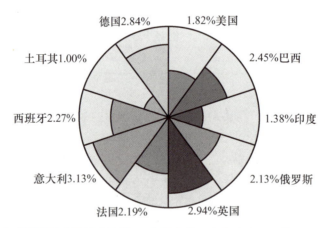

图 3.5 全球新冠肺炎累计确诊前 10 个国家的死亡率玫瑰图(截至 2021 年 3 月)

图 3.5 对应的数据如表 3.16 所示。

表 3.16 全球新冠肺炎累计确诊人数前 10 个国家的死亡率(截至 2021 年 3 月)

序号	国家	死亡率/%
1	美国	1.82
2	巴西	2.45
3	印度	1.38

续表

序列	国家	死亡率/%
4	俄罗斯	2.13
5	英国	2.94
6	法国	2.19
7	意大利	3.13
8	西班牙	2.27
9	土耳其	1.00
10	德国	2.84

安装 EasyCharts 插件后，利用 Excel 可以绘制玫瑰图，步骤如下。

(1) 复制数据到 Excel，将数据转置。

(2) 在"国家"和"死亡率"中间加一行，命名为角度，全部输入 1（表示每个国家在玫瑰图中占据同样的角度，即 360°/10＝36°）。

(3) 选中所有数据（包括类别名称），单击【EasyCharts】，单击【环形图】，选择第一行第一列的【南丁格尔玫瑰图】，即可得到图 3.5。

多列数据可以绘制多数据系列的玫瑰图，其做法与上述做法基本一致。例如图 3.6，选择第一行第二列的【多数据系列南丁格尔玫瑰图】即可得到。

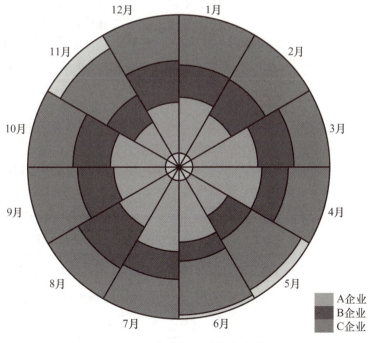

图 3.6　多数据系列的玫瑰图

从图 3.6 可以看出，A 企业 7 月销售增长率最高，5 月和 11 月增长率较低。C 企业 5 月、6 月和 11 月增长率较低。详细数据如表 3.17 所示。

表 3.17　某集团下属三企业 2020 年月均销售增长率　　　　　　　　　　单位：%

月份	A 企业月均销售增长率	B 企业月均销售增长率	C 企业月均销售增长率
1 月	0.4	0.24	0.41
2 月	0.35	0.28	0.36
3 月	0.45	0.3	0.35
4 月	0.5	0.21	0.36
5 月	0.29	0.2	0.45
6 月	0.42	0.15	0.41
7 月	0.51	0.18	0.44
8 月	0.41	0.31	0.43
9 月	0.38	0.25	0.36
10 月	0.41	0.26	0.35
11 月	0.28	0.22	0.4
12 月	0.37	0.29	0.41

5. 帕累托图

帕累托图是按各类别数据出现的频数大小排序后绘制的条形图或柱形图。帕累托图又称排列图、主次图，最先由意大利经济学家帕累托（Pareto）提出和应用。1906 年，帕累托在研究社会财富分布问题时，运用排列图发现了占人口总数极少数的富人占有社会财富的大部分，而占人口总数绝大多数的穷人却处于贫苦的边缘，即发现了"关键的少数和次要的多数"的规律。后来美国统计学家朱兰（Juran）将排列图应用到质量管理中，用以分析寻找影响质量问题的主要因素。

帕累托图主要用于展示分类数据的分布，通过帕累托图能够看出各类数据的大小关系。帕累托图可由两个纵坐标和一个横坐标、若干直方图和一条折线构成，表示有多少结果是由已确认类型或范畴的原因所造成的。它是将出现的质量问题和质量改进项目按照重要程度依次排列而形成的一种图，可以用来分析质量问题，确定产生质量问题的主要因素。

【例 3.9】 某水杯制造厂对日生产中出现的 150 个次品进行统计（表 3.18），试绘制帕累托图。

表 3.18　某水杯制造厂对日生产中出现的 150 个次品的频数分布表

主要因素	频数/件	频率/%	累计频数	累计频率/%
划痕	95	63.3	95	63.3
气泡	36	24	131	87.3
缺口	10	6.7	141	94
污痕	7	4.7	148	98.7
杂质	2	1.3	150	100
合计	150	100		

绘制帕累托图如图 3.7 所示。

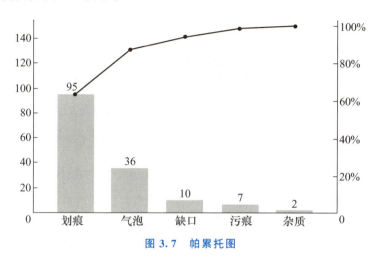

图 3.7　帕累托图

图 3.7 表明：造成水杯质量问题的主要因素是划痕和气泡，一旦这两个问题得到解决，大部分质量问题即可消除。

6. 饼图

饼图也称圆形图，是用圆内各扇形的角度表示各部分的构成比的，圆内扇形代表各组成部分。饼图常用于研究事物结构。

绘制饼图时，样本或总体中各部分所占的百分比用圆内的各个扇形角度表示，这些扇形的中心角度，按各部分数据百分比乘以 360°确定。

【例 3.10】 表 3.19 是某地区不同品牌饮料市场占有率分组表，根据表中数据绘制饼图。

表 3.19　某地区不同品牌饮料市场占有率分组表

饮料品牌	百分比/%
可乐	30
奶茶	22
果汁	18
凉茶	12
其他	18
合计	100

结果如图 3.8 所示。

从图 3.8 可以了解每种饮料的市场占有率，其中，可乐的市场占有率最高，为 30%，凉茶市场占有率最低，为 12%。一般来说，饼图中的每一块"小饼"代表一个分组标志，其"小饼"面积的大小代表该分组标志在总体中所占的比例，比例越大，"小饼"的面积越大。所有"小饼"加在一起就构成一个完整的圆饼，即表示各组的频率之和为 1。饼图

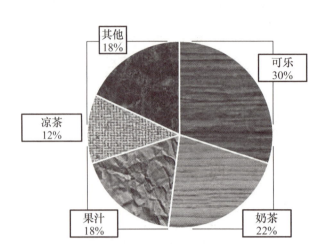

图 3.8 某地区不同品牌饮料市场占有率的饼图

因其具有简单、形象、直观的特点在市场占有率的分析中应用广泛。

如果分组不多,如分组数量不大于 3 时,用饼图展示数据虽然没有错误,但是不美观。此时可以用特殊的饼图(仪表盘图)来单独展示。例如有两个学校的报名率,A 学校为 70%,B 学校为 80%,如图 3.9 所示。

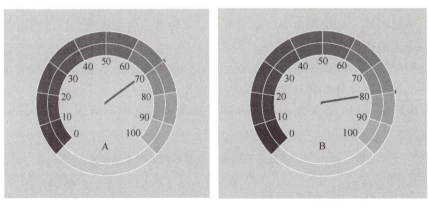

(a) A学校的报名率　　　　　　　　(b) B学校的报名率

图 3.9　两所学校的报名率

有人为了突出一张饼而将饼图做成三维形式,这种做法并不可取。图的重点在于展示数据,不要为了新奇而采用无谓的三维饼图。

7. 环形图

饼图的优点是可以方便展示各组成部分的占比,缺点在于只能显示一个样本在各部分中所占的比例。例如,要分析 5 个民族自治区的地区生产总值构成,按照投资、消费、进出口可将每个区的生产总值划分为 3 类,比较 5 个区的地区生产总值构成就需要绘制 5 张饼图。每张饼图上有 3 种分类,这种做法会降低可比性。能否在一张图上对多个地区的不同分组进行对比,答案是肯定的。只需要将 5 张饼图重叠放在一张图上,去掉重复部分,并且保证每张饼图的半径互不相交即可,运用这种方法绘制的图就是**环形图**。

环形图中间有一个洞,样本或总体中的每一部分数据都可以用圆环中的一部分来表示。通过绘制方法可知,环形图可以同时绘制多个数据系列,每个数据系列为一个环,环与环之间不重叠。环形图也可用于结构比较研究,常用于展示分类数据和顺序数据。

【**例 3.11**】 表 3.20 所示为 2018 年北京、天津、河北地区音像制品及电子出版物情况数据。绘制环形图比较 3 个地区出版物品种情况。

表 3.20　2018 年北京、天津、河北地区音像制品及电子出版物情况　　单位:种

地区	录音制品出版品种	录像制品出版品种	电子出版物出版品种
北京	185	229	141
天津	17	22	54
河北	11	51	104

资料来源:《中国统计年鉴 2019》。

解:根据表 3.10 的数据绘制的环形图如图 3.10 所示。

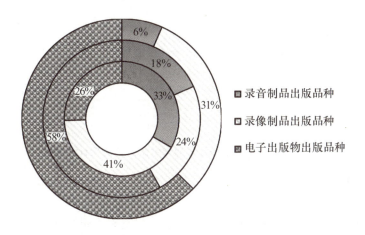

图 3.10　2018 年北京、天津、河北地区音像制品及电子出版物的环形图

图 3.10 中,最内环为北京地区音像制品及电子出版物的情况,由内而外依次是天津和河北。

对于顺序数据,还可以绘制累计频数分布图或累计频率分布图进行展示。

8. 累计频数(频率)分布图

根据累计频数或累计频率可绘制累计频数(频率)分布图,累计频数(频率)分布可以看作品质数据的折线图。根据表 3.9 的数据绘制的累计分布图如图 3.11 所示。

3.3.2　数值型数据展示

1. 直方图(分组数据)

类别数据或分组数据在取值不多时,可以用条形图或饼图来展示。但是对于类似家庭收入、企业利润率、地区生产总值等取值非常多的数值型数据来讲,条形图和饼图就不再适合了。此时,直方图是较为常用的方法之一。

数值型数据展示

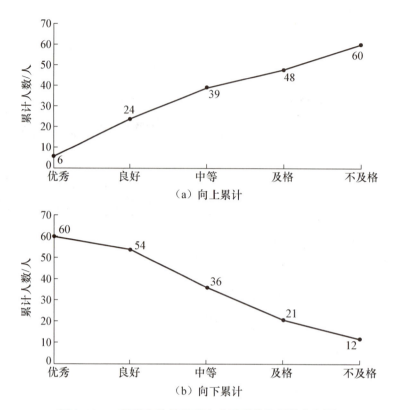

图 3.11 一班学生统计学期末考试成绩的累计分布图

对于数值型数据,绘制直方图时可以先将数据分组,把比较接近的值归为一组,再绘制直方图。**直方图**是展示分组数据时最常用的图形展示方法。

直方图绘制在直角坐标系中,横轴一般表示分组情况,纵轴表示分组的频数(频率),各组与相应的频数(频率)形成了一个矩形,矩形的面积(即宽度和高度的乘积)代表各组频数(频率)的多少。

直方图与前述的柱形图很相似,但是两者之间又有所不同。首先,柱形图是用矩形的高度表示各类别频数,其宽度固定并且无实际意义;而直方图是用矩形的面积表示各组频数,矩形的高度表示每一组的频数(频率),宽度表示各组的组距,因此高度和宽度都有实际意义。其次,柱形图通常都是分开排列的,因为柱形图的横坐标反映的是类别,类与类之间联系不强或无联系,所以矩形之间通常分开排列。而直方图反映的是连续数据进行分组之后的频数(频率),数据是连续的,所以矩形之间一般不分开排列。最后,柱形图通常用于展示分类数据和顺序数据,适用于数据取值较少的情况。直方图大多用于展示数值型数据,取值较多的情况。

假设有 200 人的身高数据,绘制直方图,如图 3.12 所示。

从图 3.12 中可以看出,身高在 156~168cm 的人数最多,有 46 人;身高 96~108cm 和 204~216cm 的人数最少,只有 3 人。横轴表示身高分组,系统自动按照每隔 12cm 进行等距分组,统计了属于每个组的人数,纵轴表示频数。为使每组人数更为醒目,特意将每组人数放到了矩形的上方,在已经标注了各组频数的情况下可以省略纵轴。有时为了简

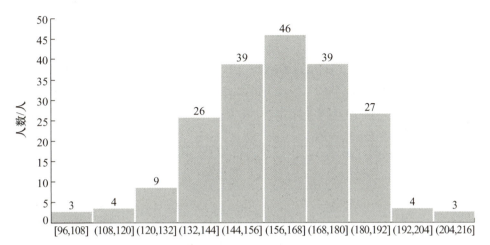

图 3.12　200 人的身高数据直方图

便，可以将横轴中的分组信息用简单的组中值表示，例如左边第一组 [96,108]，也可以简单写为 102，表示的信息是 102cm 附近的人有 3 个，这与 [96,108] 的表示是一致的。

绘制的直方图很好地表征了数据分布的两个特征。

一是这 200 人的身高是不均匀的，有些组内人数多，有些组内人数少。更精确一点，身高分组靠近中间的（156～168cm）的人数比两边的要集中得多。

二是如果以中间为轴，两边的数据看起来差不多是对称的（轴左边的频数和右边的频数相近）。

以上两个特征是针对数据全体的，是数据全体拥有的某种规律的表述。

思考：在绘制直方图的过程中，从数据上来看，我们失去了什么信息？

在绘制直方图的过程中，通过分组我们得到了每个分组的频数，因此能够知道 96～108cm 的人数有 3 人，但是这 3 人的具体身高数据却被抹去了。而在原始数据中我们可以很清楚地看到这 3 人的身高数据。因此，失去的是原始数据的具体数值。

思考：付出了失去原始数据具体数值的代价，那么我们得到了什么？

通过上面的分析我们容易知道，从直方图中可以了解数据分布在哪些分组较为集中的信息，即集中趋势信息。另外，还能知道数据是否对称的信息，即分布形态信息。有时，如果最左边或最右边的分组中频数相差较大，还能反映数据的异常值情况。因此，我们付出代价的同时，得到了数据分布的重要信息。类似于我们在不改变《西游记》原著的情况下，通过压缩的方式给出了《西游记》主要故事情况和整体故事架构。

在 Excel 中绘制直方图的步骤如下。

（1）在 Excel 中输入数据。（为节省空间，此处没有给出 200 人的身高的详细数据。如果没有真实数据，可以使用模拟数据代替。在 Excel 的 A1 单元格内输入身高（表示变量名），A2 单元格内输入命令 =ROUND（NORM.INV（RAND（），160，64），0），上述命令的含义是随机生成均值为 160、方差为 64 的正态分布数据，并且使得数据四舍五入取整数值。按 Enter 键后将鼠标放置到 A2 单元格的右下角，当鼠标变为十字形状时，按住鼠标左键下拉到 A201 单元格，松开左键即可）。

(2) 选中数据，单击【插入】，选择图表中的【推荐的图表】，选择【所有图表】中的【直方图】，单击【确定】。

(3) 按照需要修改直方图的布局、颜色、样式等，直到满意。

一幅刻意修饰的柱形图（直方图）可能会误导人们的视线。有意缩短或拉长柱形图（直方图）纵轴长度可以使柱形图（直方图）的差别变得更加明显，仿佛数据出现了非常强烈的变化一样。图 3.13 所示为某企业 1—6 月的销售额，分别为 110、120、130、140、150、155。

图 3.13（a）所示的柱形图显示的变化非常明显，只是因为其纵坐标是从 100 开始的，而图 3.13（b）所示的柱形图的纵坐标是从 0 开始的。

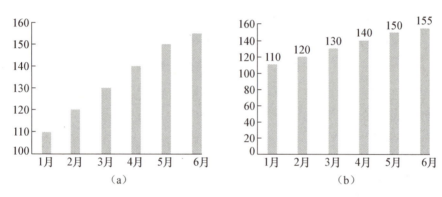

图 3.13　同一组数据的柱形图对比

2. 茎叶图（未分组数据）

当数值型数据的样本量不大时，直方图并不是唯一选择。此时，绘制茎叶图能够显示所有数据，并给出数据分布的一些形态特征，诸如分布的对称性、集中程度和异常值等。

茎叶图分为茎和叶两部分，图形由数字组成。具体来说，绘制茎叶图时会将数字分成两部分，该组数据的高位数的值为树茎，低位数的值为树叶，树叶保留最后一位数字。例如，134 分成 13│4，65 分成 6│5，25.62 分成 256│2（单位：0.01）。茎叶图类似于水平放置的直方图，其区别在于茎叶图给出了所有的原始数据。因此，茎叶图不但保留了原始数据的所有信息，而且还呈现了数据分布特征，尤其适用于小批量数据。对重复出现的数据，茎叶图会重复记录，不遗漏。

```
0 | 2
1 | 238
2 | 36
3 | 36
4 | 1
5 | 48
6 | 3
7 | 388
8 | 036
9 | 48
```

图 3.14　20 个数据的茎叶图

【例 3.12】　假设给定 20 个数据，即 73、58、78、78、18、2、98、63、83、33、12、23、80、94、26、13、54、36、41、86，绘制的茎叶图如图 3.14 所示[①]。图 3.14 中的第一列是茎，表示数据的十位，0 到 9 的数都有，叶子频数代表个位，竖线之后的是叶。从茎叶图中很容易看出 10 以内、40~49 和 60~69 的数据均只有一个，分别是 2、41 和 63；10~19 的数有三个，分别是 12、13、18；其余类似。

---

① 茎叶图可以通过 R 软件输入如下命令绘制：stem(round(runif(20，1，100))，2)

3. 箱线图（未分组数据）

箱线图是通过使用数据中的五个量：最大值、最小值、中位数[①]、上四分位数[②]、下四分位数来描述数据的一种方法，从箱线图中可以看出数据是否具有对称性和数据的分散程度等数据分布的形态信息。箱线图适用于多个样本或多个类别数据的对比。

箱线图的绘制方法是：首先计算出一组数据的五个量，即最大值、最小值、中位数和两个四分位数；然后连接两个四分位数画出箱子，将两个极值点与箱子相连，必要时可在最大值和最小值处画上竖线，中位数一定在箱子里面，在中位数的位置画竖线。箱线图的一般形式如图 3.15 所示。

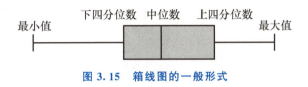

图 3.15　箱线图的一般形式

通过箱线图的形状可以看出数据分布的特征。图 3.16 是不同的箱线图与其对应的分布形状的比较。

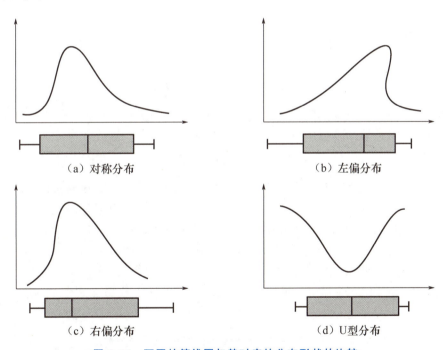

图 3.16　不同的箱线图与其对应的分布形状的比较

【例 3.13】 某车间为了提高生产率，决定对 10 名工人的操作方法进行改良，改良前后产量数据如表 3.21 所示，试绘制箱线图分析操作方法改良对生产效率的影响。

---

① 数据从小到大排序后最中间的数，如果最中间有两个数，则取其平均值。
② 将数据从小到大排序后，从中间分成两部分，前部分数据的最中间的数即上四分位数，后部分数据的最中间的数即下四分位数。

表 3.21　10 名工人改良前后产量数据　　　　　　　　　　　　　　　　　单位：件

工人序号	1	2	3	4	5	6	7	8	9	10
改良前	30	32	28	43	35	38	50	46	38	41
改良后	33	37	49	55	60	43	38	42	53	47

解：首先计算出上述 5 个特征值，根据 5 个特征值绘制箱线图，如图 3.17 所示。

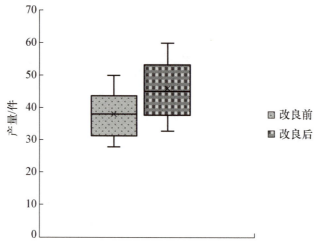

图 3.17　改良前后的箱线图

由图 3.17 可以看出：改良前后的变化非常明显，最高产量和最低产量的差距有扩大的趋势，同时，改良后的平均产量较改良前有所提高，工人产量的分布更加合理。

4. 折线图（时间序列数据）

折线图

折线图是在直角坐标系下反映某种现象随时间**变化趋势**的图形。横轴一般表示时间，纵轴表示数量，为便于比较，纵轴数据下端应该从 0 开始。折线图常用于时间序列数据展示，选取的时间段尽可能长一些。例如，近 10 年月度居民消费价格指数、中华人民共和国成立以来的 GDP 变化、近 30 年的居民收入水平、消费水平等。

【例 3.14】　已知 2005—2019 年某地区的地区生产总值数据如表 3.22 所示，绘制折线图。

表 3.22　2005—2019 年某地区的地区生产总值数据　　　　　　　　　　　单位：亿元

年份	生产总值	年份	生产总值
2005 年	579.89	2009 年	1266.66
2006 年	683.28	2010 年	1571.68
2007 年	877.59	2011 年	1931.83
2008 年	1139.16	2012 年	2131.00

续表

年份	生产总值	年份	生产总值
2013 年	2327.68	2017 年	3200.28
2014 年	2473.94	2018 年	3510.21
2015 年	2579.38	2019 年	3748.48
2016 年	2781.39		

2005—2019 年某地区的地区生产总值折线图如图 3.18 所示。

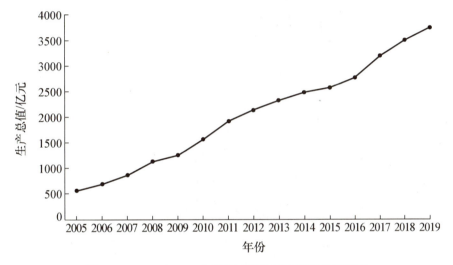

图 3.18　2005—2019 年某地区的地区生产总值折线图

绘制折线图时应注意以下几点：一是时间一般绘制在横轴，指标数据绘制在纵轴；二是图形的长宽比例要适当；三是一般情况下，纵轴数据下端应该从 0 开始，以便于比较。数据与 0 之间的间距过大时，可以采取折断的符号将纵轴折断。

有时，若列的数据变多时，折线图的数量会变多，看起来很容易混淆，此时可以绘制条形图。如果需要特别关注整体与局部的关系，也可以通过绘制整体与局部的关系柱形图进行展示。

【例 3.15】　某企业近 4 年销售收入数据如表 3.23 所示。

表 3.23　某企业近 4 年销售收入数据　　　　　　　　　　　　单位：万元

年份	一季度	二季度	三季度	四季度	合计
2017 年	2203	2169	1683	2285	8340
2018 年	2738	2291	1653	2868	9550
2019 年	1396	1423	1837	2212	6868
2020 年	1521	594	1437	1886	5438

横轴表示时间，纵轴表示销售收入，从图 3.19 中容易看出每年度的销售收入及不同年度每个季度的销售收入，从而更容易做对比。

安装 EasyCharts 插件后，利用 Excel 可以绘制整体与局部关系柱形图，步骤如下。

(1) 复制数据到 Excel。

(2) 选中所有数据（包括类别名称），单击【EasyCharts】，单击【柱形图】，选择第 3 行第 2 列的【整体与局部关系柱形图】即可得到图 3.19。

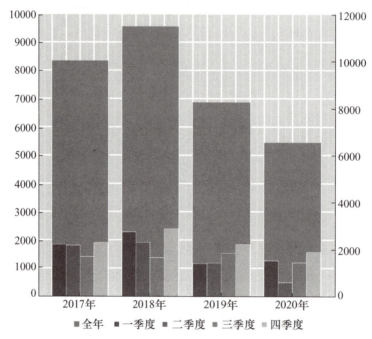

图 3.19　某企业 2017—2020 年的销售收入柱形图

当数据系列有两个或两个以上变量时，可以采用散点图、气泡图、雷达图等进行展示，也可采用箱线图和折线图进行展示。

5. 散点图（两变量数据）

散点图是通过分布在直角坐标系里散落的点来展示两个变量之间关系的图形，点的位置通过第一个变量和第二个变量在直角坐标系的坐标来实现。绘制散点图时，用横轴代表第一个变量 x，纵轴代表第二个变量 y，变量的取值 (x_i, y_i) 在坐标系中用一个点表示，所有数据在坐标系中形成的点即为散点图。散点图通常适合数据量较大的情况。

【例 3.16】假设有 99 个人的身高和体重数据，以身高数据为横轴、体重数据为纵轴，绘制散点图如图 3.20 所示。

由于身高数据均在 120cm 以上，为方便起见，图 3.20 中的横坐标从 100 开始。99 个人的身高体重数据见表 3.24。

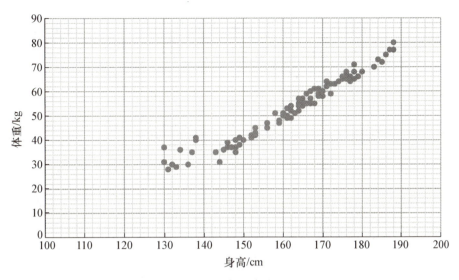

图 3.20　99 个人的身高体重散点图

表 3.24　99 个人的身高体重数据

序号	身高/cm	体重/kg	序号	身高/cm	体重/kg	序号	身高/cm	体重/kg
1	167	57	18	144	31	35	178	71
2	168	55	19	148	35	36	137	35
3	149	38	20	167	60	37	134	36
4	164	57	21	166	59	38	130	31
5	173	63	22	131	28	39	160	50
6	184	73	23	162	49	40	147	37
7	165	57	24	169	61	41	171	64
8	168	61	25	164	52	42	187	77
9	164	54	26	178	68	43	146	39
10	174	64	27	162	49	44	138	40
11	158	51	28	167	55	45	177	64
12	173	63	29	176	67	46	168	55
13	146	37	30	177	66	47	162	52
14	167	57	31	143	35	48	152	42
15	188	80	32	175	66	49	165	54
16	165	56	33	172	59	50	188	77
17	130	37	34	186	75	51	169	59

续表

序号	身高/cm	体重/kg	序号	身高/cm	体重/kg	序号	身高/cm	体重/kg
52	149	41	68	148	40	84	170	58
53	178	65	69	149	38	85	153	45
54	136	30	70	161	53	86	153	42
55	171	62	71	159	48	87	179	66
56	183	70	72	169	58	88	173	63
57	167	55	73	175	65	89	185	72
58	150	40	74	161	50	90	156	45
59	176	68	75	156	47	91	152	41
60	177	66	76	160	51	92	171	62
61	161	49	77	172	63	93	176	65
62	138	41	78	166	55	94	162	49
63	133	29	79	179	66	95	148	37
64	180	68	80	162	54	96	164	55
65	153	43	81	132	30	97	159	47
66	163	51	82	153	43	98	171	62
67	145	36	83	170	60	99	147	37

6. 气泡图（三变量数据）

气泡图用于在平面直角坐标系中展示三变量数据间的关系。绘制气泡图时，将第一个变量放置在横轴，第二个变量放置在纵轴，第三个变量用气泡的大小来表示。圆形的气泡图很容易利用 Excel 制作，这里不再赘述。有时也可以用方形气泡来展示数据。例如有 19 个人的身高、年龄和体重数据如表 3.25 所示。其气泡图如图 3.21 所示。

表 3.25　19 个人的身高、年龄和体重数据

序号	身高/cm	年龄/岁	体重/kg
1	167	51	57
2	168	36	55
3	149	15	38
4	164	56	57
5	173	27	63
6	184	24	73
7	165	52	57
8	168	48	61

续表

序号	身高/cm	年龄/岁	体重/kg
9	164	39	54
10	174	42	64
11	158	47	51
12	173	35	63
13	146	46	37
14	167	40	57
15	188	37	80
16	165	35	56
17	130	12	37
18	144	13	31
19	148	16	35

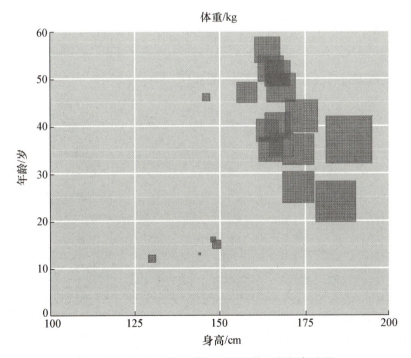

图 3.21　19 个人的身高、年龄和体重数据气泡图

从图 3.21 可以看出，身高越高、年龄越大，体重也相应地有变大的趋势。

安装 EasyCharts 插件后，利用 Excel 可以绘制方形气泡图，步骤如下。

(1) 复制数据到 Excel。

(2) 选中所有数据（包括类别名称），单击"EasyCharts"，单击【散点图】，选择第一行第二列【方形气泡图】即可得到。

气泡图也可以用于超过三个变量的对比,例如某企业 2020 年 12 个月的生产经营数据,如表 3.26 所示。

表 3.26 某企业 2020 年 12 个月的生产经营数据

月份	生产量/万台	销售量/万台	销售收入/万元	成本/万元
1 月	197	178	198	246
2 月	133	119	132	166
3 月	122	107	119	153
4 月	123	113	126	154
5 月	168	148	165	210
6 月	175	163	181	219
7 月	151	133	148	189
8 月	107	89	99	134
9 月	146	136	151	182
10 月	199	181	201	249
11 月	181	164	182	226
12 月	200	183	203	250

可以绘制气泡图进行比较,如图 3.22 所示。

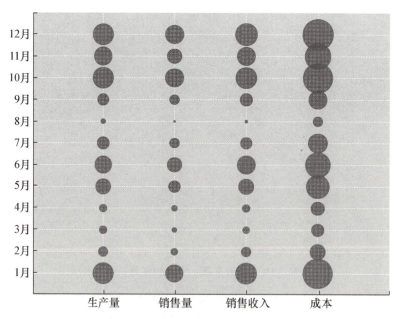

图 3.22 某企业生产经营数据气泡图

从图 3.22 可以看出,企业的生产和销售有一定的周期性,3 月和 8 月是企业生产较少的时间,企业成本明显比销售收入要大,表明企业的经营状况并不理想。

方形气泡图绘制方法与气泡图绘制方法一致,只需要选择第二行第一列的"气泡矩阵图"即可。

7. 雷达图(多变量数据)

雷达图又称蜘蛛网图或星图,是一种常见的展示多变量数据的图表。雷达图将多变量的数据分别放置在若干条起始于从同一个圆心点出发的数轴上,数轴的个数与变量个数相等,结束于圆周外围。雷达图使用数轴上的长度表示变量取值的大小,每个变量的取值数据分别对应一个坐标轴上的点,坐标轴之间的角度相同、径向排列,连接各坐标轴的网格线和坐标轴之间的夹角通常无实际意义。将各个坐标轴上的数据连接起来形成多边形,如此,坐标轴、点、线和多边形共同组成了雷达图。雷达图可以展示多个样本之间的相似程度,通常适用于展示与性能相关的数据,如不同品牌产品之间的性能对比。

需要强调的是,有时为了增强可比性,可以统一雷达图的坐标轴上的数据单位。例如一个变量用元做单位,另一个变量用米做单位,这样不具可比性。因此,通常的做法是对数据使用中心化变换,或者对所有变量都采用百分比之类的数据来进行对比。

绘制雷达图展示数据的建议如下。

(1) 变量个数为 4~12 个为宜,超过 12 个也可以绘制。但是由于所需坐标轴过多,从而夹角变小,使得图形变得复杂、混乱,影响可读性。

(2) 在变量一定的情况下,个体数量变多会导致多边形数量过多,也会影响可读性。

(3) 不同样本的变量取值都很接近,会导致两个多边形的形状几乎一致,难以比较个体差异。

【例 3.17】 2019 年我国城镇居民和农村居民人均消费支出数据如表 3.27 所示,请绘制雷达图。

表 3.27 2019 年我国城镇居民和农村居民人均消费支出 　　　　单位:元

消费支出分类	城镇居民人均消费支出	农村居民人均消费支出
食品烟酒	7583.9	3538.2
衣着	1831.3	712.9
居住	2223.5	1163.8
生活用品及服务	1676.2	748.9
交通通信	3665.0	1835.5
教育文化娱乐	3326.0	1481.3
医疗保健	1754.6	1137.9
其他用品及服务	737.6	236.0
合计	22798	10854.5

资料来源:《中国统计年鉴 2020》。

根据表 3.27 的数据制作的雷达图,如图 3.23 所示。

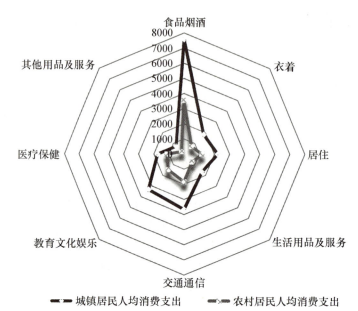

图 3.23　2019 年我国城镇居民和农村居民人均消费支出的雷达图

3.4　数据图表的使用

统计图和统计表是最常用也是最重要的数据展示方法，可以将纷繁复杂的数据按照某种逻辑关系进行归纳，展示的信息具有简单明了、条理性强、易于理解和记忆等优点。统计图的优势在于清晰易读，对不同群体信息之间的横向或纵向比较会令人印象深刻。统计表的优势在于展示的信息量多，若被展示的数据中存在某种趋势和特点时则一目了然。

3.4.1　统计图

统计图和统计表

人们在阅读资料时难免会遇到各种各样的统计图。统计图能够把数据生动地展现出来，是数据展示方式中最常用、最有效的方式之一。好的统计图胜过千言万语，一张优质的统计图在设计时应当注意什么问题呢？

首先，统计图应能直接、清晰地展示数据。统计图的首要任务是展示数据。统计图最重要的是能直接展示重点，设计统计图时美观、精致等要素应排在后面。在能够展示数据的基础上，统计图上添加的文字内容越少越好，数字内容不要重复。读者在阅读你设计的统计图时，应能够将精力聚焦于要展示的重要数据、趋势、特征或规律之上，而不是其他要素。因此，用最短的时间以最少的笔墨给读者提供最多的信息，用最简洁的笔画绘制出你想要表达的结论，是设计统计图时应注意的要点。

其次，避免歪曲。绘制统计图时绝对不能断章取义地截取容易误导他人的部分数据进行展示，尤其是在只展示部分数据得出的结论会与总体结论相反时更要避免。用不真实的图来展示数据是不道德的。另外，即使数据没有断章取义，所做的统计图仍然可能存在歪曲和误导，准确识别此类歪曲和误导对于作图者和阅读者来说都很重要。强烈建议在设计或阅读统计图之前,阅读哈夫所著的《统计数据会说谎》,读完之后你可能会理解作者所说的话:"让我们陷入困境的并非我们不知道的东西,而是我们知道但并不正确的东西。"我相信读完此书你对设计一幅客观表述真实状况的统计图会有更多心得体会,也会更容易识别一幅可能误导他人的统计图。

再次,统计图要服务于一个明确的目的,可以是强调数据间的比较,也可以是展现数据的趋势、特征和规律。统计图的优势之一在于它能够用最简单的形式展示数据特征,因此,在数据展示用到统计图时要强调数据间的比较或展示,让读者能很快地发现两者之间的异同和趋势,明晰数据所蕴含的深层次问题的本质。

最后,需要对统计图做必要的描述、解释和说明。例如为统计图添加必要的描述和说明(如数据来源、处理方法、指标描述、数据单位、其他说明等),如果不是面对面地讲解汇报,有时还需要添加适当解释。

以上是一张规范的统计图需要遵守的准则。我们没有给出某种具体化的标准,只是告诉读者做一张统计图应该注意的要求,在符合以上准则的前提下,做出来的统计图用来展示数据都是合乎规范的。在合乎规范的统计图基础之上,对坐标轴、折线、横纵坐标线、图例、颜色等要素进行更进一步的设计、修改,会使得统计图更美观。

注意:一般情况下统计图的编号和名称要放在图的下方,统计表的编号和名称放在表的上方。

3.4.2 统计表

统计表是数据展示的另一个常用方式,是以纵横交叉的线条所绘制的表格来展示统计数据的一种形式。用统计表展示数据具有条理分明、数据翔实、信息量大的特点,便于归纳和对比研究。

统计表的形式多样。我们可以根据使用时的具体要求和统计数据的特点去绘制统计表。先来看一张常见的统计表。为了对表进行说明,在这张表上加注了解释,因此整体上这是一幅图,如图 3.24 所示。

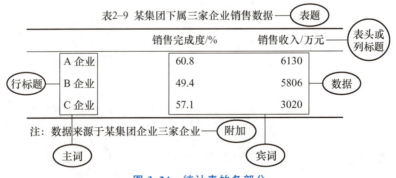

图 3.24 统计表的各部分

在图 3.24 中,统计表由表题、行标题、列标题和附加等四部分构成。第一行"表 2-9 ……"是表题部分,包含表的编号及名称。表的名称应该言简意赅,尽量不要留空。表题一般置于表的上方,如果表中数据都是同一单位,则在表的名称后面加括号注明数据的单位。然后是行标题和列标题,行标题位于表的第一行,一般表示所研究问题的类别(分组)标志,包含时间序列的数据的行标题一般是时间(因为一般时间序列数据的时间部分较长），列标题位于表的第一列，一般表示变量名称。行标题和列标题包围的部分是数据内容。表的下方是附加信息，一般列出统计表的数据来源、变量说明等。第一列一般是主词栏，变量所代表的列是宾词栏，因此，数据 60.8 读作"A 企业的销售完成度为 60.8％"，其他数据的读法与此类似。列标题较多而行标题较少时，排版会不美观，因此常常交换行标题和列标题的位置。统计表的排版和文章书写相似，尽量竖向排版。

通常情况下，统计表的读取顺序是按照"行标题—列标题—数据资料"的顺序读取。有时，为了美观会互换行标题和列标题，此时读法与没有互换行标题和列标题之前相同，只是要按"列标题—行标题—数据资料"的顺序读取。

设计一个合乎规则的统计表要注意哪些问题？

首先，统计表的结构要包含表题、行标题和列标题、数据和表外附加。表外附加是非必须选项，可按照需要添加。表题需明确编号，文章中只有一张表时可不加编号。表的名称一般要写清楚时间、事情和何种数据。由于约定俗成的原因，统计表的编号和名称要放在表的上方，图的编号和名称要放在图的下方。

其次，统计表常用"三线表"，即大多只有表的最上、最下和列标题下面的三条横线。尽量少用竖线（如有必要，列标题之间可用竖线分开），表的左右两边不封口。数据资料部分尽量不出现空白单元，如果此单元确实无数据，可用长横线或短横线表示。

最后，必要时可以在表格下方加上注释，明确数据来源、数据说明等内容。

统计表中的数据资料部分的对齐方式等内容并无严格要求，可以按照具体要求设置，整体上美观即可。

3.5 数据可视化

数据可视化是数据描述的图形表示，旨在一目了然地揭示数据中的复杂信息。可视化的美丽之处在于其美术设计，细节的优化展示，能够有效地产生对数据的洞察和新的理解。现实生活中我们经常看到数据可视化作品，演讲、报告中的统计图和统计表，任何避免歪曲数据的精美设计图表都是可视化的最佳作品。数据可视化是为了立即吸引住阅读者的注意力，使读者能从中得到重要信息，帮助读者理解数据背后的意义。

数据可视化是一门艺术。图 3.25 所示是截至 2021 年 4 月 3 日全球新冠肺炎确诊和死亡人数地图。

图 3.25 全球新冠肺炎确诊和死亡人数地图（截至 2021 年 4 月 3 日）

资料来源：约翰·霍普金斯大学疫情地图，https://coronavirus.jhu.edu/map.html ［2022-06-20］

图 3.25 的左侧展示了全球累计确诊数据，下面是从多到少排序后的各个国家、地区的确诊数据。图 3.25 中间是以全球地图为背景的累计病例气泡图，可以按比例尺放大或缩小地图以便查看不同国家或地区的具体情况，也可以单击下面的发病率、致死率和检测率查看相应数据。图 3.25 右侧数据显示了全球死亡数据，以及排序后的各国、各地区的死亡数据和美国的检测结果。图 3.25 右下角显示了依时间序列显示的每日发病、死亡病例的柱形图，以及累计发病、累计死亡、发病人数等数值的折线图。数据不但是实时更新的，而且是可以交互的，用户可以按照自己的喜好更换不同版式的地图。

经过精美设计的统计图胜过千言万语，甚至有些图不需要多余的解释也能看懂，分别如图 3.26 和图 3.27 所示。

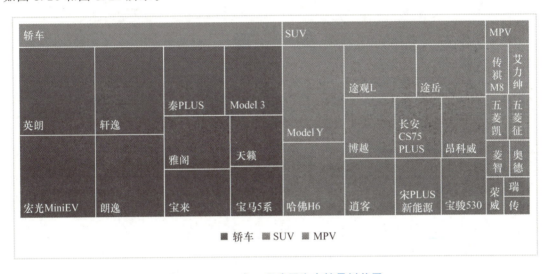

图 3.26　2021 年 9 月我国汽车销量树状图

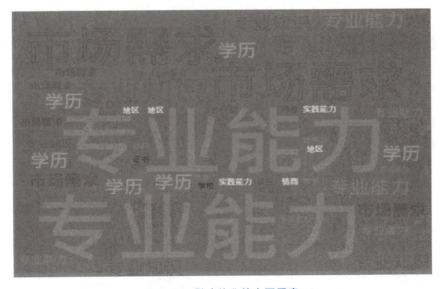

图 3.27　影响就业的主要因素

此外，针对统计图展示组别过多时影响阅读的问题，可以采用动态方法展示。例如展示近20年国内各省生产总值的变化图、世界主要城市近60年的人口数等，可以使用Flourish进行展示。

数据可视化改善了传统统计图呈现方式单一的缺陷，实现数据重要信息的有效传达，融合艺术性和功能性，通过多样、恰当且精细的设计，以交互方式动态展现数据特征、规律。请记住一点，在不歪曲、不扭曲结论的情况下进行展示是最基本的前提。

习　　题

1. 简述"不重不漏"原则。
2. 简述常见的四种预处理手段及其各自的目的。
3. 在预调查的数据审核中应该对原始数据审核什么？
4. 简述分类数据、顺序数据及数值型数据在整理方法上的区别和联系。
5. 设计统计图、统计表时需要注意哪些问题？
6. 简述组距分组的步骤。
7. 描述等距分组和不等距分组。
8. 简述直方图与柱形图的区别。
9. 请写出箱线图的绘制方法并画出其一般形式。
10. 表3.28是8名运动员的跳高、跳远和跑步的成绩，请筛选出跳远成绩较高的前3名运动员。

表3.28　8名运动员的成绩　　　　　　　　　　单位：分

姓名	跳高	跳远	跑步
李红	86	83	89
安宇	78	90	89
乔娜	92	87	85
张田	88	86	90
吴雨	91	82	88
陆然	90	88	92
于鹏	87	90	93
刘浩	83	80	90

11. 某商场举办抽奖活动，邀请50位顾客参与抽奖，共设置五个奖项，分别为特等奖、一等奖、二等奖、三等奖及参与奖。抽奖情况如表3.29所示。请根据其绘制出向上

累计、向下累计频数分布表。

表 3.29 50 位顾客抽奖情况

奖项	人数/人	频率/%
特等奖	3	6
一等奖	7	14
二等奖	9	18
三等奖	14	28
参与奖	17	34
合计	50	100

12. 某市场水果售卖频数分布数据如表 3.30 所示。

表 3.30 某市场水果售卖的频数分布

水果类型	数量/吨	频率/%
蓝莓	54	11
草莓	101	20
杨梅	89	18
沃柑	78	16
枇杷	85	17
车厘子	93	18
总计	500	100

请根据表 3.30 画出条形图。

13. 八年级一班 50 名学生的期末考试物理成绩如下（单位：分）。

85 87 93 67 90 46 98 72 38 55
62 79 67 95 84 77 74 73 89 93
78 67 83 87 67 75 49 58 72 95
43 78 93 91 81 81 55 91 73 77
90 78 67 55 87 99 81 72 91 56

请根据以上数据绘制频数分布表及直方图。

14. 以下是 1999 年到 2020 年两位篮球运动员的篮球比赛个人得分。

A：34 25 24 19 33 25 34 46 37 33 42 40 37 34 49 73 46 45 47 40 26 28
B：54 59 35 41 46 25 47 60 54 46 49 46 41 34 22 32 47 24 45 25 32 41

绘制并列的茎叶图有助于我们得出两人得分数据的分布形态。先把茎的部分写好，在它右边画一条直线，左边再画一条。右边写出 A 的叶子，左边写出 B 的叶子。每一支茎上的叶子按顺序排列，以茎为中心，越往外数字越大。从茎叶图分析两位篮球选手的数据特征。

第 4 章 数据描述

 知识目标

➢ 准确复述众数、中位数和平均数的使用范围及优缺点
➢ 解释方差（标准差）等反映离散趋势度量的统计量的意义，判别是否使用合理
➢ 通过偏度和峰度判断数据分布形态
➢ 准确识别相关关系和因果关系

 能力目标

➢ 针对实际数据，具备合理利用集中趋势、离散趋势和分布形态对数据进行描述的能力
➢ 辨析统计报告中数据描述及其解释的合理性
➢ 具备对统计报告中的数据描述部分提出可行建议和意见

思维导图

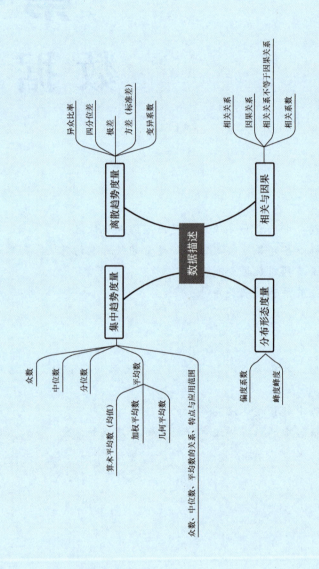

数据描述的目的在于使用适当的方法从数据中得到压缩后的信息。此处的压缩是指通过较少的量值代表整体数据的特征和趋势，形成结论对数据加以详细综合、概括和总结的过程。压缩后的数据既能反映整体数据的一些特征和规律，同时又不损失数据中的重要信息。相当于对文学巨著进行缩写，保留了巨著的故事框架，大刀阔斧地删掉与主线无关的所有故事情节和细节描述。你也可以将其理解为视频网站上对某长篇电视节目的 10 分钟缩减版本。

虽然统计图能很好地展示数据，但是统计图也存在一定缺陷。首先，对于一幅给定的直方图，虽然能够得出其特征和趋势，但是得出的特征可能因人而异。其次，统计图会占用大量的空间。因此，人们常用少量的数字来概括数据的特征，这就是统计量。

在实际应用中，数据描述可以帮助人们对全体数据有个概观。例如，通过分析某地区最高海拔和最低海拔数据了解该地区的海拔高度；通过了解两个班学生的平均成绩对两个班学生学习情况做出初步的判断；通过用户搜索数据的频数统计可以得到热搜排名。数据描述是有目的地收集数据、整理数据、加工数据，并使之成为有用信息的过程。你可以通过数据的直方图了解大部分数据聚集在哪个地方、知晓数据的分散程度、判断数据大致服从什么分布、通过计算平均数、方差了解数据特征等。凡此种种，都是通过压缩数据得到反映全体数据的统计量，并利用统计量对数据进行描述的。在数据描述中，我们关心如下两个问题。

（1）能否通过少量的统计量描述数据？

（2）如果答案是肯定的，那么什么样的统计量能够作为描述数据的"代表"呢？

如同我们要了解宏观经济运行状况，通过 GDP 这一个指标就可以了解一段时间内国民经济中新增产品和服务的总量。想了解一个人的胖瘦程度，可以通过 BMI 来度量，BMI 为 20～25 为正常。在一场篮球赛中，A 队和 B 队对战七场，比分数据分别是 100∶89，103∶101，…，如果我们只想知道哪支球队赢得了比赛，那么两队之间的具体比分是多少并不重要，只需要知道每场比赛谁的比分多，比分多的计 1 分、少的计 0 分，七场比赛的比分累计可以作为描述两队胜负的统计量。因此，对于问题（1），答案是肯定的，可以通过少量统计量对数据进行描述，而且这也是我们在日常生活中常用的方法。对于问题（2），大体上来说，数据的特征主要可分为集中趋势、离散趋势及分布形态。测量三种特征需要用到不同的统计量，甚至测量同一特征，如集中趋势，面对不同类型的数据也会用到不同的统计量。

数据的集中趋势反映的是数据向某一中心值聚集的趋势，离散程度测度的是数据偏离中心值的程度，分布形态主要指的是数据分布的形状。此外，在数据分析中，相关与因果经常会被提及，但是也经常被混淆，本章也会对相关与因果关系做介绍。

4.1 数据分布特征描述

什么是分布？什么是分布特征？

先来看 50 位大学生的身高数据（只给出前 14 位，后面的数据自己可以自行补全，具体数据是多少并不影响后面的分析，单位：厘米）：161，152，176，180，153，162，167，160，173，159，158，172，179，183，…

我们能从这 50 个数据中得到什么？

许多人看到这些数据的第一印象是：这些大学生的身高都不太相同，没什么规律。这里身高数据有很多数值，可以说身高数据是多种多样的，这里的"多种多样"就是统计中所说的分布。例如，从吉尼斯世界纪录可以知道，世界上最高的成年人身高为 2.51m，最矮的是 0.546m，你可以直观理解为划分四个区间：0.546～1m、1m～1.5m、1.5m～2m、2～2.51m，在每个区间内的人数比例有一定规律。更进一步，如果知道了身高的确切分布，那么不论怎么划分区间，在此之内的人数比例都是可以计算的，这就是分布的魅力。

身高数据的背后是某种不确定性作用产生的结果，每个人的身高受到很多因素的影响，没有一个"统一"的因素能决定身高，也就是说影响是不确定的。不确定性的结构产生了多种多样的身高数据。但是，这种不确定性产生的数据也有自己本质的特点和规律，这些特点和规律就是数据分布的特征。例如，特别高和特别矮的人都很少见。这里少见的意思即可能性很小，而这个概率很小的特征就属于分布蕴含的一个特征。

1960 年美国大选前，密歇根大学社会研究所的一个调查研究中心在一次问卷调查中询问被访者将在大选中支持谁，结果在 1396 个准备投票的被访者中有 634 人计划投肯尼迪的票。这就是说在所有准备投票的被访者中有 45％的人希望肯尼迪当选（他在这一年稍后的时间里确实以很接近的票数成为了总统）。这种利用一个单独的数字，如用百分比来代表数据分布特征的量就是统计量。统计量是"1396 人中有 634 人投给某人"这一事件进行的一种对数据的高度简化。这是一个知道抽样数据，进而了解数据分布，通过分布的某种特征对数据分布进行描述的例子。此处问卷调查所得数据是否能够有效反映总体的分布特征不是本章要讨论的主要内容。如果我们得到的数据是真实的且是具有代表性的，那么如何通过一些统计量来描述数据的特征是本章关心的重点内容。

类似的问题还有很多，在假设已有数据（可以是总体数据也可以是抽样数据）的情况下，回答某地区城镇家庭和农村家庭劳动人口数量、高收入群体与低收入群体的消费水平、消费者对某项产品非常满意的人数、某校学生身高体重平均值等问题，将所得数据一一列举出来是毫无意义的，使用少量概括性的数据（统计量）对总体进行描述是可行且有效的方法。下面，我们先从数据的集中趋势度量开始学习。

4.1.1 集中趋势度量

集中趋势是数据分布特征中一种重要的度量方法，通过集中趋势的测度我们可以了解数据、掌握数据的分布特征。**集中趋势**是指数据向其中心值靠拢的程度，是反映数据中心的统计量。

物体有中心，质量有质心，数据也有中心。那么数据的中心是什么呢？这取决于"中心"的定义。例如在投票时，得到选票最多的当选，那么选票最多的那个数就是此时定义的数据中心。我们将单位所有员工按照身高排序，如果某人左侧和右侧的员工人数一样多，那么这个人的身高值就是此时定义的数据中心。如果张大的工资是 3000 元，张二的工资是 5000 元，张三的工资是 4000 元，那么他们三人的平均工资也可以作为三个数的中心。因此，数据的中心值取决于如何定义"中心"，不同数据类型对"中心"的不同定义会得到不同的衡量集中趋势的统计量。也就是说，测度集中趋势的统计量与数据类型的选取有关，不同类型的数据需要用不同的集中趋势统计量去测度。

注意： 与数据展示时相同，能测度低层次数据的集中趋势测度值也可以用来继续测度高层次数据（测度结果未必会很好，有时会损失一定的信息量），但测度高层次数据的集中趋势测度值并不能适用于低层次数据。选用何种统计量来测度数据特征需要考虑数据的类型和特点。

1. 众数

如果把一组数据中出现次数最多的数定义为中心，此时，集中趋势的测度用**众数**反映，一般用符号 M_0 表示。众数一般用来度量分类变量的分布特征，特别是那些有多个取值的分类变量，如民族、职业、国籍、地区、奥运奖牌（金、银、铜牌）等，也可用来测度数值型数据的集中趋势。众数一般会出现在数据之中，假设在有 50 人的班级里，男生 24 人，女生 26 人，此时女生就是这 50 个数据的众数（因为出现最多）。一组数据中，众数可以有一个，也可以有多个，甚至还可能没有众数。例如，50 名学生考试成绩分别为 60，80，80，…，80，100（假设 48 人成绩都是 80 分），此时众数只有一个，即 80。如果考试成绩为 60，60，…，100，100，…（假设 25 人成绩为 60 分，另外 25 人成绩为 100 分），那么此时众数有两个，分别是 60 和 100。如果考试成绩恰好是 51，52，…，100（即第 1 位同学成绩为 51 分，第 2 位同学成绩为 52 分……第 50 位同学成绩为 100 分），那么此时没有众数。一般而言，众数只有数据量大的时候才有实际意义。当你理解众数后，在某份报告中发现诸如"某地区男性人数较多"或"某地区很多人的职业为厨师"之类的话语就能理解了。

众数

一项某地区男性结婚年龄的调查数据见表 4.1。

表 4.1 某地区男性结婚年龄的调查数据

年龄/岁	频数
20～25	8
25～30	30
30～35	12
35～40	14
40～45	16
45～50	10
50～55	5
55～60	3
60～65	2

不难发现，出现频数最多的年龄段为 25～30 岁，可以说男性结婚年龄的众数是 25～30。

从表 4.1 还可以看出，**极端值对众数的影响较小**，即使 55～60 岁和 60～65 岁两组的结婚年龄频数值更大一些，只要频数不超过 30，数据的众数就不会发生变化。

对于分类数据的众数怎么去理解？来看下面的例子。

【**例 4.1**】 表 4.2 所示为某学校不同专业参加运动会的人数统计。

表 4.2　某学校不同专业参加运动会的人数统计

专业	频数
统计学	80
经济学	35
管理学	40
金融学	20
材料学	35

解：这里的数据为分类数据，变量为"专业"。不难发现，统计学专业出现的频数是 80，因此众数为"统计学"这一类别，即 M_0 = 统计学。

思考：例 4.1 中 35 出现了两次，难道不是出现最多的数吗？想一想，为什么众数不是 35？

下面例子中的解释可能有助于你理解这个问题，计算一下顺序型变量的众数。

【**例 4.2**】 表 4.3 是不同消费者对智能家居产品的满意程度统计，计算其众数。

表 4.3　不同消费者对智能家居产品的满意程度统计

满意程度	频数
非常满意	14
满意	40
一般	10
不满意	16
非常不满意	20

解：表中的"满意程度"是分类变量，有五个不同的取值。出现次数最多的是"满意"，频数是 40，也就是说有 40 人的满意程度是"满意"。那么，众数是 40，还是"满意"呢？在这 100 个数据中，数据是满意程度，换句话说，这 100 个数据其实是"非常满意""非常满意"……（共 14 个），"满意""满意"……（共 40 个），"一般""一般"……（共 10 个），"不满意""不满意"……（共 16 个），"非常不满意""非常不满意"……（共 20 个），因此，众数 M_0 = "满意"。

综上可知，众数组出现的频数比其他组出现的频数多，但是我们不知道众数组与其他组的频数相差多少。例如，一个由 100 人组成的群体，无论它有 51 个女性（49 个男性）还是有 99 个女性（1 个男性），其众数都是女性。这两种情况下，仅通过众数并不能对它们进行有效区分，因此，对于不同数据来说，众数可能会掩盖一些信息。

众数的优点：计算简单，从图或表中容易得到，在柱形图中最高的部分代表的就是众数。对于分类变量来说，众数是测度集中趋势的一个最好方法，从条形图中可以轻易获得。

众数的缺点：众数可能不存在，也可能不唯一。对于高层次数据来讲，众数并不是一个好的代表，尤其是当众数不存在的时候，此时所有数据具有相同的频数。例如数据中所有值都不相同，或者数据中重复出现的次数完全相同（例如，1、2、3、4、5 和 1、1、2、2、3、3 两组数据就没有众数）。另外，众数对于数据的压缩太大，有时会导致损失信息。

2. 中位数和分位数

如果定义的"中心"是数据的中间位置，此时可用中位数进行衡量。对数据进行排序，最中间位置上的数即为中位数，一般用符号 M_e 表示。对于排序数据来说，通俗来讲，大概有一半（50%）的数据比中位数小，另一半数据比中位数大。中位数常用于顺序数据或数值型数据的测度，但不适合测度分类数据。

中位数的优点：中位数不受极端值的影响。由于中位数不受极端值的影响，因此可以认为中位数抹去了极端值的信息。柱形图中的中间位置代表的是中位数。

中位数的缺点：计算较为复杂，有时中位数并不出现在数据中。

假设三个小朋友的年龄分别为 7 岁、12 岁和 9 岁。这组数据有三个（奇数）观测值，首先按照年龄大小进行排序（从大到小排序或从小到大排序都可以），排序后出现在中间位置的数是 9 岁，因此中位数是 9 岁（该数据没有众数）。

假设四个小朋友年龄分别是 12 岁、9 岁、7 岁和 7 岁（已经排好序了），这组数据有四个（偶数）观测值，且没有一个观测值处于中间位置。此时，我们取中间两个数据的平均值作为中位数，即 8 岁是该数据的中位数（注意：中位数 8 岁并不在原始数据之中；该数据众数为 7 岁）。

寻找中位数时要确定排序数据的中间位置，中间位置的确定公式为

$$排序后数据的中间位置 = \frac{n+1}{2}$$

其中，n 表示数据的个数。中位数即中间位置上的数，但是，如果数据个数是奇数，那么中间位置就是第 $(n+1)/2$；如果数据个数是偶数，那么中间位置会有两个。定义中间位置的两个数的平均值为中位数，即

$$M_e = \begin{cases} x_{(\frac{n+1}{2})}, & n \text{ 为奇数} \\ \frac{1}{2}[x_{(\frac{n}{2})} + x_{(\frac{n}{2}+1)}], & n \text{ 为偶数} \end{cases}$$

其中，$x_{(k)}$ 表示数据排序后第 k 个位置的数据。

【例 4.3】 计算例 4.2 中的中位数。

解：表 4.3 中的数据是顺序数据，数据已经按照满意程度进行了排序，因此先计算中间位置。中间位置为 $(100+1)/2=50.5$，因此，从上往下数第 50 个和第 51 个数据的平均值即为中位数，即 $M_e=$ 满意（中位数与众数相同）。

下面看看数值型数据的中位数计算方法。

【例 4.4】 设全班同学的身高数据如下（单位：厘米）：162、163、164、163、173、167、162、163、166、164，计算中位数。

解：数据排序为 162、162、163、163、163、164、164、166、167、173。

位置顺序为 1、2、3、4、5、6、7、8、9、10。

这组数据的中间位置为 $(10+1)/2=5.5$，即第 5 个位置和第 6 个位置，因此中位数取第 5 个位置和第 6 个位置上数的平均值，即 $(163+164)/2=163.5$。从这个例子我们可以看到中位数可以不出现在原始数据中。

思考：如果把上述数据平均分成两部分，即前 5 个数据是第一部分，后 5 个数据是第二部分，那么这两部分数据的中位数分别是多少？

中位数分别是 163 和 166。

如果你能计算上述思考题，就会了解一半的一半（即四分之一和四分之三）的概念。在统计中，我们也将中位数称为 50%分位数，因为有 50%（一半）的数据大于中位数，还有 50%（另一半）的数据小于中位数。继续下去，将一半数据再分一半即四分位数。四分位数有两个，下四分位数（25%分位数）和上四分位数（75%分位数）。下四分位数是指数据中有 25%的数据小于它，而有 75%的数据大于它；上四分位数正好相反，即有 75%的数据小于它，而有 25%的数据大于它。

下（上）四分位数的计算方法与中位数相似，先计算下（上）四分位数的位置[①]，即

$$下四分位数的位置 = \frac{n+1}{4}$$

$$上四分位数的位置 = \frac{3(n+1)}{4}$$

根据位置可以找到下（上）四分位数。下（上）四分位数和中位数的计算区别在于：如果下四分位数的位置是 3.25，表示第 3 个数和第 4 个数的加权平均，即

$$下四分位数 = 0.75 \times 第 3 个数 + 0.25 \times 第 4 个数$$

同样，如果上四分位数的位置是 7.75，表示第 7 个数和第 8 个数的加权平均，即

$$上四分位数 = 0.25 \times 第 7 个数 + 0.75 \times 第 8 个数$$

思考：按照下（上）四分位数的定义，是否可以定义 7%分位数？或者任何 1～100 整数的分位数？

7%分位数代表排序数据中（假设有 100 个数据）前 7 个数（即 7%）小于 7%分位数，余下的 93 个数（即 93%）大于 7%分位数。

平均数

3. 平均数

实际生活中，如果将数据的平均值定义为中心，就会得到平均数。**平均数**又称算术平均数或均值，是集中趋势的最常用测度值，它等于数据加总后除以数据个数，用符号 $\bar{x}$ 表示。平均数是一个变量的平均取值，它可以看作数据的重心。如果我们根据观察值的大小把它们放在跷跷板上，则跷跷板会在平均数的地方达到平衡。

平均数反映了总体各单位中某一数值变量的平均水平，常用于数值型数据，一般不用于分类数据和顺序数据，因为可能会无实际意义。假如有 10 个员工的性别分类数据，5 个男性 5 个女性，以数字 1 表示男性，数字 0 表示女性（也可以用 0、1 以外的数据，数字的选取对结论无影响），计算平均值结果为 0.5。这表示什么？0.5 个男性或女性？结果没有实际意义。

将所有观察值的值相加并且除以观察值的个数就是平均数。平均数又可以按照是否加权分为简单平均数和加权平均数。简单平均数的计算公式为

$$\bar{x} = \frac{1}{n}(x_1 + x_2 + \cdots + x_n)$$

[①] 不同的软件中设置的四分位数位置计算公式可能不相同，因此，有时基于同一数据计算的四分位数可能会有细微差异，数值上不完全相同。这种差异可以忽略，因为差异很小，并不影响对数据的描述结果。

依据上述公式，用平均数作为数据描述统计量时，只要任何一个数据发生变化，平均数都需要重新计算。因此，平均数对数据变化很灵敏，特别是极端数据的变化对平均数的影响很大。

平均数具备以下性质。

(1) 数据在平均数的附近分布。例如，已知某公司员工收入的平均数是 10000 元，这当然不代表所有员工的收入都是 10000 元，但是收入在 10000 元左右浮动，一般来说，普通员工的收入会比 10000 元少，管理层的收入会比 10000 元多。

(2) 多次出现的数据对平均数的影响更大。因为平均数是依靠加总后取平均得到，多次出现的数据会对求和结果产生影响，因此会拉大或减小平均数的值。

(3) 当数据分布对称时，对称轴通过的点即为平均值。因为对称分布时对称轴左右一样多，对称轴左右两侧对平均数的影响一样大，因此，平均数会出现在对称轴的位置。

此外，对于分组数据或数据间拥有不同权重时，需要采用加权平均数。加权平均数通过用数据乘以权重加总后计算其平均数得到。对于分组数据来说，取各个分组数据的频率为权重，加总后平均可以得到加权平均数。

各组的组中值为　　M_1、M_2、$\cdots$、M_k。

相应的频数为　　　f_1、f_2、$\cdots$、f_k。

加权平均数为

$$\bar{x} = \frac{M_1 f_1 + M_2 f_2 + \cdots + M_n f_n}{f_1 + f_2 + \cdots + f_n}$$

加权平均数既受到各组数据大小的影响，也受到其权重大小的影响，最终的加权平均数会更靠近数据大的或权重大的数据。如果定义各组权重相等，那么加权平均数就变为简单平均数。

若分组数据存在开口组，则开口组的组中值可以继续使用闭口组的组中值（即使开口组是无限区间，比如收入最大的开口组为 20000 元以上，本组的组中值仍然使用闭口组的组中值）。另外，权重的选择可以不是频率，此时应事先给定每组的权重。若权重没有事先给定，则可以按照将每组频数或频率作为权重，或者根据数据的重要程度、数据之间的关系加以确定。

由于平均数容易受到极端值的影响，因此有时会采用截断后的平均数。例如某类比赛中对选手得分定义为：去掉一个最高（低）分后的简单平均数（或不平均，直接取总分）。

【例 4.5】 以第 3 章中表 3.11 的数据为例，计算加权平均数。

表 4.4　某班学生线性代数考试成绩的频数分布表

按成绩分组/分	学生数/人
40～50	9
50～60	19
60～70	32
70～80	19
80～90	17
90～100	4
合计	100

注：数据与表 3.11 前两列相同。

$$\bar{x} = \frac{M_1 f_1 + M_2 f_2 + \cdots + M_6 f_6}{f_1 + f_2 + \cdots + f_6}$$

$$= \frac{45 \times 9 + 55 \times 19 + 65 \times 32 + 75 \times 19 + 85 \times 17 + 95 \times 4}{9 + 19 + 32 + 19 + 17 + 4}$$

$$= 67.8$$

即学生成绩的加权平均数为 67.8。

思考：假设有 100 名学生的成绩，通过分组计算的平均数和不分组计算的平均数相同吗？如果你要用平均数对班级成绩进行描述，会选哪一个？

两个平均数之间有差异。如果是等距分组，则一般差异不大，都在可以接受的范围之内。

除了上述简单平均数和加权平均数，常用的还有几何平均数。几何平均数常被用来计算平均增长率、成长率等，当研究对象各变量的乘积等于总量时，可用几何平均数。例如某企业去年的利润比前年增长了 80%，今年的利润比去年增长了 25%，那么该企业这两年的利润平均增长率为 $\sqrt{1.8 \times 1.25} = 1.5$，也就是说，两年平均增长了 50%。实际上，如果企业利润每年增长 50%，则两年的利润增长达到 $1.5 \times 1.5 = 2.25$ 倍，这和第一年增长 80%、第二年增长 25% 是一致的，即 $1.8 \times 1.25 = 2.25$。

几何平均数的计算公式为

$$\bar{G} = \sqrt[n]{x_1 \cdot x_2 \cdots x_n}$$

【**例 4.6**】 投资者持有某种股票组合，近四年的年收益率分别为 4.5%、2.1%、25.5%、1.9%。计算该投资者在这四年里的平均投资收益率。

几何平均数为

$$\bar{G} = \sqrt[n]{x_1 \cdot x_2 \cdots x_n} = \sqrt[4]{1.045 \times 1.021 \times 1.255 \times 1.019} \approx 108.08\%$$

也就是说，近四年的年平均投资收益率为 8.08%。

当比例数据之间数值差异较小时，几何平均数和算术平均数将靠近。数据中含有 0 的时候，不能使用几何平均数进行计算。由于计算几何平均数时需要开高次方，故可以使用对数方法进行计算。几何平均数可以看作平均数的一种变形，即

$$\log \bar{G} = \frac{1}{n}(\log x_1 + \log x_2 + \cdots + \log x_n)$$

例 4.6 计算如下：

$$\log \bar{G} = \frac{1}{4}(\log 1.045 + \log 1.021 + \log 1.255 + \log 1.019) = 0.07768919$$

进而计算可以得到 $\bar{G} \approx 1.0808$。

不难得到该投资的算术平均数为

$$\bar{x} = (4.5\% + 2.1\% + 25.5\% + 1.95\%) \div 4 = 8.5\%$$

算术平均数的优点在于它对变量的每一个观察值都加以利用，这意味着比起众数与中位数来，它能获得更多信息。算术平均数常用于对数值型数据的描述。

算术平均数的缺点在于它对极端值非常灵敏，即平均数会向极端大或极端小的数值靠近，从而偏离数据的中心。

注意：一些约定俗成的平均数的说法通常指的是简单算术平均数。例如，当你考试得

了16分，另外一个同学得了100分，你告诉你父母平均成绩是40分（几何平均数），可不能归罪于统计学。

4. 众数、中位数、平均数的适用场合

对于不同的"中心"定义，有不同的集中趋势测度量，在实际问题中采用哪一个集中趋势测度量描述数据需要仔细考虑。绘制直方图时，若发现直方图中较高的柱子大多集中在左侧，较低的柱子集中在右侧，则均值会比中位数大。想用大一些的值来描述数据特征时会选用均值，反之则可能选用中位数。可是，这样选取是否合理呢？编者曾经看到一个博人眼球的文章"在IT行业，男性员工收入比女性高……"。怎么理解作者的意思呢？这取决于样本的规模、样本是否具有代表性、调查方法的可信度及描述样本的统计量，是用中位数还是平均数来衡量员工收入，也许男性员工收入的中位数比女性高，而女性员工收入的平均数比男性高。该文章的作者若认为"男性比女性收入高"更能增加阅读流量，就会选择中位数，反之就会选择平均数。

众数、中位数和平均数是集中趋势的三个主要测度量，它们具有不同的特点，应用范围也是不同的。为了更详细地了解三者的区别和联系，我们先来看三者的关系。

(1) 众数、中位数和平均数的关系

通过计算一组数据的众数、中位数和平均数，结合数据的柱形图或直方图可以发现：众数始终是柱形图或直方图中最高峰所在的位置；中位数则处于图的中间位置；而平均数根据数据分布形态的不同散落在中位数两侧，有时比中位数大，有时比中位数小。当数据分布对称时，众数、中位数和平均数相同。

对于具有单峰分布[①]的数据而言，众数、中位数和平均数之间具有以下关系。

① 若数据分布是对称的[②]，则众数 M_0、中位数 M_e 和平均数 $\bar{x}$ 相等，即 $M_e = M_0 = \bar{x}$，如图 4.1 (a) 所示。

② 若数据分布是左偏的（平均而言，中间位置的右侧数据要多一些，数据最高峰在其右侧），此时，由于极小值的存在使得平均数向左靠拢，而众数、中位数不受极端值的影响，因此有 $\bar{x} < M_e < M_0$，如图 4.1 (b) 所示。

③ 若数据分布是右偏的（平均而言，中间位置的左侧数据要多一些，数据最高峰在其左侧），此时，由于极大值的存在使得平均数向右靠拢，而众数、中位数依然不受极端值影响，因此有 $M_0 < M_e < \bar{x}$，如图 4.1 (c) 所示。

(2) 众数、中位数和平均数的特点与应用范围

① 众数是一组数据分布的峰值，不受极端值影响。缺点是众数可能不唯一，也可能不存在。众数只有在数据量较大，且数据取值有很多相同值时才具有威力。众数主要适合作为分类数据的集中趋势测度量。

---

① 在直方图中表现为只有一处柱子高度最高，高峰两侧的柱子高度逐渐降低。
② 你可以这样理解对称及下文中的左偏、右偏。假设你用扁担挑货，对称分布就是扁担中点两边的货物一样多，此时相当于数据是对称的，扁担的中点即是平均数的位置。左偏分布相当于左边的货物多（因为极小值会出现在左边，这和图 4.1 (b) 的形式在直觉上正好相反，感觉上右边有最高峰，重的应该在右边，但其实不是），右边的货物少，为了保证平衡性，扁担的中点就应该在中间偏左的位置，因此，平均数在众数和中位数的左边。

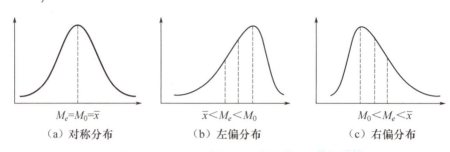

图 4.1 不同分布下的众数、中位数和平均数关系图

② 中位数处于数据的中间位置，不受极端值影响。中位数主要适合作为顺序数据的集中趋势测度量。

③ 平均数利用数据的全部信息，是实际中应用最广泛的集中趋势测度量，主要适合作为数值型数据的集中趋势测度量。

④ 由于众数和中位数不受极端值影响，因此在数据分布左偏或右偏时，应优先选用众数和中位数。当数据分布对称时（单峰或多峰），优先选用平均数。

4.1.2 离散趋势度量

一个古老的笑话讲到，一个统计学家把头放在热的平底锅中，把脚放在冰箱中，然后说："现在，在平均的意义上我感觉很好。"在计算这个统计学家的"平均温度"时，两个极端的温度（平底锅的高温与冰箱的低温）相互抵消了，产生了所谓的舒适的平均温度。"张村有个张百万，其余九户穷光蛋，加总一下看一看，每家每户过十万"。类似这样对极端数据的平均化会抹去极端值，使得集中趋势的测度失去代表性。

怎么描述数据的波动？

通常情况下，仅仅用集中趋势来描述数据的分布特征是不够的，数据的特征有时还与数据的离散趋势有关。当两个数据系列的集中趋势相同时，用离散趋势测度小的数据越集中，反之数据越分散。例如，测度两只手表是否准确，得到近 7 天每只手表每天与标准时间的偏差（以秒计）数据系列如下。

手表 1：$-30, -20, -10, 0, 10, 20, 30$。

手表 2：$-3, -2, -1, 0, 1, 2, 3$。

很明显，这两只手表的平均数都为 0（中位数也为 0，众数不存在）。无论是众数、中位数还是平均数，都无法区分两只手表的优劣，我们也就无法得出两只手表哪只更好的结论。很明显，第 2 只手表每天的偏差都小于第 1 只手表，因此，第 2 只手表更好一些。只利用平均数，会因为正负数值抵消一部分，而此处偏差数据反映的是手表的波动情况，相互抵消后就没有意义了。那怎么反映第 2 只手表更好的事实呢？例如，可以将偏差数据做绝对值或平方后再加总，这样大的波动数据就变得更大，从而能反映数据的波动情况，这就是方差定义的本质。

下面来看离散趋势的度量。

离散趋势指的是数据偏离其中心位置的趋势，反映了所有的数据观测值远离中心的程度。离散趋势常用来描述数据的波动情况，波动性越小，数据越集中。描述数据离散趋势的常用统计量有异众比率、四分位差、极差、方差、标准差、变异系数等，其中方差和标准差最常用。

对于不同的数据类型,测度离散趋势的统计量也不同,先来看分类变量的离散趋势测度值。

1. 异众比率

反映数据集中趋势的众数是一组"好"数据的代表吗?这要结合异众比率来看。**异众比率**主要用于衡量"异于众数组"的数据频数与总频数的比值,即非众数组的频数占总频数的比例,用符号 V_r 表示。异众比率越小,说明非众数组的频数占总频数的比重越小,相应的众数对全体数据的代表性就越好,反之则越差。异众比率主要用于测度分类数据的离散程度,对于顺序数据及数值型数据也可以使用。

计算公式如下:

$$V_r = 1 - \frac{f_m}{\sum f_i}$$

其中,f_i 是各组数据的频数,f_m 是众数组的频数。

【例 4.7】 以表 4.1 的数据为例,计算异众比率:

$$V_r = 1 - \frac{f_m}{\sum f_i} \times 100\% = 1 - \frac{30}{8+30+12+14+16+10+5+3+2} \times 100\% = 70\%$$

可知:有 70% 的人是异于"众数组"的,即 70% 的人的结婚年龄段并不在 25~30 岁,因此,用 25~30 岁的结婚年龄代表某地区男性的结婚年龄的代表性不好。也就是说,从异众比率来看,用 25~30 岁作为众数组的代表性较差。

2. 四分位差

四分位差即上四分位数减去下四分位数的差。它可用来反映中间 50% 的数据的离散程度。由于中位数在上四分位数和下四分位数之间,四分位差也能反映中位数对 50% 的数据的代表程度。四分位差越小,说明中位数对 50% 的数据代表程度越好,因为中间 50% 的数据越集中;反之中位数的代表程度越差,50% 的数据越分散。和分位数一样,四分位差受极端值的影响很小。四分位差主要用于测度顺序数据的离散程度,也可用于测度数值型数据的离散程度,但不适用于测度分类数据离散程度。

从第 3 章的箱线图中我们可以直观了解四分位差,并且通过箱子的宽度判断数据的离散程度。一般而言,箱线图中箱子的上沿与下沿之间的距离即四分位差,箱子中间的线表示中位数,箱子越窄则四分位差越小,数据的离散程度也越小,数据越集中,中位数对数据的代表性就越强。

3. 极差

对于数值型数据来讲,衡量离散趋势的统计量有很多。最简单的统计量是极差,**极差**也称全距,是一组数据的最大值与最小值之差。极差越大,表明数据的离散程度越大。极差能够反映数据的最大变动范围,因而能了解数据的离散程度。但是,由于最大值和最小值都属于极端值,因此,极差很容易受到极端值的影响,并且忽略了所有的中间数据,损失了信息。

对于分组数据,极差是最高组的上限与最低组的下限之差。例如,表 4.1 的数据极差为 65-20=45。

【例 4.8】 已知 10 人的年龄分别是 75,75,72,73,42,40,39,38,18,17,极差

和四分位差分别是多少？

解：年龄最大的是 75，最小的是 17，因此极差是 75－17＝58。

上四分位数是 72，下四分位数是 38，四分位差是 72－38＝34。

4. 方差和标准差

方差是数据与其平均数之差平方和的算术平均数，用符号 s^2 表示。方差开平方称为**标准差**，用符号 s 表示。方差（标准差）使用了所有数据，反映了数据与其平均数之间的差距。数据与其平均数之间的距离越远，其方差（标准差）也越大。方差（标准差）常用于度量数值型数据的离散趋势。

方差（标准差）的最小值为 0，当方差（标准差）为 0 时，表示所有的数据都相同，平均数就等于任意数据，任何数据与其平均数之差为 0，因此方差（标准差）为 0，此时所有数据都集中在一起。方差（标准差）的最大值没有限制。

图 4.2 中均值作为数据的中心，而标准差是衡量数据离散趋势的一个测度值，图中数据用数轴上的×来表示，双向箭头显示出其中一个观测值距平均数的距离。距离越大，计算所得的方差（标准差）也越大，表明数据的离散程度也越大。

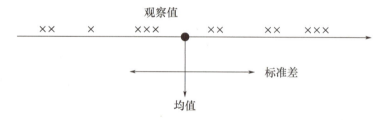

图 4.2　均值、标准差的关系图

平均数是从数据中得到的可以代表数据特征的数值，可以认为数据以平均数为中心，在平均数左右散落，方差（标准差）是能够评价这种离散情况的常用统计量。方差（标准差）都是以正数（平方和的平均）来度量离散程度，以避免相互抵消后产生无意义的平均结果。

方差的计算公式如下。

未分组数据：

$$s^2 = \frac{1}{n-1} \sum_{i=1}^{n} (x_i - \overline{x})^2$$

分组数据：

$$s^2 = \frac{1}{n-1} \sum_{i=1}^{k} (M_i - \overline{x})^2 f_i$$

标准差的计算公式如下。

未分组数据：

$$s = \sqrt{\frac{1}{n-1} \sum_{i=1}^{n} (x_i - \overline{x})^2}$$

分组数据：

$$s = \sqrt{\frac{1}{n-1} \sum_{i=1}^{k} (M_i - \overline{x})^2 f_i}$$

一般先计算出方差,再开平方得到标准差。方差的计算步骤为:计算平均数,然后计算每个数据与平均数差的平方和,最后除以($n-1$)即可得到。

【例 4.9】 一位棒球运动员在一段时期的全垒打数如下:49,32,33,39,22,42,9,9,39,52,58,70,65,计算其标准差。

解: 数据的平均数为

$$\overline{x} = \frac{1}{13}(49+32+\cdots+65) = 39.92$$

标准差为

$$s^2 = \frac{1}{13-1}[(49-39.92)^2+(32-39.92)^2+\cdots+(65-39.92)^2] \approx 369.91$$

$$s = \sqrt{s^2} \approx 19.23$$

标准差和方差测度的离散程度没有本质区别,但是标准差是有量纲的,标准差的量纲与数据的量纲相同。

【例 4.10】 利用表 4.4 中的数据计算分组数据的标准差(由例 4.5 知,平均数为 67.8)。

表 4.5 某班学生成绩频数分布表

按成绩分组	学生数 f_i	组中值 M_i	$(M_i-\overline{x})^2$	$(M_i-\overline{x})^2 f_i$
40~50	9	45	519.84	4678.56
50~60	19	55	163.84	3112.96
60~70	32	65	7.84	250.88
70~80	19	75	51.84	984.96
80~90	17	85	295.84	5029.28
90~100	4	95	739.84	2959.36
合计	100			17016

依次计算表 4.5 中的第四列和第五列,求和得到 17016,因此

$$s = \sqrt{\frac{17016}{100-1}} \approx 13.11$$

5. 变异系数

如果两组数据的测量尺度相差太大,或两组数据的量纲不同,直接利用标准差做对比会缺少可比性,因此,通常会先消除测量尺度和量纲的影响,再进行比较。**变异系数**是数据标准差与其平均数的比值,可以比较两组数值型数据的离散程度。

一般来说,数据的平均数较大(与标准差相比)时,变异系数较小,表明离散程度较低。反之,当数据的平均数较小(与标准差相比)时,变异系数会很大,表明数据的离散程度很高。

变异系数是一个无量纲的量。在两组数据量纲不同或平均数不同时,常选择变异系数(此时不宜选择标准差)进行比较。变异系数不需要参照数据的平均值就可以直接得出数据的离散程度。

变异系数的缺点在于,当平均数接近于 0 时缺乏稳健性,即平均数很小的变化会导致变异系数发生巨大差异,在描述离散程度时会得到错误的判断。

【例 4.11】 已知 A 班级和 B 班级的期末平均成绩分别为 80 分和 85 分，标准差分别为 10 分和 20 分，分别计算两个班级期末成绩的变异系数。

解：$v_A = \dfrac{10}{80} = 0.125$，$v_B = \dfrac{20}{85} \approx 0.235$。

可以看出，虽然 A 班的平均成绩低于 B 班，但是 A 班成绩的变异系数要小于 B 班，表明 A 班学生成绩数据离散程度较低，即成绩的差异较小。

4.1.3 分布形态度量

分布形态度量

集中趋势和离散趋势是数据分布的重要特征。集中趋势反映数据的"中心"位置，离散趋势反映数据的分散情况，结合两者可以对数据分布的特征与趋势做出准确的判断。但是，要全面了解数据分布的特点，还需要知道数据分布的形态：分布形状是对称还是偏斜的，分布比正态分布更尖还是更平坦。

通过直方图可以看出数据分布的大致形态。但是如果需要对分布形态进行描述，不同的人会有不同的描述。有些人会觉得数据近似对称，有些人会认为数据左边多右边少。如何准确描述数据的形态变化呢？常用偏度系数和峰度系数来测度。

1. 偏度系数

偏度系数是描述数据分布对称性的统计量，也称偏态系数，简称偏度或偏态。直观上看，如果直方图曲线显示数据分布以某一点为中心，两边数据频率相同，则为对称分布。若右边的尾部比左边的长，则称分布是向右偏的；反之则称分布是向左偏的。数据的偏度系数越大，分布的偏斜程度越大。

计算偏度系数的方法有很多，根据数据是否分组常用以下公式进行计算。

根据原始数据计算：

$$\text{SK} = \dfrac{n}{(n-1)(n-2)s^3} \sum_{i=1}^{n} (x_i - \overline{x})^3$$

根据分组数据计算：

$$\text{SK} = \dfrac{1}{n s^3} \sum_{i=1}^{k} (M_i - \overline{x})^3 f_i$$

若偏度系数为 0，表示数据的分布是对称的，即数据以某一个平均数为中心，两边呈现相同趋势。若偏度系数不等于 0，表明数据分布不对称。若偏度系数大于 0，称为右偏（也称正偏），在图像上表现为数据右侧有一条长长的"尾巴"，大部分数据集中在左侧，有一小部分值分布在右侧。若偏度系数小于 0，称为左偏（也称负偏），图像上表现为数据左侧有一条长长的"尾巴"，大部分数据集中在右侧。当偏度系数的绝对值过大时，长尾的一侧出现极端值的可能性较高。

2. 峰度系数

峰度系数是描述数据分布形态陡缓程度的统计量，也称峰态系数，简称峰度或峰态。峰度系数是分布平坦或尖峰程度的反映，这里的平坦和尖峰是相对于标准正态分布的顶峰而言的，如图 4.3（a）所示，数据分布的顶峰比标准正态分布的顶峰高，称为尖峰。顶峰比标准正态分布的顶峰平坦，称为平峰，如图 4.3（b）所示。正态分布的顶峰称为常峰，如图 4.3（c）所示。

图 4.3 不同峰度系数的数据分布对比图

峰度系数用来描述数据分布平坦或尖峰情况，峰度系数为正，且系数与 0 越远，则数据分布顶峰越峭，尾部越薄，表现在图像上是中心点越尖锐。峰度系数为负，且系数与 0 越远，则数据分布顶峰越平坦，其尾部越厚，表现在图像上是中心点越平坦。峰度系数越接近于 0，则数据分布越接近于正态分布。由分布的性质可知，顶峰越平，则相应的尾部就越厚，其直接反映的是异常点增多，此类分布也称厚尾分布，金融数据大多服从厚尾分布。

峰度系数的计算公式相当复杂，根据未分组的原始数据计算：

$$K = \frac{n(n+1)\sum\limits_{i=1}^{n}(x_i-\overline{x})^4 - 3(n-1)[\sum\limits_{i=1}^{n}(x_i-\overline{x})^2]^2}{(n-1)(n-2)(n-3)s^4}$$

根据分组数据计算：

$$K = \frac{1}{ns^4}\sum_{i=1}^{k}(M_i-\overline{x})^4 f_i - 3$$

【例 4.12】 某班学生成绩频数分布如表 4.6 所示，利用例 4.10 中的数据计算偏度系数和峰度系数。

表 4.6 某班学生成绩频数分布表

按成绩分组	学生数 f_i	组中值 M_i	$(M_i-\overline{x})^3 f_i$	$(M_i-\overline{x})^4 f_i$
40～50	9	45	−106671.168	2432102.63
50～60	19	55	−39845.888	510027.366
60～70	32	65	−702.464	1966.8992
70～80	19	75	7091.712	51060.3264
80～90	17	85	86503.616	1487862.2
90～100	4	95	80494.592	2189452.9
合计	100		26870.4	6672472.32

解：

$$\text{SK} = \frac{1}{ns^3}\sum_{i=1}^{k}(M_i-\overline{x})^3 f_i = \frac{26870.4}{100\times 13.11^3} \approx 0.1193$$

$$K = \frac{1}{ns^4}\sum_{i=1}^{k}(M_i-\overline{x})^4 f_i - 3 = \frac{6672472.32}{100\times 13.11^4} - 3 \approx -0.7412$$

因此，偏度系数为正值且接近于 0，表明数据分布右偏，且偏斜程度不大，可近似认为分布形态与正态分布接近。峰度系数小于0，表明数据分布为平峰的，且与正态分布形态较为接近。

4.2 相关关系

这个世界上有人比你自己还了解你自己，你相信吗？例如，外卖平台比你更了解你平时喜欢吃什么，视频网站比你更了解你喜欢哪一类的电影、电视节目，购物网站比你更了解你喜欢购买什么。

你从购物网站上买了一些侦探推理方面的书籍，会发现有一段时间网站经常给你发送信息，提示别人购买过或评价过的侦探推理小说。网站认为你购买过某方面的产品，说明你喜欢这类产品，因此你会对同类产品或者与此产品相似的产品感兴趣。网站是如何做到这一点的？你在行程软件上购买了机票，行程软件就会为你推荐当地的天气、酒店、旅游景点、美食等相关信息，这背后的一切都是依据相关性。你的购物习惯、评价行为、出行安排都被企业的网络系统所掌握，并据此向你推荐相关产品和服务，这就是相关性。

前面我们介绍的大多是对待单一变量时数据产生、整理展示及数据描述的方法，有时我们不仅需要对单一变量的某种特征进行描述，而且还需要知道两个或多个变量之间的关系。多数科学领域都会遇到寻找变量间关系的问题，当不清楚变量之间是否存在因果关系，或者知晓变量之间存在某种相关性时，统计学扮演着重要的角色。

因果关系是知晓某件事情发生必然会带来另外某件事情的发生，即由某种条件可以推导出相应的结果。很多数学定理、物理定理都属于因果关系范畴。例如圆的面积和半径存在直接的关系，一旦我们确定好半径的大小，那么圆的面积就能唯一确定，反之亦然。这种确定性的关系属于因果关系范畴，即知道了"因"就能得到"果"。但是在生活中，我们经常会遇到一些问题并不能通过因果关系来确定，如肺癌是因为吸烟导致的吗？如果吸烟是"因"，肺癌是"果"，那么吸烟就一定会导致肺癌。但实际上并不是这样，不吸烟的人也可能会得肺癌，吸烟的人也可能没有得肺癌，只不过罹患肺癌的人群中吸烟的人比较多而已。从经常吸烟的"因"并不能得到罹患肺癌的"果"，因此这种关系并不是因果关系。吸烟不一定会导致肺癌，肺癌患者也未必都是吸烟人群，但是经常吸烟的人群罹患肺癌的比例的确高于不经常吸烟的人群，这就是相关关系。

我们在分析两个变量之间的相关关系时通常关心如下问题。

（1）从实际背景来看，两变量之间是否存在相关关系？

（2）如果存在相关关系，程度有多大？

相关关系反映的是两种现象之间存在关联的程度。吸烟不是导致肺癌的唯一因素，是导致罹患肺癌的多种不确定因素中的一种。与不吸烟的人群相比，吸烟的人罹患肺癌的风险要高。我们在生活中经常会遇到相关关系的问题。例如基础建设的投资会带来就业率的上升，企业营销费用的增加会提高利润，城市商品房的销售价格受到学区、周边配套设施的影响，温度升高会导致冰激凌销量的提升，诸如此类。如果一个变量的变化导致另一个变量发生改变，那么这两个变量之间存在着相关关系。如果这两种变量之间的变化方向是同向的，则称两变量间存在正相关关系；如果变化方向是反向的，则称两变量之间存在负相关关系。一般来说，身高和体重之间存在正相关关系，即身高高的人体重就会重一些；锻炼和体重之间存在负相关关系，锻炼越多的人体重越轻。

但是，生活中的事情总是千奇百怪的，有时也会出现异于相关性的现象。有些身高高的人体重也不重，锻炼少的人体重也很轻，不是所有的人都满足相关关系。从整体上来看，大部分人的身高（锻炼）和体重之间会呈现出相关关系。也就是说，我们对于第一个问题的回答是肯定的，即两个变量之间可能存在一定的相关关系。

生活中，我们知道身高和体重大多是可遗传的，不同的地理环境、生活方式、饮食习惯、年龄性别差异都会对身高和体重产生影响。但是身高和体重在总体上存在一定的正相关关系，即身高越高的人体重也越重，反之亦然。一项关于 25000 名 18 岁人群的身高和体重的数据记录也显示出了这种正相关关系。为简便起见，仅给出了 200 个人的身高体重数据，身高和体重数据的量纲调整为 cm 和 kg，200 个人的身高体重散点图如图 4.4 所示。从图 4.4 不难得出：身高高的人体重较重，身高矮的人体重较轻。

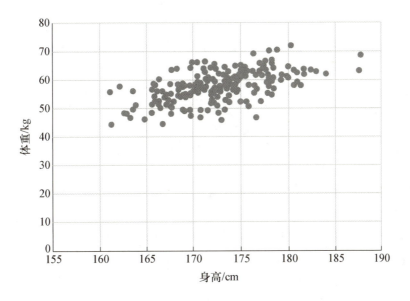

图 4.4　200 个人的身高和体重散点图

资料来源：http://wiki.stat.ucla.edu/socr/index.php/SOCR_Data_Dinov_020108_HeightsWeights　〔2022-06-22〕

虽然图 4.4 给出的结论较为明显，但是在向他人叙述时，仍然会有表述不便的可能。例如不方便展示图的时候，或者对图的理解并不完全相同、通过叙述图形并不能完全表述自己的意图等。或许有人问到，身高和体重之间的相关关系是非常大还是只是有关系而已，这个问题就不容易从图中得到结论。因此，用一个简单的统计量对相关关系进行描述就非常有必要，通过相关系数就能回答两个变量之间的相关程度的问题。

相关系数能衡量两组数据之间的**线性**相关程度，并且能反映两组数据之间相关关系的方向。

相关系数的公式为

$$r = \frac{\frac{1}{n}\sum_{i=1}^{n}(x_i-\overline{x})(y_i-\overline{y})}{\sqrt{\frac{1}{n}\sum_{i=1}^{n}(x_i-\overline{x})^2}\sqrt{\frac{1}{n}\sum_{i=1}^{n}(y_i-\overline{y})^2}}$$

相关系数有如下优点。

相关系数的数值在-1和1之间；相关系数等于-1，表示两组数据间完全负相关，即一组数据的变化会引发另一组数据朝着相反方向变化；相关系数等于1，表示两变量间完全正相关，即一组数据的变化会引发另一组数据朝着相同方向变化。相关系数的符号反映了相关关系的方向。相关系数的数值越接近于-1或1，表示两组数据间的线性关系越强。相关系数等于0，表示两组数据间不存在**线性**关系。

相关系数不受数据的量纲影响。正如刚才看到的一样，身高的单位 cm 和体重的单位 kg 不一致，但不影响计算相关系数。也就是说，任意两个量纲不同的数据都可以计算相关系数，前提是两数据的样本量相同。但是请注意：计算相关系数应具有实际意义，如计算你的孩子从出生到18岁的身高数据和一个国家的 GDP 数据之间的相关系数会毫无意义，即便可能得到非常大的正相关系数。

注意：

（1）相关系数反映的是两组数据之间是否存在**线性关系**。相关系数等于0只是表示两组数据之间没有线性关系，并不表示两组数据之间毫无关系。有可能两组数据之间不存在线性关系，但存在某种非线性关系（即除线性关系外的其他关系），此时相关系数也等于0。

（2）相关系数对两组数据完全对等。也就是说，在计算相关系数的时候，并不会区分哪组数据放在第一位，哪组数据放在第二位。

（3）根据经验可以对相关系数进行划分。相关系数的绝对值大于0.7，表明两组数据之间高度线性相关（强相关）；相关系数的绝对值小于0.4，表明两组数据之间低度线性相关（弱相关）。除此之外的相关系数可称显著线性相关。此处的数值（0.4和0.7）只是经验划分，有时会根据具体问题进行调整。

（4）如果一组数据和其平均值之间的距离与另一组数据和其平均值之间的距离在相同或相反的方向上高度吻合，那么这两组数据之间可能就存在高度线性相关关系，相关关系的方向与吻合方向一致。例如，学习时间大于平均值的学生，其学习成绩也高于平均值。

（5）相关系数的公式非常复杂，相关系数不是一个经过简单计算就能得到的统计量，一般都是通过 Excel 等软件进行计算。因此，尝试理解公式的内在含义更为重要。

以上讨论的都是相关关系，请不要混淆一点：存在相关关系并不等于存在因果关系。例如，一项调查结果显示，拥有较多电子产品（电视、计算机、手机、平板、游戏机等）家庭的孩子学习成绩比拥有较少电子产品家庭的孩子学习成绩好，能否说明学习成绩和电子产品之间存在正相关关系呢？即家庭拥有电子产品越多，孩子学习成绩越好？或者说拥有较多的电子产品是孩子学习成绩提高的原因？从实际背景来看这显然是荒谬的，否则大家买的电子产品越多，孩子的学习就越好。较为合理的解释是，拥有更多电子产品的家庭经济条件较好，能为孩子付出更多的金钱用于教育，或许是请家教、上辅导班等来提高孩子的学习成绩，而不是电子产品数量所致。所以孩子的成绩提高或许和投入更多的学习时间存在一定的相关关系，但是也不能做出推断说投入更多学习时间是学习成绩提高的原因。此外，脱离实际背景的相关关系是极度不靠谱的，而且很有可能会产生误导。例如，张三同学观察到如下情况，每天早上6点30分的时候，你的闹钟响了，5分钟后他的闹钟也响了，而且这种情况一直持续了365天，这能说明你的闹钟和张三的闹钟之间存在相关关系吗？显然不能！你们两人的闹钟先后响起不是因为存在相关关系，而是因为大家共用相同的时间系统，起床闹钟相差 5 分钟而已。因此，在实际应用中，应该在充分考虑实际背景和意义的基础上得出是否存在相关关系的结论，**绝对不要直接从数据出发计算相关性**。

【例 4.13】 表 4.7 是某材料在实验室测得的不同温度下的韧性数据，绘制散点图并计算相关系数。

表 4.7 某材料在实验室测得的不同温度下的韧性数据

序号	温度/℃	韧性
1	0	22.86
2	50	22.99
3	100	24.08
4	150	28.47
5	200	32.56
6	250	34.99
7	300	32.48
8	350	36.89
9	400	40.02
10	450	48.75
11	500	55.67
12	550	62.86
13	600	63.88
14	600	63.88
15	650	69.06
16	700	73.23
17	750	77.88
18	800	84.59
19	850	89.11
20	900	105.66

绘制的散点图如图 4.5 所示。

从图 4.5 中我们可以看出，韧性和温度之间存在相同的趋势，即温度越高，韧性越大，说明温度与韧性之间存在正相关。

利用 Excel 计算可得：

$$r = \frac{\frac{1}{n}\sum_{i=1}^{n}(x_i - \overline{x})(y_i - \overline{y})}{\sqrt{\frac{1}{n}\sum_{i=1}^{n}(x_i - \overline{x})^2}\sqrt{\frac{1}{n}\sum_{i=1}^{n}(y_i - \overline{y})^2}} = 0.9773$$

上式表明两组数据之间存在很强的线性相关关系，相关系数为 0.9773。

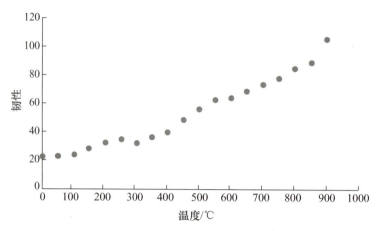

图 4.5　某材料的温度与韧性散点图

在统计中，有专门的工具可以处理多组数据之间存在的相关关系，有兴趣的同学可以自行查阅回归分析方面的内容。相关分析描述的是两组数据间的相关程度，回归分析则描述了多组数据之间的影响关系及程度。

在相关分析中，两组数据没有顺序之分，而回归分析则要区分因变量和自变量，由于自变量的变化导致因变量发生变化，而不是反过来。因此，在回归分析中，区分自变量和因变量非常重要，不仔细区分可能会出现"因果倒置"情况。例如，跑马拉松是一项对体力和耐力要求较高的运动项目，那么，是因为参加马拉松运动而使人更有体力和耐力，还是因为具有体力和耐力的人选择了跑马拉松？按照后一种观点，跑马拉松并不一定会使人具有体力和耐力，只是该项运动将体力耐力好的人和体力耐力不好的人区分开罢了。例如，是因为经济实力较强的省有更多的钱投入基础教育，使得基础教育水平较高，还是因为该省的基础教育情况较好而使得经济实力领先？有可能它们互为因果。

避免上述情况的办法是在相关分析得到的结果中不要试图解释二者的从属关系，除非关系明确。如果需要做解释的话，尽量不要将存在相互影响的数据放在一起做相关分析。

思考：

一名学生参加羽毛球课程的课时数与其打球水平之间存在相关关系，那么是否可以说课时数的增多导致了打球水平的提升呢？

不一定！

两组数据之间存在相关性，并不能推出"A 导致 B"，也有可能是"B 导致 A"，小心因果倒置。在相关分析中不用区分自变量和因变量，所以上述问题中默认打球水平是因变量，受到课时数的影响，因此才有课时数越多，打球水平越高的结论。问题中并没有提到是正相关还是负相关，有没有可能是因为学生打球水平差了所以要上更多的课来提高呢？

习　题

1. 什么是数据的集中趋势？反映数据集中趋势的指标有哪些？
2. 什么是数据的离散程度？反映数据离散程度的指标有哪些？
3. 简述众数、中位数、平均数三者各自的特点及其适用场合。

4. 简述异众比率、四分位差、方差和标准差的特点及其适用场合。

5. 一组数据的分布特征可以从哪些方面进行测度？

6. 如果某个分布是极度左偏，则其偏度系数为（　　）。

　A. -0.3　　　　B. 0.3　　　　C. -2.9　　　　D. 2.9

7. 对于一个右偏的频数分布，普遍情况下数值较大的是（　　）。

　A. 中位数　　　B. 众数　　　C. 算术平均数　　　D. 调和平均数

8. 十名同学的体重分别为（单位：斤）：99、100、101、100、103、108、100、103、100、106，据此计算平均数，结果满足（　　）。

　A. 众数＞中位数＞算术平均数　　　　B. 众数＝中位数＝算术平均数

　C. 中位数＞算术平均数＞众数　　　　D. 算术平均数＞中位数＞众数

9. 分布形态的测度指标包括（　　）。

　A. 偏度系数　　　B. 离散系数　　　C. 众数　　　D. 中位数

10. 下列关于偏度系数的表述正确的是（　　）。

　A. 偏度系数取决于离差平方的平均数与标准差平方的比值

　B. 偏度系数等于1.9，说明数据分布为严重右偏

　C. 偏度系数大于0，说明数据分布为左偏

　D. 偏度系数的绝对值越大，说明数据分布的偏斜程度越小

11. 一个班有三个学习小组，各组都有六个人，各位同学的某科考试成绩如下。

　　　　　A组：79　82　85　73　69　86
　　　　　B组：83　88　77　80　94　70
　　　　　C组：91　78　76　90　87　88

要求计算各组同学成绩的算术平均数、方差，并说明哪组的平均数更具代表性。

12. 为了解在校学生每月的生活费情况，某高校随机抽取了300名学生进行调查，得到样本数据如表4.8所示。

表4.8　学生每月生活费样本数据

月生活费/元	人数/人
500以下	10
500～1000	67
1000～1500	131
1500～2000	74
2000～2500	11
2500以上	7
合计	300

（1）估计生活费在500～2000元的学生占总人数的百分比是多少？

（2）计算学生每月平均生活费是多少？

（3）计算学生每月生活费的方差。

13. 收集你们班同学的学分绩点和"统计学原理"成绩，两者之间有没有相关性？将"统计学原理"成绩换成"体育"成绩有什么改变？这个相关性的效果如何？

第 5 章
概 率 论

知识目标

- 描述概率的定义和性质
- 列举离散型随机变量和连续型随机变量
- 记住简单的随机变量的期望和方差

能力目标

- 解释离散型随机变量和连续型随机变量的区别
- 利用随机变量解释实际例子

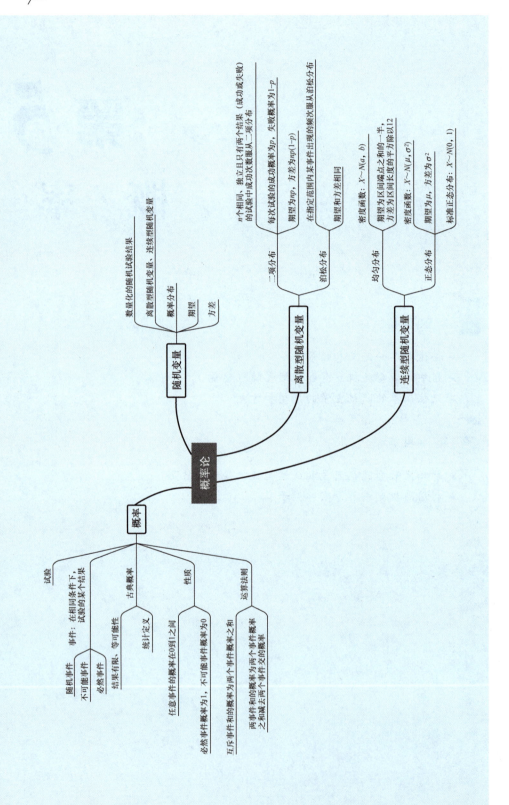

一个家庭中的四个孩子都是男孩，这种可能性有多大？明天上午某地区是否会下雨？一年里某地区发生地震的次数大概有几次？正常情况下公交车 30 分钟一趟，在正常发车时段，张三同学等待 10 分钟上车的可能性有多大？上述问题都和概率有关，概率是和某事件发生的机会（可能性）或确定程度有关系的一个词。

为了方便表述统计的概念、性质及方法，更完备地展示统计学理论，学习一些简单的概率论知识是必要的。如果数学公式对你的学习造成了困扰，可以试着了解概念与性质的直观意义，在后续章节的学习中如果需要本章的定理与性质，只需查找对照公式进行检查即可。

5.1 什么是概率

概率可以简单理解成可能性。例如，生孩子是男孩和女孩的可能性是一样的（即 50%）。假设你出行时打车，发现四周只有 3 辆出租车，但同时有 10 人在等车，你能坐上车的可能性就是 3/10（假设所有人都是单人打车，且每个人打到车的机会是相同的）。如果是高峰期有 100 人，出租车还是只有 3 辆，那么你坐上车的可能性就只有 3/100。

可以试着通过天气预报来理解概率。你的领导安排你去陌生的城市出差三天，除了预订机票和住宿，你一定会在出行前看一看天气预报，准备一下出差几天中所需的衣物。天气预报中对降雨、降雪、台风等天气状况可能性的预报就是概率。例如，天气预报说明天某地最低气温、最高气温、小到中雨，其实是对明天的温度、降雨情况的可能性预测，是说明天有很大的可能性会降雨，并不是绝对会降雨。你应该体验过天气预报说明天有降雨，你带着伞却遇到了晴天的状况，这是天气预报预测不准确的情况。很多时候，天气预报能对我们的生活、工作提供非常有效的作用，我们通过天气预报可以大致理解概率是什么。

概率一词最早出现在两位欧洲数学家帕斯卡和费马的通信中，最初表示的是"运气"和"机会"，研究比赛中胜负如何分配问题。直到 18 世纪，概率才成为古典概率论中的专业术语。来看一下两位数学家要解决的问题。

A 和 B 两人公平进行抛掷硬币。双方约定，出现 3 次正面或反面就属于胜利，可以拿走 100 元奖金。A 选择了正面，B 选择了反面。当游戏进行到正面出现 2 次，而反面出现 1 次时，由于某种原因中止了，请问如何分配奖金才是公平的？

帕斯卡的解答： 假设游戏没有结束，再抛掷一次硬币，出现正面和反面的可能性（概率）都是 0.5。如果出现正面，A 赢得奖金；出现反面时，A 和 B 有相同的可能性（概率）赢得奖金。所以如果游戏再进行一次，而且出现反面的话，一人会获得一半的奖金。结合正反面出现情况，分配方案应该如下。

A 获得的金额：0.5×100＋0.5×50＝75（元）

B 获得的金额：0.5×0＋0.5×50＝25（元）

A 获得的金额中，第一项 0.5×100 表示 A 有 0.5 的概率获得全部 100 元奖金（出现正面的可能性是 0.5），第二项 0.5×50 表示 A 还有 0.5 的概率获得 50 元奖金（出现反面时两人打平，因此获得奖金的可能性一样，因此一人可获得 50 元奖金）。同样，B 获得的金额中，0.5×0 表示 B 有 0.5 的概率不能获得奖金（出现正面），而 0.5×50 和 A 中的解释一样。

费马的解答：硬币最多只需要再抛掷两次就能判定胜负，假设再抛掷两次可能出现的顺序为"正正、正反、反正、反反"四种情况，出现前三种情况都是 A 获胜，出现最后一种情况 B 获胜。因此，分配比例为 3∶1，即 A 获得 3/4 的奖金，即 75 元，B 获得 25 元。

为了能够对某一事件发生的概率（你可以认为是可能性）进行对比，将概率用 0 到 1 之间的实数表示，数值越大表示事件发生的可能性越大。某一事件概率为 1 表示事件必然会发生，称为**必然事件**。例如太阳东升西落、水在 0℃ 以下结冰等。若某一事件概率为 0 表示事件必然不会发生，称为**不可能事件**。例如张三在同一时间出现在不同地点、一场对抗比赛同时出现两个冠军（如果平手不算胜利的话）等。

5.1.1 随机事件

生活中有一些事件是确定性的，如前面所说的必然事件和不可能事件；还有一些事件是随机的，即这种事件在发生前不知道会出现何种结果。以抛硬币为例，在抛掷之前我们并不能确切知道会出现正面还是反面，但是我们可以清楚地知道出现的不是正面就是反面，因为只存在这两种情况。同样的例子，如某项投资项目是否能盈利、你能否被心仪的学校录取等都是随机事件。

在引入随机事件这一概念前，先了解一下什么是试验和事件。

在同一组条件下，对某事物或现象所进行的观察或实验称为**试验**。在统计学中，试验有以下特点。

(1) 可以在**相同条件**下重复进行。

(2) 每次试验的可能结果不止一个，但试验的所有可能结果在试验之前是确切知道的。

(3) 在试验结束之前，不能确定该次试验的确切结果。

需要强调的是，生活中很多所谓的可能性并不是统计意义上的概率。例如两支球队比赛，我们会听到球队 A 的胜率是 4∶1，也就是说球队 A 获胜的可能性是 80%，球队 B 获胜的可能性是 20%，但是这里的 80% 和 20%（或者说 0.8 和 0.2）不是概率[①]。按照试验的定义：两支球队比赛的结果有三种（胜、负或平），而且在比赛结束前不知道会发生哪一种，满足试验特点中的 (2) 和 (3)，但是并不满足 (1)，因此此时的比赛并不是试验。如果这两支球队的比赛是篮球赛，两支球队打七场〔虽然不满足完全意义下的相同条件下进行，但是只要场次足够多，如 50 场，就可以认为满足试验特点中的 (1)〕，在打完七场之后计算出的胜负可能性可以看作概率的测量。

举一个试验的例子。随意抛掷一枚骰子（是规则的六面体且质地均匀，六个面上点的个数分别为 1，2，3，4，5，6）就是一次试验。在试验前，试验的所有可能结果是已知的，投掷一次骰子，它的可能结果是 1~6 点中的任何一个，但是骰子落地之前，无法确定该次试验的确切点数，这个试验可以在相同条件下重复进行。

在相同条件下，试验的某个结果称为**事件**。

---

① 因为这里的比赛不满足试验的概念，每种可能出现的结果也不是随机事件，因此不能称为概率。

例如，出现的 1 点、2 点、……、6 点，或者出现奇数点、偶数点、点数小于等于 2 等都是一个事件。这些事件在一次试验中，有可能出现也有可能不出现。对于前面讲的必然事件（例如点数不大于 6 的事件），和不可能事件（例如点数大于 7 的事件），引入以下三个概念。

（1）**随机事件**：在相同条件下，每次试验可能出现也可能不出现的事件。随机事件也称偶然事件，简称事件，用大写字母 A、B、C 等表示。

（2）**不可能事件**：在相同条件下，每次试验一定不出现的事件。

（3）**必然事件**：在相同条件下，每次试验一定出现的事件。

对于任何一个事件，如果是不能再细分的随机事件，则这个事件称为**基本事件**。在抛硬币的试验中，分别观察到的正面和反面，这是该试验中的两个基本事件，不能再进行细分。在抛掷一枚骰子的试验中，出现 1 点、2 点、……、6 点中的任何一个都是不能再细分的事件，因此也是基本事件。抛掷一枚骰子出现奇数点的事件可以细分为出现 1 点、3 点或 5 点三个基本事件，因此出现奇数点不是基本事件。

一个试验中，所有基本事件的集合称为样本空间，常用 Ω 表示。例如，在抛硬币的试验中，样本空间 Ω＝｛正面，反面｝，在投掷骰子的试验中，样本空间 Ω＝｛1，2，3，4，5，6｝。

思考：你能想象出生活中什么可以看作试验？对应的基本事件是什么？

5.1.2　古典概率

任何随机事件，都可以测量它的概率。事件 A 的概率是对事件 A 在试验中出现的可能性大小的一种度量，记事件 A 出现可能性大小的数值为 $P(A)$，则 $P(A)$ 称为事件 A 的**概率**。例如，抛掷一枚硬币，有 50% 的可能性出现正面，有 50% 的可能性出现反面。其中，50% 就是这个正面或者反面出现的概率。概率的定义方法有多种，主要有古典定义和统计定义，先来看古典概率。

古典概率

1. 概率的古典定义

人们最早研究概率是从掷硬币、掷骰子等游戏中开始的，这种类型的游戏有两个共同的特点。

第一，试验的样本空间元素有限。例如，掷硬币有 2 种结果，掷骰子有 6 种结果。

第二，试验中每个结果出现的可能性相同。掷硬币出现的两种结果分别是正面和反面，出现的可能性都是 1/2。掷骰子出现的每个点数的可能性都是 1/6。

这种考虑概率的方法表明，如果某一随机试验的结果是有限的，而且每个结果出现的可能性相等，则某一事件 A 发生的概率为该事件所包含的基本事件的个数 m 与样本空间中所包含的所有基本事件个数 n 的比值，记为

$$P(A)=\frac{\text{事件 A 所包含的基本事件个数}}{\text{样本空间所包含的基本事件个数}}=\frac{m}{n} \tag{5.1}$$

【例 5.1】 如果一副纸牌一共有 52 张，其中有 13 张是红桃牌，那么随机抽出一张牌，是红桃的概率是多少？

解：用 A 表示"抽中的纸牌为红桃"这一事件，A 为所有红桃牌的集合，一副纸牌有 13 张红桃，基本空间中所有事件个数为所有纸牌的集合，一共有 52 张。因此有

$$P(A) = \frac{\text{所有红桃牌的总个数}}{\text{所有纸牌的总个数}} = \frac{13}{52} = \frac{1}{4} \tag{5.2}$$

古典概率有局限性，只能存在有限个结果的随机事件的概率，因此在应用方面受到很大限制。寻找简单概率（即一个事件发生的概率）的第二种常用的方法是利用实际频数数据来估计概率，即概率的统计定义。这种概率也称频率概率或试验概率。

2. 概率的统计定义

例如，抛掷一枚硬币出现正面和反面的频率（正面出现的次数占总的抛掷次数之比），随着抛掷次数的增加，出现正面和反面的频率基本会稳定在1/2。

如图5.1所示，横轴为抛硬币试验所进行的总次数，用 n 表示；纵轴为硬币出现正面的次数除以试验总次数。只要试验次数足够多，正面出现的次数与实验总次数的比值就会在0.5左右变化，用这个频率的稳定值（假设试验无限次）表示，这就是概率的统计定义。

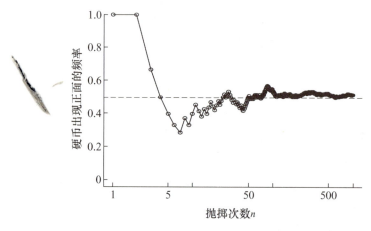

图 5.1 抛掷硬币频率图

即在相同条件下随机试验 n 次，某事件 A 出现 m 次（$m \leqslant n$），则比值 m/n 称为事件 A 发生的频率。随着试验次数增大，该频率围绕某一常数 p 上下波动且趋于稳定，这个频率的稳定值即为该事件的概率，记为

$$P(A) = \frac{m}{n} = p \tag{5.3}$$

5.1.3 概率的性质与运算法则

性质 1：由于事件发生的频数不会大于总的试验次数，所以频率在 0 到 1 之间，从而任意事件 A 的概率均在 0 到 1 之间，即

$$0 \leqslant P(A) \leqslant 1 \tag{5.4}$$

性质 2：在每次试验中，必然事件一定发生，因此它的频率为 1，概率也为 1，表示为 $P(\Omega) = 1$。不可能事件一定不会发生，因此它的频率为 0，概率也为 0，表示为 $P(\Phi) = 0$。

法则一：如果两个事件是互斥事件（两个事件不可能同时发生），那么这两个事件之

和的概率等于两个事件概率之和。设 A 和 B 为两个互斥事件，则
$$P(A \cup B) = P(A) + P(B) \tag{5.5}$$

【例 5.2】 某选手射击一次射中 10 环和 9 环的概率分别是 0.24 和 0.28，这名射手只射击一次，求：

(1) 射中 10 环或 9 环的概率；

(2) 至少射中 9 环的概率。

解：(1) 用 A 表示"射中 10 环"这一事件；用 B 表示"射中 9 环"这一事件。射击一次为 10 环或 9 环的事件为互斥事件 A 与 B 的和，其发生的概率为
$$P(A \cup B) = P(A) + P(B) = 0.24 + 0.28 = 0.52 \tag{5.6}$$

(2) 至少射中 9 环可以表示为射中 10 环或射中 9 环，并且这两个事件是互斥的，因此，至少射中 9 环和射中 10 环或射中 9 环是一样的。

法则二：对于任意两个随机事件 A 和 B，它们和的概率为两个事件分别概率的和减去两个事件交的概率，即
$$P(A \cup B) = P(A) + P(B) - P(A \cap B) \tag{5.7}$$

【例 5.3】 设某校开设有甲、乙两门选修课程，该校学生中有 20% 的学生选择甲课程，16% 的学生选择乙课程，8% 的学生两种课程都选择。问有多少学生中至少选一门选修课程？

解：设 A = {选甲课程}，B = {选乙课程}，C = {至少选一种课程}，则
$$P(C) = P(A \cup B) = P(A) + P(B) - P(A \cap B)$$
$$= 0.2 + 0.16 - 0.08 = 0.28 \tag{5.8}$$

5.2 随机变量

5.1 节介绍了随机事件与概率的一些基本概念，还介绍了概率的一些性质及其运算法则。为了更深入地研究随机试验的结果，揭示随机现象的统计规律，本节将引入随机变量的概念，主要目的是把随机试验的结果数量化，用一个变量 X 来描述试验的结果，方便做数学上的处理。

【例 5.4】 投掷一枚硬币，观察出现正反面的情形。试验有两个结果：ω_1 表示出现正面，ω_2 表示出现反面。

引入变量如下：
$$X = \begin{cases} 1, \text{出现正面} \\ 0, \text{出现反面} \end{cases} \tag{5.9}$$

这个变量可以看作定义在样本空间 $\Omega = \{\omega_1, \omega_2\}$ 上的函数，称为随机变量。显然 0 和 1 是变量 X 的两个可能值，1 表示"正面"，0 表示"反面"。

【例 5.5】 设箱子中有 5 个球，即 2 个红球和 3 个白球，从中任取 2 个，观察取球结果。此事件无外乎有以下三种结果：ω_1 表示两个红球，ω_2 表示一红一白，ω_3 表示两个白球。

X 抽取红球的个数为

$$X = \begin{cases} 2, \omega = \omega_1 \\ 1, \omega = \omega_2 \\ 0, \omega = \omega_3 \end{cases} \quad (5.10)$$

此时，0，1 和 2 是变量 X 的三个可能值，0 表示取球结果为"两个白球"，1 表示取球结果为"一个红球（另一个一定是白球）"，2 表示取球结果为"两个红球"。

在有些试验中，试验结果虽然与数值无关，但都可以引入随机变量来表示它的各种结果，也就是把试验结果数值化。

5.2.1 随机变量的定义与分类

假设存在一个随机试验，其样本空间为 Ω。如果对于样本空间的每个样本点 ω，总存在一个实数 X 与之对应，则得到一个从样本空间 Ω 到实数集的单值实函数 $X = X(\omega)$，X 称为随机试验的一个随机变量。

根据概率的定义，在同一组条件下，如果每次试验可能出现这样或那样的结果，并且所有的结果都能列举出来，即 X 的所有可能值 $x_1, x_2, \cdots, x_n$ 都能够列举出来，而且 X 的可能值 $x_1, x_2, \cdots, x_n$ 具有确定概率 $P(x_1), P(x_2), \cdots, P(x_n)$，其中 $P(x_1) = P(X = x_1)$，称为概率函数，则 X 称为随机变量，$P(X)$ 称为随机变量 X 的概率函数。

随机变量按照特性的不同，通常可分为两类，即**离散型随机变量**和**连续型随机变量**。离散型随机变量所取的可能值是有限多个或无限可列的。例如，观察掷一枚骰子出现的点数，随机变量的可能值是 1，2，3，4，5，6，骰子出现的点数就是离散型随机变量；或者某地区一天内出现的交通事故的次数，其可能值为 1，2，3，4，$\cdots$。连续型随机变量所取的值可以连续地充满某个区间。例如，一批灯泡的使用寿命，某地区成年人的身高、体重、收入等都是连续型随机变量。

5.2.2 概率分布与数字特征

1. 随机变量的概率分布

一般地，若随机变量 X 可能取的不同值为 $x_1, x_2, \cdots, x_n$，X 取每个 x_i ($i = 1, 2, \cdots, n$) 的概率 $P(X = x_i) = p_i$，如表 5.1 所示。

表 5.1 随机变量的概率分布列

X	x_1	x_2	$\cdots$	x_i	$\cdots$
P	p_1	p_2	$\cdots$	p_i	$\cdots$

表 5.1 称为随机变量 X 的概率分布列，简称为 X 的分布列。有时为了表达简单，也用如下等式表示 X 的分布列。

$$P(X = x_i) = p_i, i = 1, 2, \cdots, n \quad (5.11)$$

【例 5.6】 已知一试验箱中装有标号分别为 1，1，2，2，2，3 的六只小白鼠，从中任取一只，记取得的小白鼠的标号为 X，随机变量 X 取各个值的概率分别是什么？

解：

表 5.2　X 的概率分布列

X	1	2	3
p	$\frac{1}{3}$	$\frac{1}{2}$	$\frac{1}{6}$

【例 5.7】 已知随机变量 X 的分布列如表 5.3 所示。分别求出随机变量 (1) $Y=X/2$；(2) $Z=X^2$ 的分布列。

表 5.3　随机变量 X 的概率分布列

X	-2	-1	0	1	2
p	$\frac{1}{12}$	$\frac{1}{4}$	$\frac{1}{3}$	$\frac{1}{6}$	$\frac{1}{6}$

解：(1) 由 $Y=X/2$ 可得 Y 的取值为 -1，$-1/2$，0，$1/2$，1，且相应取值的概率没有变化，所以随机变量 Y 的概率分布列如表 5.4 所示。

表 5.4　随机变量 Y 的概率分布列

Y	-1	$-\frac{1}{2}$	0	$\frac{1}{2}$	1
p	$\frac{1}{12}$	$\frac{1}{4}$	$\frac{1}{3}$	$\frac{1}{6}$	$\frac{1}{6}$

(2) 由 $Z=X^2$ 可得 Z 的取值为 0，1，4。

$$P(Z=0)=P(X=0)=\frac{1}{3}$$

$$P(Z=1)=P(X=1)+P(X=-1)=\frac{1}{4}+\frac{1}{6}=\frac{5}{12}$$

$$P(Z=4)=P(X=2)+P(X=-2)=\frac{1}{12}+\frac{1}{6}=\frac{1}{4}$$

所以，随机变量 Z 的概率分布列如表 5.5 所示。

表 5.5　随机变量 Z 的概率分布列

Z	0	1	4
p	$\frac{1}{3}$	$\frac{5}{12}$	$\frac{1}{4}$

2. 数字特征

有时我们对随机变量的某些特征感兴趣。例如，运用期望（平均值）来评价一个地区的粮食平均产量，运用方差来评价两批产品的稳定性。数学期望和方差是描述随机变量的重要特征。

以例 5.6 为例，记 X 为在试验的样本空间 $\xi=\{1,1,2,2,2,3\}$ 上的随机变量，如果允许试验重复无数次，那么 X 的期望是多少？由表 5.2 可得

$$1\times\frac{1}{3}+2\times\frac{1}{2}+3\times\frac{1}{6}=\frac{11}{6}$$

这个平均值就是 X 的数学期望值。

如果 X 是一个随机变量，它的分布列为 p_i（$i=1,2\cdots n$），那么数学期望的一般公式为

$$E(X)=\sum_{i=1}^{n}x_i p_i \tag{5.12}$$

即 X 的期望值是它的所有取值的加权平均，其权值是它取该值的概率。

期望描述了随机变量取值的平均状况，随机变量的离散程度需要方差来描述。

以例 5.6 为例，均值 $E(X)=\mu$，则 X 的方差为

$$D(X)=\mathrm{Var}(X)=\sum_{i=1}^{n}(x_i-\mu)^2 p_i$$
$$=\left(1-\frac{11}{6}\right)^2\times\frac{1}{3}+\left(2-\frac{11}{6}\right)^2\times\frac{1}{2}+\left(3-\frac{11}{6}\right)^2\times\frac{1}{6}$$
$$=\frac{17}{36}$$

如果 X 是一个随机变量，它的分布列为 p_i（$i=1,2,\cdots,n$），方差的一般公式为

$$D(X)=\sum_{i=1}^{n}[x_i-E(X)]^2 p_i$$

5.3 离散型随机变量

5.3.1 二项分布

二项分布和泊松分布

想知道抛掷硬币连续出现两次正面的概率是多少，是否需要整天坐在屋子里，不停地抛硬币，然后找出连续两次正面着地的概率是多少呢？如果是连续出现 10 次呢？也许不需要一直重复试验，因为你知道如下三件事情。

(1) 出现一次正面的概率是 0.5。

(2) 只可能出现正面或反面。

(3) 每次抛掷硬币的结果不会受到前几次抛掷的影响（独立的）。

要找到连续两次正面着地的概率，就可以直接用 0.5 乘以 0.5 得到 0.25，即在扔两次硬币的情况下，连续两次出现正面的概率是 25%。

二项分布与此相同，其性质如下。

(1) 包含 n 个相同的试验。

(2) 每次试验只有两个可能的结果："成功"或"失败"。

(3) 出现"成功"的概率 p 对每一次试验都相同（由于只有两种结果，因此出现"失败"的概率 q 对每一次试验也相同，且 $p+q=1$）。

(4) 试验是独立的。即两次试验的结果互不影响。设 A、B 为两个事件，如果事件 A 对事件 B 是否发生的概率没有影响，则称事件 A 与事件 B **相互独立**。

(5) 试验"成功"或"失败"可以计数，即试验结果对应于一个离散型随机变量。

满足上述条件的试验"成功"次数服从二项分布（试验"失败"的次数也服从二项分布）。设每次试验成功的概率是 p，失败的概率为 $1-p$，则成功次数 X 服从二项分布，它可能的取值是 $0,1,2,\cdots,n$，随机变量 X 的分布律为

$$P(X=i)=C_n^i p^i (n-p)^{n-i}, i=0,1,2,\cdots,n, 0 \leqslant p \leqslant 1 \tag{5.13}$$

其中

$$C_n^i = \frac{n(n-1)(n-1)\cdots(n-i+1)}{i!} = \frac{n!}{i!(n-i)!}$$

这种概率分布称为二项分布，记为 $X \sim b(n,p)$。

一般地，在相同条件下，重复做的 n 次试验称为 **n 次独立重复试验**；具有如上 5 个特征的 n 次独立重复试验为 **n 重伯努利试验**，简称伯努利试验。

随机变量 X 的概率分布也可写成如表 5.6 所示的样子。

表 5.6 随机变量 X 的概率分布

X	0	1	$\cdots$	x	$\cdots$	n
P	$C_n^0 p^0 q^n$	$C_n^1 p^1 q^{n-1}$	$\cdots$	$C_n^x p^x q^{n-x}$	$\cdots$	$C_n^n p^n q^0$

二项分布的数学期望和方差分别为

$$E(X)=np$$
$$D(X)=npq \tag{5.14}$$

【例 5.8】 实力相同的甲、乙两队参加乒乓球团体比赛，规定为 5 局 3 胜制（即 5 局内谁先赢 3 局就算胜出并停止比赛）。试求甲队打完 5 局才能取胜的概率。

解： 甲队、乙队实力相同，所以每局甲队获胜的概率为 1/2，乙队获胜的概率为 1/2。甲队打完 5 局才获胜，相当于进行 5 次独立重复试验，且甲队第 5 局比赛获胜，前 4 局恰好 2 胜 2 负。

因此，甲队打完 5 局才能取胜的概率为

$$P = C_4^2 \times \left(\frac{1}{2}\right)^2 \times \left(\frac{1}{2}\right)^2 \times \frac{1}{2} = \frac{3}{16}$$

5.3.2 泊松分布

当试验次数 n 很大时，计算二项分布的概率变得很麻烦，若 $X \sim B(300, 0.01)$，则计算

$$P(X>1) = \sum_{k=2}^{300} C_{300}^k \times (0.01)^k \times 0.99^{300-k}$$

会非常烦琐。理论上可以证明，当二项分布的 n 很大而 p 很小且 np 不大时，泊松分布可作为二项分布的近似，其中 $\lambda = np$。通常 $n \geqslant 10$，$p \leqslant 0.1$ 时，就可以用泊松公式近似计算。

泊松分布用来描述在指定的时间范围内或指定的空间内某事件出现次数的分布。实际

中，某电话交换台在一段时间内收到的呼叫次数、一段时间内来到公共站点的乘客数、显微镜下某区域中的白细胞数目、一本书中每页出现错字的个数等都是服从泊松分布的随机变量。一般地，某个事件以固定的平均瞬时速率 λ 随机且独立地出现时，那么这个事件在单位时间（空间）内出现的次数或个数就近似服从泊松分布。

泊松分布 $P(\lambda)$ 中只有一个参数 λ，λ 既是泊松分布的均值，也是泊松分布的方差。

泊松分布的公式为

$$P(X=x)=\frac{\lambda^x e^{-\lambda}}{x!}, \quad x=0,1,2,\cdots,\lambda \geqslant 0 \tag{5.15}$$

其中，λ 为给定的时间间隔内的平均数。

泊松分布的期望和方差分别为

$$E(X)=\lambda$$
$$D(X)=\lambda$$

【例 5.9】 如果某地新生儿先天性心脏病的发病概率为 8‰，那么该地 120 名新生儿中有 4 人患先天性心脏病的概率有多大？

解：新生儿先天性发病率 $p=0.008$，新生儿人数 $n=120$，则有

$$\lambda=np=120\times 0.008=0.96$$

$$P(X=4)=\frac{e^{-0.96}\times 0.96^4}{4!}=0.014$$

5.4　连续型随机变量

正态分布

离散型随机变量只能取有限个或可列无穷多个数值，而连续型随机变量的取值可以充满某个有限区间或无穷区间，日常生活中大部分用于统计分析的随机变量都是连续型随机变量，诸如距离、质量、时间、收入等都属于连续型随机变量。

设 $F(x)$ 是随机变量 X 的分布函数，若存在非负函数 $f(x)$，使得对任意实数 x，有

$$F(x)=P(X\leqslant x)=\int_{-\infty}^{x}f(t)\mathrm{d}t, \quad -\infty<x<+\infty \tag{5.16}$$

则称 X 为连续型随机变量，称 $f(x)$ 为**概率密度**。其中，概率密度具有以下两个性质：

(1) $f(x)\geqslant 0$；

(2) $\int_{-\infty}^{+\infty}f(x)\mathrm{d}x=1$。

直观来看，在连续分布的情况下，以曲线下面的面积表示概率，随机变量 X 在 a 与 b 之间的概率可以写成

$$P(a<X<b)=\int_{a}^{b}f(x)\mathrm{d}x \tag{5.17}$$

即图 5.2 中阴影部分的面积。

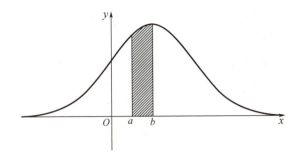

图 5.2 X 在 a 与 b 之间的概率面积图

5.4.1 均匀分布

设连续型随机变量 X 具有概率密度

$$f(x)=\begin{cases}\dfrac{1}{b-a},a\leqslant x\leqslant b\\0,\text{其他}\end{cases}$$

则称 X 在区间 $[a,b]$ 上服从均匀分布，记为 $X\sim U[a,b]$。均匀分布的分布函数为

$$F(x)=\begin{cases}0,x<a\\\dfrac{x-a}{b-a},a\leqslant x<b\\0,x\geqslant b\end{cases}$$

均匀分布的期望和方差分别为

$$E(x)=\frac{b+a}{2}$$

$$D(x)=\frac{(b-a)^2}{12}$$

生活中很多例子都服从均匀分布。例如，前面提到的在 20 分钟内等到公交车的概率（假设公交车 30 分钟发一班车）；在一张纸上任意涂色，涂色区域的概率与其所占的面积有关。

【例 5.10】 设随机变量 X 服从区间 $[-3,6]$ 上的均匀分布，试写出随机变量 X 的概率密度函数并求出其期望值。

解：随机变量的密度函数为

$$f(x)=\begin{cases}\dfrac{1}{9},-3\leqslant x\leqslant 6\\0,\text{其他}\end{cases}$$

随机变量 X 的期望为

$$E(X)=\frac{b+a}{2}=\frac{6+(-3)}{2}=1.5$$

5.4.2 正态分布

1. 定义

在连续型随机变量中，最重要的一种随机变量是正态随机变量。正态分布并不是有什么"正常状态",这个词是对其德文名称高斯分布和法文名称棣莫弗分布保持一种中间立场而取的,有时也称高斯分布。图5.3所示为正态分布密度曲线。该曲线从形状上看像一个钟形。正态分布密度曲线是最容易辨认和最具有美感的曲线。正态分布在日常生活中的运用非常广泛,许多随机变量的概率分布都服从正态分布。例如,学生成绩的高低、群体的身高和体重、炮弹的落点都呈现为正态分布或近似正态分布。

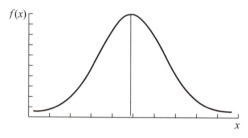

图 5.3　正态分布密度曲线

若随机变量 X 服从一个位置参数为 μ、尺度参数为 σ 的概率分布,且其概率密度函数为

$$f(x)=\frac{1}{\sigma\sqrt{2\pi}}\exp\left[-\frac{(x-\mu)^2}{2\sigma^2}\right], -\infty<x<+\infty, -\infty<\mu<+\infty, \sigma>0$$

则这个随机变量就称为正态随机变量,正态随机变量服从的分布就称为正态分布,记作 $X \sim N(\mu, \sigma^2)$,读作 X 服从均值为 μ、方差为 σ^2 的正态分布。

2. 正态分布密度曲线特点

从图5.3中不难发现,正态分布密度曲线有以下几个特点。

(1) 正态分布密度曲线是一条关于 $x=\mu$ 对称的钟形曲线,尾端向两个方向无限延伸,且理论上永远不会与横轴相交。

(2) 两头小、中间大,正态分布密度曲线具有集中性,峰值位于正中央。

(3) 正态分布由它的两个参数 μ 和 σ 唯一确定,两个参数变化时的正态分布密度曲线如图5.4所示。

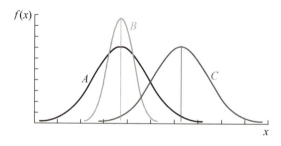

图 5.4　两个参数变化时的正态分布密度曲线

若 σ 固定,即 A 和 C 比较,正态分布密度曲线随 μ 值的变化而沿 x 轴左右平移,故 μ 称为位置参数。若 μ 固定,即 A 和 B 比较,σ 较大时,曲线最高峰较低,曲线左右两端占有的区域较大(A 曲线);当 σ 较小时,曲线最高峰较高一些(和 σ 较大时相比),曲线左右两端占有的区域较小(B 曲线),故 σ 称为形状参数。

3. 标准正态分布

任何一个一般的正态分布都可以通过线性变换转化为标准正态分布。理论依据如下。
设 $X \sim N(\mu, \sigma^2)$，则

$$Y = \frac{X-\mu}{\sigma} \sim N(0,1)$$

由此，只要将服从一般正态分布的随机变量减去其均值，再除以其标准差（方差的平方根）即可得到标准正态分布。标准正态分布表较容易得到，通过查表（附表1）可以解决一般正态分布的计算问题，为我们带来便利。

标准正态分布的概率密度函数为

$$\varphi(x) = \frac{1}{\sqrt{2\pi}} e^{-\frac{x^2}{2}}, \quad -\infty < x < +\infty$$

标准正态分布的分布函数为

$$\Phi(x) = \int_{-\infty}^{x} \varphi(t) dt = \int_{-\infty}^{x} \frac{1}{\sqrt{2\pi}} e^{-\frac{t^2}{2}} dt$$

对于标准正态分布，有以下常用公式。
(1) $\Phi(-x) = 1 - \Phi(x)$。
(2) $P(a \leqslant x \leqslant b) = \Phi(b) - \Phi(a)$。
(3) $P(|x| \leqslant a) = 2\Phi(a) - 1$。

【例 5.11】 某企业有 A、B 两个员工，从各自住处到企业所需时间 X（分钟）均服从正态分布。A 所用时间服从 $N(50, 10^2)$，B 所用时间服从 $N(60, 4^2)$。如果仅有 65 分钟可用，问谁到的可能性大一些？

解： A 在 65 分钟内从住处到达企业的概率为

$$P(X \leqslant 65) = \Phi\left(\frac{65-50}{10}\right) = \Phi(1.5) = 0.9332$$

B 在 65 分钟内从住处到达企业的概率为

$$P(X \leqslant 65) = \Phi\left(\frac{65-60}{4}\right) = \Phi(1.25) = 0.8944$$

可见 A 到的可能性大一些。

习 题

1. 简述随机试验、随机事件、基本事件的定义，区分它们之间的区别。
2. 概述古典概率定义和统计概率定义的主要内容。
3. 写出下列随机试验的样本空间。
(1) 记录一个班级统计学考试的平均分数（以百分制记分）。
(2) 一个箱子中有 4 个外形相同的球，编号分别为 1、2、3、4，从中同时取出 2 个球，记录球的编号。
(3) 某人练习弓箭射击一个目标，若 3 次击中目标，射击就停止，记录射击的次数。
(4) 在单位圆内任意取一点，记录它的坐标。

4. 设有 A、B 两个随机事件，已知 $P(B)=0.4$，$P(A\cup B)=0.6$，求 $P(\overline{A}\cup B)$。

5. 设一个箱子中有 21 个球，其中黄球有 18 个，红球有 3 个，现在将球取出，随机放入 3 个盒子中，每盒 7 个球，试求：

(1) 每盒恰好有 1 个红球的概率。

(2) 3 个红球放入同 1 个盒子的概率。

6. 假设 1 个袋子中有 N 个小球，其中 m 个白球，其余为黑球。从袋中任意取出 n ($n\leqslant N$) 个球，问恰好有 k ($k\leqslant m$) 个白球的概率是多少？

7. 设一批零件有 10 件产品，其中 7 件为正品，3 件为次品，从中任意取 3 件，求下列事件的概率。

(1) 只有 1 件次品的概率。

(2) 最多有 1 件次品的概率。

(3) 至少有 1 件次品的概率。

8. 假定新研发的一种治疗某种肺炎的药物的治愈率为 70%，现在给 8 个患者同时服用此药，求其中至少有 5 人治愈的概率。

9. 设高等数学课程的重修率为 10%，若某个大一班级至少一人重修的概率不小于 0.98，问这个班至少有多少名同学？

10. 设离散型随机变量 X 的分布律如表 5.7 所示。

表 5.7 X 的分布律

X	-2	-1	0	1	2
P_i	0.15	0.25	0.2	0.3	0.1

求：(1) X 的分布函数；(2) $P\{X-1\}$；(3) $P\{-1\leqslant X\leqslant 3\}$；(4) $Y=X^2$ 的分布律；(5) $E(Y)$ 和 $D(Y)$。

11. 设随机变量 X 的概率密度函数为

$$f(x)=\begin{cases}\dfrac{2}{\pi}\sin^2 x, & -\dfrac{\pi}{2}\leqslant x\leqslant\dfrac{\pi}{2}\\ 0, & \text{其他}\end{cases}$$

求：(1) X 的分布函数；(2) $P(X\geqslant\dfrac{\pi}{4})$；(3) $D(X)$。

12. 设随机变量 X 在 $(2,8)$ 上服从均匀分布，现对 X 进行 4 次独立观察，试求至少有 2 次观测值大于 4 的概率，计算 X 的分布函数。

13. 某地区一个三岔交通路口，每月内发生交通事故的次数 X 服从参数为 $\lambda=0.2$ 的泊松分布，试求：

(1) 1 个月内发生 2 起交通事故的概率。

(2) 一个月内发生 2～4 起交通事故的概率。

14. 设某公交车站从早上 6:00 开始每隔 20 分钟来一趟班车，如果某上班族到达此站的时间是 7:00—7:40 的均匀随机变量，试求这位乘客候车时间不超过 8 分钟的概率。

15. 某地区居民的月平均收入水平服从 $\mu=4000$ 元，$\sigma=500$ 元的正态分布，试求：

(1) 该地区居民月平均收入在 4200～5500 元的人数的比重。

（2）如果要使该地区居民月平均收入在 $(\mu-\alpha, \mu+\alpha)$ 内的概率不小于 0.95，则 α 至少有多大？

16. 设随机变量 $X \sim N(0,1)$，试求：(1) $P(0.5 \leqslant X \leqslant 2)$；(2) $P(|X-0.5|>1.5)$；(3) $E(X^2)$；(4) $Y=X+1$ 的概率密度函数。

17. 向一个不懂统计的人介绍生活中什么数据近似服从正态分布。

18. 举例说明什么数据会服从均匀分布。

第 6 章
统 计 推 断

- 复述正态分布和三大抽样分布的关系
- 复述中心极限定理
- 通过已知分布推断点估计和区间估计
- 通过假设检验解决实际问题
- 利用拟合优度检验解决品质数据统计推断

- 评估统计调查的样本容量是否合适
- 根据具体问题估算合理的置信区间
- 制订假设检验方案对实际问题做决策

思维导图

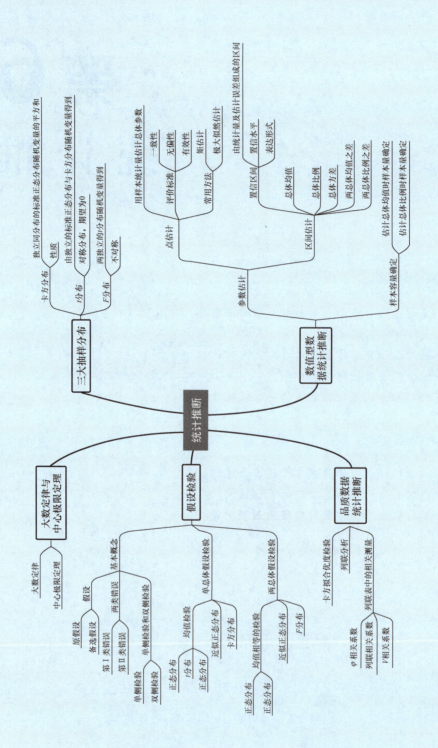

生活中我们总是能从一些事件中做出推断。例如，一位学生的期中成绩不及格而期末成绩却异常的高，某人掷骰子连续开出 6 个 6 点，一个人被雷电击中 2 次，一位投资人将大量资金买入某只股票后该股票连涨了 1 个月。上述事件虽然有可能发生，但是发生的概率却很低，我们有理由对该事件产生怀疑，进而开展调查取证证实或证伪自己的推断。

通过数据进行推断，我们能解决很多生活中的重要问题。统计推断不是让我们百分之百断定某件事情发生，而是通过推断，能够知道哪些事情是可能发生的，哪些事情是不可能发生的，或者说哪些事情发生的可能性非常小。在医学中，推断新的药物是否对某种疾病有效，通常会采用双盲试验①的方法展开。如果试验结果显示试验组的 100 位患者中有 50 位患者病情好转，能否推断新药有效呢？不能，还要看对照组的结果。如果对照组有 49 位患者病情好转，我们就无法立刻得到新药有效的推断结果。因为病情好转的人数较为接近，我们不清楚是因为药物还是其他因素所致。假设试验组病情好转的患者有 51 位，能否进行推断？如果有 52 位、53 位、54 位、……呢？如果有 90 位患者病情好转是否能进行推断呢？我们发现，当试验组病情好转的患者人数和对照组的患者人数相差很大时仿佛就能做出判断了。因此，统计推断是一个让数据说话的过程，通过统计推断可以洞悉社会现象背后的原因。

在学习本章之前，期望你能记住，能做统计推断的前提是：假设样本量足够大或者认为样本都是从总体中正确抽取的，即得到的样本能够很好地代表总体，**假设样本与总体服从相同的分布，且样本之间相互独立。**

如果想了解某一特定人群的平均身高、平均消费水平情况，或比较两个学校的教学水平差异，该如何做？解决此类问题需要对相应总体的参数进行某种估计或检验，通过估计和检验完成上述问题的回答。所谓估计指的是对总体的某个参数，如平均身高、平均消费水平做出的一个推断或结论。需要强调的是，估计是不唯一的，例如群体的身高可以用所有人的平均身高作为估计结果，也可以用最高的人身高和最低的人身高的平均值作为估计结果，甚至可以用群体中第一个见到的人身高作为估计结果。既然估计是不唯一的，那么，对于总体的同一个参数的不同估计自然会有优劣之分，评判多个估计的好坏就需要给出"好"估计的评价标准，评价标准会在 6.3 节中给出。

涉及若干群体参数的比较问题需要用到另一个工具，即假设检验。例如比较两个学校的教学水平高低、比较新研药物的疗效都可以通过假设检验予以解决。在统计中，假设检验指的是对某个问题先做两个对立的结论（称作原假设和备择假设），然后通过比较某统计量的结果拒绝或不拒绝某一结论，拒绝其中一个表明不拒绝另一个。例如，原假设是新的药物并没有比安慰剂更加有效，备择假设为新药物比安慰剂有效。通过采用双盲试验得到服用新药的组别在治疗该病症的效果要远优于对照组。如果新药没有比安慰剂更有效的话（原假设成立的情况下），出现上述结果的概率会非常低，因此我们选择拒绝原假设，认为其备择假设成立。

在前文的研究中我们会直接给出随机变量的具体分布，分布的参数都是事先给定的，

---

① 简单来讲，这里的双盲试验是指找到若干个患者，分成对照组和试验组，给试验组新药，而给对照组和新药外观一致但无副作用的安慰剂。此时，患者不知道自己在试验组还是对照组，主治医生也不知道患者在哪一组，故称为双盲。

然后通过分布信息计算事件概率、分布数字特征等。然而，在统计推断中，我们需要依次回答以下问题。

（1）总体一定是服从某一分布的吗？

（2）如果总体服从某一分布，是什么分布？

（3）如果已经确定总体服从某一特定分布，那么分布中的参数信息如何确定或若干总体之间参数是否有差异？

回答第一个问题。我们认为现实生活中很多事件都是充满随机性的，而随机事件的发生蕴含着一定的规律，这些规律所含信息都会在总体分布中有所体现。分布是我们对现实生活中随机事件发生规律的抽象化总结，是一种理想化的工具。首先明确一点，现实中事件的发生是否与理想化的分布相对应，我们并不知道。从经验来看，很多事件的规律确实可以从理想化的分布中得到印证，从现实事件中总结的规律也符合理想化分布的特征，因此，我们相信总体"应该"服从某种分布。这是统计推断的基础和前提，也是统计学的信念所在。

回答第二个问题。我们现在认为总体服从某一分布，那么总体服从什么具体分布呢，是正态分布、指数分布还是均匀分布，或者其他分布？在这里，我们假定总体服从某一特定分布（如正态分布），或假定分布是连续的，但分布的参数是不知道的，即假定默认分布中除参数以外其他信息都已知。例如直接假定某地区人群身高服从正态分布，消费水平服从指数分布，但是分布中的参数是未知的。

回答第三个问题。如果分布已经知道了，由于参数是未知的，因此确定参数信息就相当于对参数进行估计，不同的估计方法会得到多种参数估计结果，那么哪种估计效果更优就是参数估计要解决的问题之一。6.3 节给出了数值型数据的统计推断方法，6.5 节提供了品质数据的统计推断方法。其次，若干总体参数间是否有显著差异属于假设检验解决的问题。因此，参数估计方法和假设检验方法是本章学习的重点。为了讲授估计和检验方法，学习一些基础的统计推断知识是必要的。6.1 节给出了统计推断中需要用到的抽样分布知识，6.2 节介绍了统计推断的理论基础，即大名鼎鼎的大数定律和中心极限定理。

6.1 抽 样 分 布

6.1.1 抽样分布的基本概念

在第 2 章中，我们已经介绍了总体和样本的概念以及二者之间的区别。概括来说，总体是研究的所有个体构成的集合，其中个体的数目常用 N 表示。从中随机抽取一部分个体构成了一个样本，样本中个体的数目常用 n 表示，称为样本容量或样本量。用来描述总体数量特征的是参数，常见的参数有总体均值 μ、总体方差 σ^2 和总体比例 π 等。统计量是用来描述样本数量特征的，它是由样本构造的函数（由于参数是未知的，因此样本量中不能包含参数），如样本均值 $\bar{x}$、样本方差 s^2 和样本比例 p。

总体是唯一的、固定不变的，参数往往是一个未知的常数。样本是不唯一的，例如从 100 人中抽取 30 人，即使都按照同样的抽样方法，两次抽取的样本都是不一样的，但样本一旦抽取出来就是已知的了。统计量是样本的函数,它在一次给定的样本中是已知的,同时统计量也可以看成随机变量,因为样本和总体服从相同的分布,亦即样本也是随机变量,因此统计量也是随机变量。抽样的目的就是要根据统计量去推断总体参数。例如常用样本均值$\bar{x}$去推断总体的均值μ,用样本方差S^2去推断总体方差σ^2。

由于统计量是随机变量,因此其抽样分布就是统计量的分布。例如样本均值的分布、样本比例的分布、样本方差的分布等都称为抽样分布。抽样分布可以看作由样本统计量的所有可能取值形成的相对频数分布,由于现实中不可能将所有可能的样本都抽出来,因此抽样分布实际上是一种理论分布。抽样分布在推断统计中具有重要的作用,它是后续参数估计和假设检验的基础。

6.1.2 三大抽样分布

1. 卡方分布

三大抽样分布

卡方变量是用希腊字母χ来命名,用符号χ^2表示,是由赫尔默特和皮尔逊分别于1875年和1990年推导出来的。

定义6.1 设随机变量X_1,X_2,$\cdots$,X_n独立且服从相同分布$N(0,1)$,则称

$$\chi_n^2 = \sum_{i=1}^{n} X_i^2 = X_1^2 + X_2^2 + \cdots + X_n^2$$

所服从的分布是自由度为n的卡方分布,记为$\chi_n^2 \sim \chi^2(n)$。

自由度是统计学中常用的概念,表示独立变量的个数。在定义6.1中,n个变量都可以自由取值,也可以说n个变量之间是独立的,因此自由度为n。

图6.1所示为当$n=1$、$n=2$、$n=4$、$n=10$和$n=12$时卡方分布的概率密度曲线,从图中可以看出,卡方分布的变量取值始终为正,分布的形状取决于其自由度n的大小,当样本量不大时,卡方分布是不对称的右偏分布。随着自由度的增大分布逐渐趋向于对称分布。

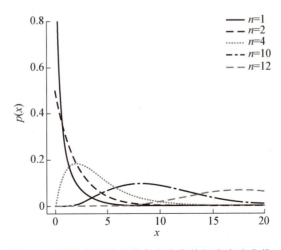

图6.1 不同容量样本的卡方分布的概率密度曲线

卡方分布具有以下性质。

(1) 若 $\chi_n^2 \sim \chi^2(n)$，则 $E(\chi_n^2) = n$，$D(\chi_n^2) = 2n$。

(2) 若 $X_1 \sim \chi^2(n_1)$，$X_2 \sim \chi^2(n_2)$，且 X_1 与 X_2 独立，则 $X_1 + X_2 \sim \chi^2(n_1 + n_2)$。

2. t 分布

早在 1900 年前后，统计学家发现正态分布并不适合小样本时的概率分布，戈塞特发现一些数据的直方图与标准正态分布有很大不同，他将这个新分布称为 student 分布，计算得出的值称为 t 值，t 分布有时也称学生氏分布。

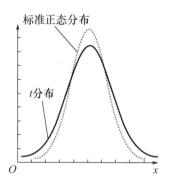

图 6.2　t 分布与标准正态分布的密度函数曲线

定义 6.2　设随机变量 $X \sim N(0, 1)$，$Y \sim \chi^2(n)$，且 X 与 Y 相互独立，则称随机变量

$$t = \frac{X}{\sqrt{Y/n}}$$

服从自由度为 n 的 t 分布，记作 $t \sim t(n)$。

如图 6.2 所示，t 分布的密度函数曲线与标准正态分布 $N(0, 1)$ 的密度函数曲线非常相似，也是一种对称分布，但 t 分布的密度函数曲线比标准正态分布的密度函数曲线顶峰要平一些，两侧的尾部比标准正态分布厚。

图 6.3 所示为当 $n=1$、$n=2$、$n=4$、$n=5$ 和 $n=10$ 时的 t 分布的密度函数曲线。随着自由度 n 的增大，t 分布的密度函数曲线越来越接近标准正态分布的密度函数曲线。当自由度大于 30 后，t 分布与标准正态分布差别很小，此时可以用标准正态分布近似代替 t 分布。

t 分布的性质如下。

(1) 若 $T \sim t(n)$，则 $E(T) = 0$，$D(T) = \dfrac{n}{n-2}$ $(n > 2)$。

(2) t 分布的密度函数曲线关于 $t = 0$ 对称。

3. F 分布

F 分布的命名是为了纪念英国统计学家费希尔，F 分布是统计学中重要的抽样分布。

定义 6.3　设 $X \sim \chi^2(m)$，$Y \sim \chi^2(n)$，且 X 与 Y 独立，则称

$$F = \frac{X/m}{Y/n}$$

所服从的分布是自由度为 (m, n) 的 F 分布（两个自由度），记作 $F \sim F(m, n)$。

图 6.4 所示为当自由度分别为 $(1, 10)$、$(5, 10)$、$(5, 20)$、$(10, 10)$、$(20, 20)$ 时的 F 分布的密度函数曲线图。可以看出，F 变量也是非负的。

F 分布的数学期望和方差分别为

$$E(F) = \frac{n}{n-2}, n > 2$$

$$D(F) = \frac{2n^2(m+n-2)}{m(n-2)^2(n-4)}, n>4$$

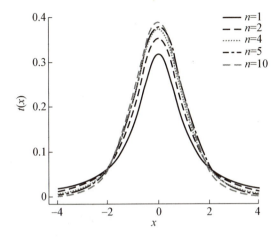

图 6.3　不同自由度的 t 分布的密度函数曲线

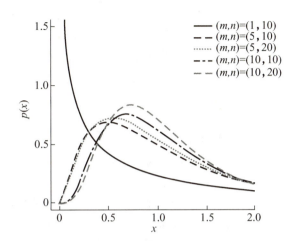

图 6.4　不同自由度的 F 分布的密度函数曲线

6.2　大数定律与中心极限定理

6.2.1　大数定律

虽然个别随机现象（抛掷硬币出现正面）在一次实验中可能发生也可能不发生，存在随机性，但是在大量重复的试验中却呈现出某种规律性，即随着试验次数的增加，该随机现象发生的频率（出现正面的次数与总试验次数之比）将稳定在某一数值附近（假如硬币是均匀的，则数值在 0.5 附近）。统计学家还发现，不只是频率具有稳定性，随机变量的平均值也具有稳定性。也就是说，与个别随机现象不同，大量随机现象的平均值不再是随机的，而是稳定在总体均值附近的。

大数定律指的是在大量重复的试验中，随机现象的频率（或样本平均值）往往会稳定在概率值（总体的数学期望）附近，试验次数越多（或样本量越大），则随机现象的频率（或样本平均值）越接近于概率值（或总体期望）。大数定律用严格的数学形式证明了随机现象的根本性质之一，即随着试验次数（或样本容量）的增加，**平均结果具有稳定性**，且稳定的值是概率（或总体的数学期望）。

例如，大量抛掷硬币出现正面的频率、生产过程中的废品率、英文字母的使用频率、多次测量的误差等随机现象，在大量的随机试验中事件发生的频率与某一常数（概率值）无限接近，或测量值的算术平均值与总体的数学期望无限接近。"大数"的意思指的是试验次数（或样本容量）是大量的，"无限接近"是指两个数几乎完全相等。

例如，某地区有 2000 万人，如果想知道所有人的平均身高（这里所有人即总体，总体的平均身高是理论上的真实值，即总体的数学期望），以随机抽取的 1 个人的身高作为所有人身高的估计值，那么估计值与真实值之间差距会非常大。如果随机抽取 10 个人的身高，计算所得的平均身高作为所有人的身高估计值，则与真实值之间的差距会变小。如果随机抽取 100 个人的身高，平均身高与真实值之间的差距会更小。可以继续下去，当随机抽取的样本数量足够多，这足够多的样本平均身高就无限接近于总体的平均身高。大数定律就是对以上例子的高度概括与总结。

下面介绍简略版本的大数定律。回忆一下，随机样本是服从相同分布且相互独立的随机变量，所以随机样本的数学期望、方差与总体的数学期望、方差相同。假设有随机样本 X_1，X_2，$\cdots$，X_n，则样本均值的定义为

$$\overline{X} = \frac{1}{n}\sum_{i=1}^{n} X_i$$

伯努利大数定律：在 n 次独立重复的试验中，某事件成功的频率与其概率值无限接近。

辛钦大数定律：如果随机样本的数学期望存在，则样本平均值与总体期望之间无限接近。

在测量物体的长度、温度、硬度等问题时，由于测量中存在误差，通常的做法是在几乎相同的条件下多次测量。由于受测量误差等因素的影响，每次的测量值都不会完全相同，而且测量值是随机变量，即在测量前并不知道测量值为多少，将 n 次测量值记为 X_1，X_2，$\cdots$，X_n，则物体的实际测量值的平均值 $\overline{X}$ 可以作为物体真实值的近似。因为根据大数定律，只要测量次数 n 足够大，实际测量值的平均值无限接近于真实值。由于在实际中无法做到 n 足够大，因此只要取到 n 大于某个正数后，就可以认为平均值近似等于真实值了。因此，大数定律可以看作广泛使用算术平均值的理论基础。

6.2.2 中心极限定理

中心极限定理

有时候统计学就像魔术一样，能够从少量的数据中推断出不可思议的结论。例如，我们只需要对上千个人进行电话调查，就能大致推断出全国的失业率。对一家企业抽查 100 件产品，就可以知道企业的产品合格率。这些一概而论的强大能力到底是从哪里来的呢？绝大多数其实来自中心极限定理，中心极限定理是许多统计活动的源泉。这些活动都有一个共同的特点，那就是使用样本对一个更大数量的对象进行推断，这种推断看上去似乎很神秘，但事实上它们只是我们已经探讨过的两个工具相结合的产物，这两个工具是概率和抽样。

在实际问题中，通常需要考虑许多随机因素所产生的综合影响。假如你所生活的城市正在举办一场专业的足球赛，来自全国各地的运动员齐聚一堂，准备一决高下，但是他们中很多人都不会说普通话。这一天有几名运动员外出迷路了，于是组委会发动大家一起找。恰巧的是，你看到附近有一辆公共汽车上坐着几个人，穿着宽松的运动服，他们没有一个人会说普通话。你肯定想这大概就是迷路的几个运动员。但是好像哪里不对劲，怪怪的，这辆车上的几名乘客看上去没有那么瘦。粗略扫一眼这些人，你觉得这些乘客的平均体重应该在 110kg，而你的常识告诉你专业的足球运动员一般体重不太可能这么重，于是你推断出可能不是这几个人。进一步调查发现这辆车上的几个人参加的是本地举行的另一场赛事——国际美食节，参加美食节的人也可能穿着宽松的运动服。如果你能够体会上述的推理过程，也就是说通过快速观察车上乘客的体型来判断出他们是专业的足球运动员的可能性较小，那么你就已经领会了中心极限定理的基本思想。一旦理解了中心极限定理的

思想，统计推断的绝大多数形式将会变得非常简单并且符合直觉。

中心极限定理的核心就是从总体中合理地抽取一个样本，样本与其所代表的总体之间存在着相似关系，不会存在较大差异。当然每个样本之间肯定存在差异，但是任何一个样本与总体之间存在巨大差异的可能性不大，也就是概率比较低。以上述例子来看，专业的足球运动员也有比较胖的，但是绝大多数专业足球运动员不会是胖的，一次出现好几位重量级运动员在一辆车上的概率可以说是非常低的，因此完全有理由认为这不是迷路的几个足球运动员。当然你的判断也有可能是错的，但是概率告诉你正确的可能性更大一些，这就是中心极限定理背后的思想。

通过中心极限定理，我们能够对如下的事情做出推断。

（1）如果我们掌握了某个总体的具体信息，就能推断出这个总体中正确抽取随机样本的情况。例如，我们知道了 400 名学习统计学的学生成绩的平均分和标准差，过了一段时间后，要想知道教学质量怎么样，要如何去衡量这样的事情呢？我们可以从现在的学生中随机抽取 50 名学生进行测试。这 50 名学生的成绩作为考核统计学教学质量的指标之一。是否需要担心这 50 名学生的成绩不能衡量出 400 名学生的平均水平？根据中心极限定理，这 50 名学生作为一个随机样本，其平均成绩不会与 400 名学生的平均成绩产生较大的差异。据此，掌握总体的特征能推断出样本信息。

（2）掌握了某个正确抽取样本的具体信息，就能推断出这个样本所代表的总体特征。也就是说，上面的例子也能反过来进行推断。例如，学院领导想要知道统计学这门课程的教学质量，通过随机抽取 50 名学生进行测试，得到这 50 名学生的平均成绩和标准差，根据这 50 名学生的成绩对整个 400 名学生的教学质量做出推断是否可行？答案是肯定的。因为中心极限定理告诉我们，一个正确抽取的样本不会与其代表的总体之间产生较大差异，也就是说随机抽取的 50 人的成绩能够很好地体现总体的情况。

（3）如果掌握了某个样本的数据及某个总体的数据，就能推断出样本是否属于该总体的样本。以上述专业足球运动员为例，如果我们已经知道专业足球运动员的平均体重在 75kg 左右，通过目测发现车里几个人的平均体重超过 100kg，那么该样本属于专业的足球运动员的概率就非常低，由此，我们可以推断出该样本不属于专业足球运动员。

（4）如果知道两个样本的基本特性，就能对两个样本是否取自同一总体做出推断。还以上述例子进行分析，如果你一次性发现了两辆车，一辆车上的几个人是参加国际美食节的，另一辆车上的人是参加足球比赛的运动员。通过目测发现两辆车的乘客平均体重有较大差异，例如一辆车上的乘客平均体重是 72kg，另一辆车上的乘客平均体重是 100kg，那么只要记住中心极限定理背后的逻辑，就可以判断出两辆车上乘客从同一群体中随机抽样的可能性很低。

依据中心极限定理做出上述推断，其实还是有可能犯错的，只是犯错误的概率很低。以上的分析全部来自中心极限定理，根据中心极限定理，**任意一个总体的样本平均值都会围绕在该总体的平均值周围，并呈现出正态分布。**

举个例子，家庭收入并不是呈现正态分布的，有些人的收入非常低，而有些人的收入又高得离谱。假设所有家庭的平均收入是 7 万元，那么根据中心极限定理得出的结论是，任何一个样本的平均值将会近似等于总体的平均值。也就是说，如果能合理地从总体中抽取 1000 个家庭，当然这样抽取的家庭应该具有良好的代表性，既要有无家可归者，又要有收入低的家庭、收入中等的家庭和收入很高的富裕家庭。那么我们可以推断这样仅仅包含 1000 个家庭的代表性样本的家庭年平均收入应该在 7 万元左右。这个数字可能并不准确，但是不会差得太多，只抽样一次误差可能会有些大。假设我们可以连续抽样 100 次，每次都抽取 1000 个家庭，并将它们的平均值出现的频率绘制在坐标轴上，那么我们可以看到在 7 万元附近会出现熟悉的钟形曲线，即正态公布。另外，为了能够使用中心极限定理进行推断，样本数量必须足够多，经验法则告诉我们至少要多于 30 个。

自从高斯指出测量误差服从正态分布之后，人们发现正态分布在自然界中极为常见。观察表明，如果一个量是由大量相互独立的随机因素影响造成的，而每个随机因素在总的影响中所起的作用不大，则这种随机变量一般都服从或近似服从正态分布。在统计学中，把证明其极限分布为正态分布的定理统称为中心极限定理。

中心极限定理：从正态总体 $N(\mu, \sigma^2)$ 中抽取 n 个样本，当样本容量 n 足够大时，则
$$\overline{X} \sim N(\mu, \sigma^2/n)$$

中心极限定理告诉我们，**当样本容量足够大时**，有以下结论。

（1）样本均值会落在总体期望的周围，也就是说，用样本均值去替代总体期望几乎没有差异。

（2）样本均值的方差缩减为总体的 $1/n$，也就是说，样本均值的离散程度比总体的离散程度要小，因此，用样本均值估计总体均值较为准确。

（3）实际上，宽泛的中心极限定理并不要求总体必须是正态分布，只要随机变量 X_1, X_2, …, X_n 相互独立且服从同一分布，数学期望和方差都存在，样本均值就服从正态分布，且
$$\overline{X} \sim N(\mu, \sigma^2/n)$$

（4）样本落在总体期望的 3 倍标准差之外几乎是不可能的。如图 6.5 所示，若样本均值服从正态分布，则我们能够得到大约有 68% 的样本均值会在总体期望的 1 倍标准差的范围内，总体期望的 2 倍标准差的范围内大约有 95% 的样本均值，总体期望的 3 倍标准差范围内大约有 99.7% 的样本均值。因此可以说，在总体期望的 3 倍标准差的范围内几乎（99.7% 的概率）包含所有的样本。回到前文的专业足球运动员的例子，假设我们知道所有专业足球运动员的体重均值为 90kg，标准差为 12，迷路的运动员有 9 人，则样本标准差为 $12/\sqrt{9}=4$，也就是几乎所有的专业运动员的体重都会在 $[90-3\times4, 90+3\times4] = [78, 102]$ 的范围之内，因此你见到一些穿着宽松的体重超过 102kg 的人员属于专业足球运动员的概率几乎为 0，所以你可以大胆地做出推断，这几个人并不是迷路的专业足球运动员。

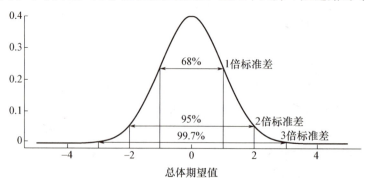

图 6.5 样本均值的分布图

6.3 数值型数据统计推断

6.3.1 点估计

通常我们比较关心总体的一些数字特征,如总体期望、方差、比例等。由于各种各样的原因,我们一般并不知道总体的全部信息,只知道从总体中抽取的随机样本的信息,希望通过随机样本的信息去对总体的特征进行推断。对总体的数字特征(称为参数)所做的推断称作参数估计。参数估计包含点估计和区间估计两种方法。

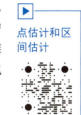

点估计和区间估计

常用的统计量如下:

$$\overline{X} = X_1 + X_2 + \cdots + X_n = \frac{1}{n}\sum_{i=1}^{n} X_i$$

$$S^2 = \frac{1}{n-1}\sum_{i=1}^{n}(X_i - \overline{X})^2$$

例如,用样本均值$\overline{X}$估计总体期望μ,用样本方差S^2估计总体方差σ^2,用样本比例p估计总体比例π。一般地,总体参数用θ表示,用以估计总体参数的统计量用$\hat{\theta}$表示,所谓点估计即用$\hat{\theta}$估计θ。用来估计总体参数的统计量称为估计量,常用大写字母表示。根据具体的样本计算所得的数值称为估计值,常用小写字母表示。例如,想了解某地区居民平均收入,平均收入即为参数,用θ表示,通过从该地区随机抽样得到100个人的样本,利用样本均值$\overline{X}$估计某地区居民平均收入θ,即用$\hat{\theta} = \overline{X}$估计$\theta$,如果已经得到100个人的收入数据,通过简单计算所得的数值,假如为4135元,则为估计值。

用样本的一个统计量的取值作为总体参数的估计称为**点估计**。简言之,点估计是用一个数值来估计参数。

根据上面的定义,只要是统计量的取值就可以作为参数的点估计。例如,为了估计某地区居民的平均收入,本地区某个居民的收入可以作为点估计,本地区随机抽两个居民的平均收入也可以作为点估计,同样的道理,3个居民、……、1000个居民的平均收入也可以作为点估计,甚至用本地区10000个居民的平均收入也可以作为点估计。因此,估计是不唯一的,那么评价在这些估计中哪个比较"好"? 也就是要对众多的点估计进行评价,在给定评价标准下找出哪个点估计更"好"。

需要说明的是,评价统计量的标准并不考虑抽样误差(随机样本所固有的波动性和随机性)。例如,现在我们以1000个居民的平均收入作为某地区居民平均收入的点估计,但是,不同的人、不同的时间,甚至同样的人在同样的时间进行若干次随机抽样,得到的点估计的估计值也不会完全相同,这是由抽样的随机性引起的。如果抽样方案没有缺陷的话,那么这些结论之所以不同,是由抽样误差造成的。

1. 点估计的评价标准

好的点估计具有一致性。一致性指的是当样本量逐渐增加时,统计量的值要与总体参数无限接近。根据中心极限定理可知，样本均值的方差是总体方差的 $1/n$，当样本容量增大时，样本均值的方差会趋向于 0，而这表明样本均值会非常接近于总体参数 μ。也就是说，样本容量的增大使得估计量的值更接近于参数。在估计量的选取中，满足一致性是对估计量最基本的要求。

估计量的评价标准

好的点估计具有无偏性。 如果估计量的数学期望等于估计参数，则称估计量是无偏的。直观理解是，一个好的估计量在一次抽样中的估计值可能不等于参数值，但是如果进行大量重复的抽样，其平均值应该和参数值相等。如果大量重复抽样后得到的统计量的平均估计值不等于总体参数，就称这种估计是有偏的。

好的点估计具有有效性。 虽然满足无偏性的估计量是一个好的估计量，但是无偏估计的一大缺陷在于不唯一，因此当同时存在若干个无偏估计量时，如何对这些估计进行评价？从直觉上来看，方差是衡量数据离散程度的重要指标，那么在众多无偏估计中选择方差（或标准差）更小的那个估计量就应该会更好，也就是说，若干个无偏估计中，方差越小的越有效。

2．点估计的常用方法

点估计的方法有很多，下面介绍常用的矩估计和极大似然估计。

（1）矩估计

矩估计是由英国统计学家皮尔逊于 1894 年提出的，其思想是用样本矩去估计总体矩，例如用样本均值直接去估计总体期望。由大数定律知，简单随机样本的原点矩依概率收敛到相应的总体原点矩，这就引导我们用样本矩替代总体矩，进而得到未知参数的估计，基于这种思想求估计量的方法称为矩法估计。用矩法估计计算所得的估计称为矩估计。

矩估计的求解步骤如下。

① 根据总体分布计算总体矩，总体的一阶矩即总体期望，通常有几个参数就计算几阶矩，总体矩中应包含待估计的参数。

② 直接写出样本矩，样本的一阶矩即为样本均值，根据总体矩的个数写样本矩的个数。

③ 令样本矩等于总体矩，求解出参数，进而得到估计量。

【例 6.1】 有一批零件，其长度 $X \sim N(\mu, \sigma^2)$，现从中任意抽取 4 件，测得长度（单位：mm）分别为 12.6，13.4，12.8，13.2，试估计 μ 和 σ^2 的值。

解： 由题中数据计算可得到

$$\bar{x} = \frac{1}{4}(12.6+13.4+12.8+13.2) = 13$$

$$s^2 = \frac{1}{4-1}[(12.6-13)^2+(13.4-13)^2+(12.8-13)^2+(13.2-13)^2] = 0.133$$

即 μ 和 σ^2 的估计值分别为 13 和 0.133。

【例 6.2】 设总体 X 的概率密度为

$$f(x;\theta) = \begin{cases} \theta x^{\theta-1}, & 0 < x < 1 \\ 0, & \text{其他} \end{cases}$$

$X_1, X_2, \cdots, X_n$ 为来自总体 X 的样本，$x_1, x_2, \cdots, x_n$ 为样本值，求参数 θ 的矩估计。

解：先求总体期望如下。

$$E(x) = \int_0^1 x \cdot \theta x^{\theta-1} dx = \theta \int_0^1 x^\theta dx = \frac{\theta}{\theta+1} x^{\theta+1} \Big|_0^1 = \frac{\theta}{\theta+1}$$

令一阶矩样本均值等于总体期望，有

$$\overline{x} = \frac{\theta}{\theta+1}$$

得到

$$\widehat{\theta} = \frac{\overline{X}}{1-\overline{X}}$$

为参数 θ 的矩估计。

(2) 极大似然估计

极大似然估计是利用已知的样本结果，反推最有可能导致这样结果的参数。也就是说，在参数的一切可能取值中，选取一个使得样本观察值出现的概率最大（表示最有可能）的值作为参数的估计值。

思考：有一个新手猎人和一个资深猎人，他们一起去森林打猎。刚进森林不久，人们听到"砰"的一声枪响，猎人打中了猎物。请问，猎物是谁打中的？如果这一个问题不好回答，那么请问谁最有可能打中猎物？为什么？

我们关心的是谁打中了猎物，有可能是新手猎人，也有可能是资深猎人，谁打中好像不容易知道。

如果让你猜测是谁打中了，你一定会猜是资深猎人打中的。为什么？因为资深猎人经验丰富，刚进去森林不久就能打到猎物，这一定是老手所为。因此，猜测是资深猎人打中犯错的可能较小，也就是说，资深猎人打中猎物的可能性比新手猎人打中的可能性要大。

极大似然估计使用的就是上述问题的思考模式。假如你母亲回到家看见你在玩游戏，她可能会说：怎么一天就知道玩游戏。对于上面这个场景来说，你母亲就已经运用了极大似然估计的思想。从她回家看到你在玩游戏推断出你今天一天都在玩游戏的可能性很大，极大似然估计的思想就是这样（也许是你母亲不喜欢你把时间花在玩游戏上，一见到你玩游戏就会这么说）。

在极大似然估计中，假设已经取得样本观察值 $x_1, x_2 \cdots, x_n$，其联合概率密度函数为 $\prod_{i=1}^{n} f(x_i; \theta)$，将其看作参数的函数，即似然函数。直观地讲，这些样本数据 $x_1, x_2 \cdots, x_n$ 已经出现了，所以它们同时发生的概率（似然函数）取最大值的时候最有可能是参数的估计值。通过最大化似然函数可以得到估计值。

极大似然估计求解步骤如下。

① 写出似然函数

$$L(\theta) = L(x_1, x_2 \cdots, x_n; \theta) = \prod_{i=1}^{n} f(x_i; \theta)$$

② 对似然函数取对数，以方便求解。

③ 如果似然函数可导，可以通过对参数求导数得到最大值点，即参数的最大似然估计值。

【例 6.3】 设总体 X 服从参数为 λ 的指数分布，即

$$f(x;\lambda)=\begin{cases}\lambda e^{-\lambda x}, & x>0 \\ 0, & x\leqslant 0\end{cases},(\lambda>0)$$

又 $x_1, x_2, \cdots, x_n$ 为来自总体的样本值，求 λ 的极大似然估计。

解： 似然函数为

$$L(\lambda)=L(x_1,x_2,\cdots,x_n;\lambda)=\lambda^n\prod_{i=1}^n e^{-\lambda x_i}=\lambda^n\exp(-\lambda\sum_{i=1}^n x_i)$$

对数似然函数为

$$\ln L = n\ln\lambda - \lambda\sum_{i=1}^n x_i$$

求导数：

$$\frac{d\ln L}{d\lambda}=\frac{d}{d\lambda}(n\ln\lambda-\lambda\sum_{i=1}^n x_i)=\frac{n}{\lambda}-\sum_{i=1}^n x_i$$

求最大值点，令

$$\frac{d\ln\lambda}{d\lambda}=\frac{n}{\lambda}-\sum_{i=1}^n x_i=0$$

得到

$$\hat{\lambda}=\frac{n}{\sum_{i=1}^n x_i}=\frac{1}{\bar{x}}$$

$$\hat{\lambda}=\frac{1}{\bar{x}}$$

经验证，$\ln L(\lambda)$ 在 $\lambda=\hat{\lambda}=1/\bar{x}$ 处达到最大，所以 $\hat{\lambda}$ 是 λ 的极大似然估计。

【例 6.4】 设 X 服从两点分布，$P\{X=1\}=p$，其中 p 未知，$x_1, x_2, \cdots, x_n$ 为来自总体的样本值，求 p 的极大似然估计。

解： 两点分布的分布律为

$$p\{X=x\}=(1-p)^{1-x}p^x, x=0,1$$

似然函数为

$$L(x_1,x_2,\cdots,x_n;\theta)=\prod_{i=1}^n P(X_i=x_i)=\prod_{i=1}^n (1-p)^{1-x_i}p^{x_i}$$

对数似然函数为

$$\ln L=\sum_{i=1}^n[(1-x_i)\ln(1-p)+x_i\ln p]$$

求导数，令

$$\frac{d\ln p}{dp}=\frac{1}{p}\sum x_i-\frac{1}{1-p}\sum(1-x_i)=0$$

求最大值点：

$$(1-p)\sum x_i - p\sum(1-x_i) = 0$$
$$np = \sum x_i \Rightarrow \hat{p} = \bar{x}$$
$$\hat{p} = \bar{x}$$

所以 p 的极大似然估计为 $\bar{x}$。

6.3.2 区间估计

为什么需要区间估计呢？区间估计的思想是什么？

例如，明天有一场足球赛，两支队伍（A 队和 B 队）势均力敌，历史数据显示两支队伍比赛成绩胜负参半。你和你的室友都在预测明天的比赛结果，你做的估计是"A 队明天能进 3 个球"（这是一个点估计），你的室友的估计是"A 队能进 2～4 个球"（这是一个区间估计）。相对而言，你室友的估计比你的估计包含更多可能，因此估计正确的可能性也较大。你只估计了一个点，而你的室友估计的是 2、3、4 三个点，获胜的可能性会大得多。这时你不服气，说根据我最新的估计"A 队进球数量为 0～10 个"（历史上一场专业对抗赛中超过 2 位数的进球数量屈指可数，进球数量为 0～10 个几乎是一个必然事件了。对必然事件的估计有什么意义？），这样就纯属赖皮了。为了防止这种无意义的情况发生，区间估计不但要给出一个区间来对参数进行估计，还要给出参数落在该区间的概率。例如，按照区间估计的表述，你室友的估计严谨一点应该是"我有 95% 的把握，明天 A 队能进 2～4 个球"。怎么理解此处的 95% 呢，在区间估计里，95% 的概率指的是如果明天的比赛能够在相同条件下进行 100 场（虽然这是不可能的，但是不妨想象一下这样的情况），那么在 100 场比赛里，大概有 95 场 A 队真正的进球数量为 2～4 个（这里和区间估计有些许差异，但可以先这样理解）。以上就是区间估计的思想。

点估计是通过一个统计量的取值对总体参数进行估计，而区间估计则是通过一个统计量及其估计误差组成的区间对总体参数进行估计。

寻找总体参数的区间估计方法如下。

（1）使用正确的枢轴量[①]。

（2）写出区间估计：统计量加（减）抽样误差组成的区间。

以上得到的由统计量和抽样误差组成的区间称为**置信区间**，区间的左端点（右端点）称为置信下（上）限。在统计中，我们认为如果能够在相同条件下重复进行多次（例如 100 次）试验，会得到 100 个区间估计结果，每个区间估计结果都是统计量与抽样误差构成的区间（注意：由于进行了 100 次试验，每次抽取的样本不同，统计量的值也不会每次都相同，因此这 100 个区间估计是不一样的），在这么多次的区间估计中，大约有 95%（如果是 100 次，大概有 95 次）的区间会包含真实的参数值，剩下的 5% 的区间没有包含真实参数。我们将包含真实参数的比例称为置信水平，常用 $1-\alpha$ 表示，又称**置信度**。

因此，总体参数的置信区间用一个统计量加（减）抽样误差得到。

置信区间：（统计量－抽样误差，统计量＋抽样误差）

---

① 枢轴量是包含统计量与未知参数的量，且枢轴量的分布可以知道。在做区间估计时会给出相应的枢轴量，你只要记住，不同的区间估计需要用不同的枢轴量，以及该枢轴量服从什么分布即可。

思考：如果试验能在同等条件下进行 100 次，每次都会获得一个区间估计，共有 100 个区间估计结果，那么真实参数大概会落在其中的 95 个里面，会有 5 个区间估计的结果不包含真实参数。问题是：现实生活中的很多事件是不可能发生 100 次的，或者即使能够发生也不可能在相同条件下发生，大部分事件只会发生 1 次。在发生 1 次的情况下，我们能否用区间估计做出什么推断？（明天的比赛结果不还是未知的吗？）

是的，只发生一次，我们可以这样想。对于还未发生的随机事件，如果该事件能发生 100 次，我做出的推断（区间估计）中有 95 次都是正确的，既包含了未知参数，也给出了置信度。那么对于明天未知的事件，我是不是有更大的可能会推断正确。因此，在对只发生一次的事件的推断中，我当然会选择可能性更大的估计结果。这就类似职业组和业余组进行对抗赛，100 次对抗中业余组大概只有 5 次能赢得比赛，其他 95 次职业组会赢得比赛。明天他们只进行一次比赛，你会推断哪组会赢得比赛？答案是显然的。

研究人员在收集数据时通常取到的是少量样本，没人能够知道在一次试验中由这个样本计算的置信区间是否包含均值。统计学家希望这个区间是大量包含真值的区间中的一个，这当然会犯错，但犯错的概率很小，因此我们会冒着犯很小错的概率进行推断。完全不犯错的推断只有两种：要么是不做任何推断，要么是对必然事件做出的无意义推断。

如果你留心就会发现，我们从来没有用过"真实参数属于区间估计的概率是 95％"的陈述，用的都是"区间包含参数的概率"或"参数落在区间的概率"，之所以这么别扭是因为在经典的统计学中，我们认为总体的参数是固定的数，但是这个数是未知的，而我们估计的区间估计由于样本的不同导致统计量不同，从而每次获得的区间估计都不同，区间估计是不固定的。只有参数是变化的而区间是固定的时候，才能说参数属于区间，而**区间估计中参数是固定的（未知的数）而区间是变化的**。一个区间估计类似是为了捕获未知参数而撒出的网，我们能推断出在这个点撒网能有 95％的次数捕获到真实参数。但是，我们永远不会知道，通过样本数据所得到的区间是否包含了真实参数。区间估计的理论告诉我们：如果能在相同情况下重复 100 次，在 95％的情况下会包含真实参数。

事实上，你也可能已经发现了，如果你认为 95％的置信水平太低，想更加准确地估计真实参数，例如 100 次中有 99 次的区间估计能包含真实参数，不妨使用 99％的置信区间。相应地，付出的代价是区间估计的长度会变长。如果你要对一个人的最终寿命 100 次全部估计正确，那么 [0, 150] 岁可能是一个"好"的但无意义的区间估计。因此，如果提高了估计精度，付出的代价是区间估计长度变大；如果区间估计变短一些，那么估计的精度就会降低。我们需要在估计真实参数的精度和区间长度之间做出权衡取舍。在同种情况下既要区间估计变短，精度又不减少或减少不多，增大样本容量是一个好的选择。

下面介绍几种常用的区间估计。

总体均值的区间估计

1. 总体均值的区间估计

（1）**如果总体服从正态分布且方差 σ^2 已知时，或者总体不服从正态分布但样本量较大时（例如大于 30），样本均值的抽样分布服从正态分布，期望与总体均值 μ 相同，方差为总体方差的 $1/n$**，即

$$\bar{x} \sim N(\mu, \sigma^2/n)$$

则总体均值 μ 在 $1-\alpha$ 置信水平下的置信区间为

$$\bar{x} \pm z_{\alpha/2} \frac{\sigma}{\sqrt{n}} = (\bar{x} - z_{\alpha/2} \frac{\sigma}{\sqrt{n}}, \bar{x} + z_{\alpha/2} \frac{\sigma}{\sqrt{n}}) \tag{6.1}$$

其中，n 为样本容量；μ 为总体均值；σ 为总体的标准差；$\bar{x} - z_{\alpha/2}\sigma/\sqrt{n}$ 和 $\bar{x} + z_{\alpha/2}\sigma/\sqrt{n}$ 为置信下（上）限；$z_{\alpha/2}\sigma/\sqrt{n}$ 是估计总体期望的估计误差；α 是事先给定的概率值；$1-\alpha$ 是置信水平，表示总体的均值参数落在置信区间的概率；$z_{\alpha/2}$ 是标准正态分布的分位数，可以通过查标准正态分布表（附表2）得到。

记住几个特殊的标准正态分布分位数非常有用。例如，$z_{0.05}=1.645$，$z_{0.025}=1.96$，$z_{0.005}=2.58$。注意，$z_{\alpha/2}$ 的下标是 $\alpha/2$，因此，上述三个分位数对应的 α 值分别为 0.1、0.05、0.01，对应的 $1-\alpha$ 是 90%、95% 和 99% 置信水平。正态分布的其他分位数点可以通过 Excel 中输入函数 "=abs（NORMSINV（alpha））" 得到。

【例 6.5】 某快餐店想要估计每位顾客午餐的平均消费金额，假定平均消费服从正态分布，选取了 49 名顾客的随机样本。如果样本均值为 120 元，总体标准差为 15 元，求总体均值 μ 的 95% 的置信区间。

解： 由于总体服从正态分布且方差已知，因此可以按照式（6.1）计算置信区间。置信水平 $1-\alpha=95\%$，因此 $\alpha=0.05$，利用分位数值得 $z_{0.025}=1.96$，故总体均值 μ 的 95% 的置信区间为

$$\bar{x} \pm Z_{\alpha/2} \frac{\sigma}{\sqrt{n}} = 120 \pm 1.96 \times \frac{15}{\sqrt{49}} = 120 \mp 4.20$$

即所有顾客午餐平均消费水平的 95% 置信区间为（115.8，124.2）元。

（2）**如果样本量足够大，总体服从正态分布但方差 σ^2 未知，或总体不服从正态分布但样本量足够大**，可以通过用样本方差 s^2 代替总体方差 σ^2，此时总体均值 μ 在 $1-\alpha$ 置信水平下的置信区间为

$$\bar{x} \mp z_{\alpha/2} \frac{s}{\sqrt{n}} = (\bar{x} - z_{\alpha/2} \frac{s}{\sqrt{n}}, \bar{x} + z_{\alpha/2} \frac{s}{\sqrt{n}}) \tag{6.2}$$

式（6.2）相当于在式（6.1）中将总体标准差 σ 换成样本标准差 s。

【例 6.6】 总体服从正态分布，方差未知，样本量 $n=32$，样本均值 $\bar{x}=119.6$，样本标准差 $s=0.974$，计算置信水平为 90% 时总体均值 μ 的置信区间。

解： 总体服从正态分布，方差未知，但属于大样本，因此可以按照式（6.2）计算置信区间。置信水平 $1-\alpha=90\%$，因此 $\alpha=0.1$，利用分位数值得 $z_{0.05}=1.645$，结合 $\bar{x}=119.6$，$s=0.974$，$n=32$，可得总体均值 μ 的 90% 的置信区间为

$$\bar{x} \pm Z_{\alpha/2} \frac{s}{\sqrt{n}} = 119.6 \pm 1.645 \times \frac{0.974}{\sqrt{32}} = 119.6 \pm 0.283$$

即总体均值 μ 的 90% 的置信区间为（119.317，119.883）。

（3）**如果总体服从正态分布且方差 σ^2 未知，样本量较小时**（小于 30），样本均值不再服从正态分布，而是服从 t 分布，即

$$t = \frac{\bar{x} - \mu}{s/\sqrt{n}} \sim t(n-1)$$

因此，可以依据 t 分布计算总体均值 μ 在 $1-\alpha$ 置信水平下的置信区间为

$$\bar{x} \pm t_{\alpha/2}(n-1) \frac{s}{\sqrt{n}} = \left[\bar{x} - t_{\alpha/2}(n-1) \frac{s}{\sqrt{n}}, \bar{x} + t_{\alpha/2}(n-1) \frac{s}{\sqrt{n}}\right] \tag{6.3}$$

式中，$t_{\alpha/2}(n-1)$ 是自由度为 $(n-1)$ 时的 t 分布分位数。这个分位数需要查 t 分布的分布表（附表3）得到，也可以在 Excel 中输入函数"=TINV（α，n-1）"，第一个参数输入 α 的值，第二个参数输入样本量减去 1 的值。

【例 6.7】 从一个正态总体中随机抽取样本量为 8 的样本，各样本值分别为：10，8，12，15，6，13，5，11，求总体均值 μ 的 95% 的置信区间。

解： 总体服从正态分布，方差未知，且样本量较小，依据式（6.3）可计算区间估计。置信水平 $1-\alpha=95\%$，因此 $\alpha=0.05$，利用分位数值得 $t_{0.05/2}(8-1)=2.365$，$n=8$，计算得

$$\bar{x}=\frac{\sum_{i=1}^{n}x_i}{n}=\frac{10+8+12+15+6+13+5+11}{8}=10$$

$$s=\sqrt{\frac{1}{n-1}\sum_{i=1}^{n}(x_i-\bar{x})^2}=3.46$$

总体均值 μ 的 95% 的置信区间为

$$\bar{x}\pm t_{\alpha/2}\frac{s}{\sqrt{n}}=10\pm 2.365\times\frac{3.46}{\sqrt{8}}=10\pm 2.89$$

即总体均值 μ 的 95% 的置信区间为（7.11，12.89）。

总体均值的区间估计总结如下。

① 方差已知，则区间估计公式为 $\bar{x}\pm z_{\alpha/2}\frac{\sigma}{\sqrt{n}}$。

② 方差未知、大样本，则区间估计公式为 $\bar{x}\pm z_{\alpha/2}\frac{s}{\sqrt{n}}$。

③ 方差未知、非大样本、总体服从正态分布，则区间估计公式为 $\bar{x}\pm t_{\alpha/2}\frac{s}{\sqrt{n}}$。

总体比例的区间估计

2. 总体比例的区间估计

设总体比例为 π，**如果样本量足够大**，样本比例 p 的抽样分布可用正态分布近似。由于比例 p 的数学期望为 $E(p)=\pi$，方差为 $\sigma_p^2=\pi(1-\pi)/n$。样本比例经标准化后的随机变量服从标准正态分布，即

$$Z=\frac{p-\pi}{\sqrt{\pi(1-\pi)/n}}\sim N(0,1)$$

当总体比例 π 已知时，总体比例 π 在 $1-\alpha$ 置信水平下的置信区间为

$$p\pm z_{\alpha/2}\sqrt{\frac{\pi(1-\pi)}{n}}$$

当总体比例 π 未知时，用样本比例 p 代替 π，这时，总体比例 π 在 $1-\alpha$ 置信水平下的置信区间为

$$p\pm z_{\alpha/2}\sqrt{\frac{p(1-p)}{n}}$$

【例 6.8】 在一项家电产品调查中，随机抽取了 200 户居民，调查他们是否购买过某一品牌的电视机，样本数据显示购买过该品牌电视机的家庭比例为 23%。求 95% 的置信

水平下的总体比例置信区间。

解： 由于总体比例未知，因此需要将样本比例代替总体比例。已知 $n=200$，$p=0.23$，$\alpha=0.05$，$z_{0.025}=1.96$。总体比例 π 的 95% 的置信区间为

$$p \pm z_{\alpha/2}\sqrt{\frac{p(1-p)}{n}} = 0.23 \pm 1.96 \times \sqrt{\frac{0.23\times(1-0.23)}{200}} = 0.23 \pm 0.06$$

即 (0.17, 0.29)。

3. 总体方差的区间估计

<u>假设总体服从正态分布</u>，则样本方差服从卡方分布，即

$$\frac{(n-1)S^2}{\sigma^2} \sim \chi^2(n-1)$$

对于给定的置信水平，总体方差 σ^2 在 $1-\alpha$ 置信水平下的置信区间为

$$\left(\frac{(n-1)s^2}{\chi^2_{\alpha/2}(n-1)}, \frac{(n-1)s^2}{\chi^2_{1-\alpha/2}(n-1)}\right)$$

假设某产品的硬度服从正态分布，从中抽取了 31 个产品，测得 31 个产品的硬度均值为 121.33，样本方差为 43，计算总体方差 σ^2 的 95% 的置信区间。

已知 $n=31$，$s^2=43$，$\alpha=0.05$，$\chi^2_{0.025}(31-1)=46.9792$，$\chi^2_{0.975}(31-1)=16.7908$（附表4），总体方差 σ^2 的 95% 的置信区间为

$$\left(\frac{(31-1)\times 43}{46.9792}, \frac{(31-1)\times 43}{16.7908}\right) = (27.46, 76.83)$$

即总体方差 σ^2 的 95% 的置信区间为 (27.46, 76.83)。

4. 两个总体均值之差的区间估计

(1) <u>如果两个总体都服从正态分布，或两个总体不服从正态分布但都是大样本</u>（$n_1 \geqslant 30$ 和 $n_2 \geqslant 30$），则两个样本均值之差 $\mu_1-\mu_2$ 的抽样分布服从期望值为 $\overline{x_1}-\overline{x_2}$、方差为 $\sigma_1^2/n_1+\sigma_2^2/n_2$ 的正态分布，即

两个总体均值之差的区间估计

$$Z = \frac{(\overline{x_1}-\overline{x_2})-(\mu_1-\mu_2)}{\sqrt{\frac{\sigma_1^2}{n_1}+\frac{\sigma_2^2}{n_2}}} \sim N(0,1)$$

如果两个总体的方差 σ_1^2 和 σ_2^2 都已知，则两个总体均值之差 $\mu_1-\mu_2$ 在 $1-\alpha$ 置信水平下的置信区间为

$$(\overline{x_1}-\overline{x_2}) \pm z_{\alpha/2}\sqrt{\frac{\sigma_1^2}{n_1}+\frac{\sigma_2^2}{n_2}}$$

如果两个总体的方差 σ_1^2 和 σ_2^2 未知，可用两个样本方差 s_1^2 和 s_2^2 来代替，此时两个总体均值之差 $\mu_1-\mu_2$ 在 $1-\alpha$ 置信水平下的置信区间为

$$(\overline{x_1}-\overline{x_2}) \pm z_{\alpha/2}\sqrt{\frac{S_1^2}{n_1}+\frac{S_2^2}{n_2}}$$

【例 6.9】 从两个正态总体中分别抽取两个独立的随机样本，它们的均值分别为 25 和 23，方差分别为 16 和 20，设 $n_1=n_2=100$，求 $\mu_1-\mu_2$ 的 95% 置信水平下的置信区间。

解： 两个样本均为独立大样本，但 σ_1^2 和 σ_2^2 未知。当 $\alpha=0.05$ 时，$z_{0.05/2}=1.96$，$\mu_1-\mu_2$

的 95% 置信水平下的置信区间为

$$(\bar{x}_1 - \bar{x}_2) \pm z_{\alpha/2} \sqrt{\frac{s_1^2}{n_1} + \frac{s_2^2}{n_2}} = (25-23) \pm 1.96 \sqrt{\frac{16}{100} + \frac{20}{100}} = 2 \pm 1.176$$

即置信区间为（0.824，3.176）。

(2) **假定两个样本都是从正态总体抽取的独立样本，且样本量不大**，此时，两个样本均值之差服从正态分布。

当两个总体方差 σ_1^2 和 σ_2^2 已知时，两个总体均值之差的 $1-\alpha$ 置信水平下的置信区间为

$$(\bar{x}_1 - \bar{x}_2) \pm z_{\alpha/2} \sqrt{\frac{\sigma_1^2}{n_1} + \frac{\sigma_2^2}{n_2}}$$

当两个总体的方差 σ_1^2 和 σ_2^2 未知但相等时，用两个样本方差 s_1^2 和 s_2^2 替代，此时先给出总体方差的合并估计量 s_p^2，即

$$s_p^2 = \frac{(n_1-1)s_1^2 + (n_2-1)s_2^2}{n_1 + n_2 - 2}$$

两个样本均值之差经标准化后服从自由度为 n_1+n_2-2 的 t 分布，即

$$t = \frac{(\bar{x}_1 - \bar{x}_2) - (\mu_1 - \mu_2)}{s_p \sqrt{\frac{1}{n_1} + \frac{1}{n_2}}} \sim t(n_1 + n_2 - 2)$$

因此，两个总体均值之差 $\mu_1 - \mu_2$ 在 $1-\alpha$ 置信水平下的置信区间为

$$(\bar{x}_1 - \bar{x}_2) \pm t_{\alpha/2}(n_1 + n_2 - 2) s_p \sqrt{\frac{1}{n_1} + \frac{1}{n_2}}$$

【例 6.10】 设 $n_1 = n_2 = 10$，且 $\sigma_1^2 = \sigma_2^2$，求 $\mu_1 - \mu_2$ 的 95% 置信水平下的置信区间。

解：由于两个样本均为来自正态总体的独立小样本，σ_1^2 和 σ_2^2 未知但相等，需要用各样本的方差 s_1^2 和 s_2^2 来估计，总体方差的合并估计量 s_p^2 为

$$s_p^2 = \frac{(n_1-1)s_1^2 + (n_2-1)s_2^2}{n_1 + n_2 - 2} = \frac{(10-1) \times 16 + (10-1) \times 20}{10 + 10 - 2} = 18$$

当 $\alpha = 0.05$ 时，$t_{0.05/2}(10+10-2) = 2.101$。$\mu_1 - \mu_2$ 的 95% 置信水平下的置信区间为

$$(\bar{x}_1 - \bar{x}_2) \pm t_{\alpha/2}(n_1 + n_2 - 2) s_p \sqrt{\frac{1}{n_1} + \frac{1}{n_2}}$$

$$= (25-23) \pm 2.101 \sqrt{18 \times \left(\frac{1}{10} + \frac{1}{10}\right)} = 2 \pm 3.986$$

即置信区间为（-1.986，5.986）。

当两个总体的方差 σ_1^2 和 σ_2^2 未知且不相等时，两个样本均值之差近似服从自由度为 v 的 t 分布，自由度 v 的计算公式为

$$v = \frac{\left(\dfrac{s_1^2}{n_1} + \dfrac{s_2^2}{n_2}\right)}{\dfrac{\left(\dfrac{s_1^2}{n_1}\right)^2}{n_1 - 1} + \dfrac{\left(\dfrac{s_1^2}{n_2}\right)^2}{n_2 - 1}}$$

则两个总体均值之差在 $1-\alpha$ 置信水平下的置信区间为

$$(\overline{x}_1-\overline{x}_2)\pm t_{\alpha/2}(v)\sqrt{\frac{s_1^2}{n_1}+\frac{s_2^2}{n_2}}$$

【例 6.11】 设 $n_1=n_2=10$，且 $\sigma_1^2\neq\sigma_2^2$，求 $\mu_1-\mu_2$ 的 95% 置信水平下的置信区间。

解：由于两个样本均为来自正态总体的独立小样本，σ_1^2 和 σ_2^2 未知且不相等，$n_1=n_2=10$，因此，$\mu_1-\mu_2$ 的 95% 置信水平下的置信区间为

$$(\overline{x}_1-\overline{x}_2)\pm t_{\alpha/2}(v)\sqrt{\frac{s_1^2}{10}+\frac{s_2^2}{10}}$$

自由度的计算如下：

$$v=\frac{\left(\frac{s_1^2}{n_1}+\frac{s_2^2}{n_2}\right)}{\frac{\left(\frac{s_1^2}{n_1}\right)^2}{n_1-1}+\frac{\left(\frac{s_2^2}{n_2}\right)^2}{n_2-1}}=\frac{\left(\frac{16}{10}+\frac{20}{10}\right)^2}{\frac{\left(\frac{16}{10}\right)^2}{10-1}+\frac{\left(\frac{20}{10}\right)^2}{10-1}}=17$$

当 $\alpha=0.05$ 时，$t_{0.05/2}(17)=2.11$。$\mu_d=\mu_1-\mu_2$ 的 95% 置信水平下的置信区间为

$$(\overline{x}_1-\overline{x}_2)\pm t_{\alpha/2}(v)\sqrt{\frac{s_1^2}{n_1}+\frac{s_2^2}{n_2}}=(25-23)\pm 2.11\times\sqrt{\frac{16}{10}+\frac{20}{10}}=2\pm 4.003$$

即置信区间为 (−2.003, 6.003)。

5. 两个总体比例之差的区间估计

两个总体比例之差的区间估计

大样本情况下，两个二项总体比例之差近似服从正态分布，$\pi_1-\pi_2$ 在 $(1-\alpha)$ 置信水平下的置信区间为

$$(p_1-p_2)\pm z_{\alpha/2}\sqrt{\frac{p_1(1-p_1)}{n_1}+\frac{p_2(1-p_2)}{n_2}}$$

【例 6.12】 在某个运动产品的购买力调查中，A 城市随机调查了 100 人，有 36% 的人购买过该产品；B 城市随机调查了 100 人，购买过该产品的比例为 20%。以 95% 的置信水平估计两城市购买比例之差的置信区间。

解：A 城市购买比例为 $p_1=36\%$，B 城市购买比例为 $p_2=20\%$，$\alpha=0.05$ 时，$z_{0.05/2}=1.96$。因此，总体比例之差 $\pi_1-\pi_2$ 在 95% 置信水平下的置信区间为

$$(p_1-p_2)\pm z_{\alpha/2}\sqrt{\frac{p_1(1-p_1)}{n_1}+\frac{p_2(1-p_2)}{n_2}}$$

$$=(36\%-20\%)\pm 1.96\times\sqrt{\frac{36\%(1-36\%)}{100}+\frac{20\%(1-20\%)}{100}}=16\%\pm 12.25\%$$

即 A 和 B 两城市购买比例差值在 95% 置信水平下的置信区间为 (3.75%, 28.25%)。

6. 两个总体方差之比的区间估计

在研究两种不同方法的效果稳定性比较时，可以使用两个总体方差之比的区间估计。**假设两独立总体服从正态分布**，样本量分别为 n_1 和 n_2，样本方差分别为 s_1^2 和 s_2^2，由于

$$\frac{s_1^2}{\sigma_1^2}\Big/\frac{s_2^2}{\sigma_2^2}\sim F(n_1-1,n_2-1)$$

因此，两总体方差之比 σ_1^2/σ_2^2 在 $1-\alpha$ 置信水平下的置信区间为

$$\left(\frac{s_1^2/s_2^2}{F_{\alpha/2}(n_1-1,n_2-1)}, \frac{s_1^2/s_2^2}{F_{1-\alpha/2}(n_1-1,n_2-1)}\right)$$

假设随机抽取了原生产线和新生产线的 11 件产品,测得原生产线和新生产线的样本方差分别为 45 和 50,计算两总体方差之比在 95% 置信水平下的置信区间。

已知 $n_1=11$,$n_2=11$,$s_1^2=45$,$s_2^2=50$,则有
$$F_{0.025}(11-1,11-1)=2.98,$$
$$F_{0.975}(11-1,11-1)=1/2.98=0.34$$

故两总体方差之比的 95% 置信水平下的置信区间为
$$\left(\frac{45/50}{2.98}, \frac{45/50}{0.34}\right)=(0.30, 2.65)$$

6.3.3 样本容量的确定

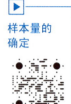
样本量的确定

在做调查研究时,经常会被问及的问题是:需要抽取多少个样本?样本容量太大会造成人力、物力和财力的浪费,样本容量太小会使抽样误差变大,影响调查效果。科学合理确定样本容量,可以在给定的预算约束下使抽样误差尽可能小,保证估计的可靠性。通过区间估计的学习,我们知道区间估计由两部分构成,一部分是统计量,一部分是抽样误差。抽样误差能给我们一个确定抽取多少样本的方法。

1. 估计总体均值时样本量的确定

在重复抽样或无限总体抽样下,总体均值的置信区间估计误差为 $z_{\alpha/2}\frac{\sigma}{\sqrt{n}}$。当给定置信水平 $1-\alpha$ 和总体标准差 σ 后,样本容量和估计误差之间能够相互确定。令估计误差 $E=z_{\alpha/2}\frac{\sigma}{\sqrt{n}}$,则样本容量的确定公式为

$$n=\frac{(z_{\alpha/2})^2\sigma^2}{E^2}$$

其中,E 表示调查者在给定置信水平下可以接受的估计误差。一般情况下,总体的方差是未知的,此时可以用样本方差替代。

在其他条件不变的情况下,有以下结论。

(1) 样本量与置信水平所代表的分位数平方成正比,要求的置信水平越大,分位数的平方也会越大,需要的样本量也越大。

(2) 样本量与总体方差的平方成正比,总体差异越大,需要的样本量也越大。

(3) 样本量与估计误差平方成反比,即可以接受的估计误差的平方越大,需要的样本量越小。

由于样本量一般都是整数,而公式所得的样本量可能不是整数,因此一般都会向上取整,例如 23.78 取 24,23.21 也取 24。

【例 6.13】 某食品厂要检验本月生产的 10000 袋某产品的质量,根据以往的资料,这种产品每袋质量的标准差为 25g。如果要求在 95% 的置信水平下,平均每袋质量的误差不超过 5g,应抽查多少袋产品?

解： 由题意可知标准差 σ 为 25g，估计误差 $E=5$g，95％的置信水平下的样本容量为

$$n=\frac{(Z_{\alpha/2})^2\sigma^2}{E^2}=\frac{1.96^2\times 25^2}{5^2}=96.04(袋)$$

所以，应该抽取样本 97 袋。

2. 估计总体比例时样本量的确定

类似于估计总体均值时样本量的确定方法，$z_{\alpha/2}\sqrt{\frac{\pi(1-\pi)}{n}}$ 是估计总体比例时的估计误差。当给定置信水平 $1-\alpha$ 和总体比例 π 后，样本容量和估计误差之间能够相互确定。令估计误差 $E=z_{\alpha/2}\sqrt{\frac{\pi(1-\pi)}{n}}$，则样本容量的确定公式为

$$n=\frac{(z_{\alpha/2})^2\pi(1-\pi)}{E^2}$$

其中，E 表示调查者在给定置信水平下可以接受的估计误差。一般情况下，总体的比例是未知的，此时可以用样本比例替代，或者在总体比例未知时，选用 $\pi=0.5$，因为这样选取能使得 $\pi(1-\pi)$ 取得最大值，从而在其他条件不变时，取到最大样本容量。通常情况下，E 的取值尽量小于 0.1。

【例 6.14】 某居民小区共有居民 500 户，小区管理者准备采取一项新的供水设施，想了解居民是否赞成。采取重复抽样方法随机抽取了 50 户，其中有 32 户赞成，18 户反对。如果小区管理者预计赞成的比例能达到 80％，估计误差不超过 10％。应抽取多少户进行调查（$\alpha=0.05$）？

解： 已知 $\pi=0.8$，$\alpha=0.05$，$Z_{\alpha/2}=1.96$，应抽取的样本量为

$$n=\frac{(z_{\alpha/2})^2\pi(1-\pi)}{E^2}=61.4656$$

所以，应抽取的样本量为 62。

6.4 假设检验

如果一个人说他是素食者，如何验证呢？是从他说出这句话开始一直到他死亡期间观察他是否一直吃素吗？这是非常困难的事情。反之，如果要证明这个人不是素食者，就会相对容易得多，只要发现他吃过一次肉就够了。有时候，拒绝一个论断要比接受一个论断要容易一些，在假设检验中也用到了这个想法。

以前，欧洲人认为天鹅都是白色的，直到澳大利亚发现了黑天鹅。"黑天鹅"一词曾经是欧洲人写作中用于比喻不可能存在事物的惯用语，但这个惯用语随着第一只黑天鹅的发现而改变。

我们可以这样回想此事，在发现黑天鹅之前，欧洲人观察到一只白天鹅后，会自然而然地认为这是我们观测到的各种各样的天鹅中的一只，绝不会认为这就是所有天鹅所应该具有的样子：颜色、体型特征、运动特征等（虽然日后发现有黑天鹅存在，但不影响我们对事物做出推断的基础。我们会随着观察和研究的深入改变之前的推断）。也就是说，我们日常所做的推断大部分是基于从总体中出现的少数个体为出发点的，因为对总体的所有

个体进行观察和研究是不现实的。因此，从已经观测到的少量数据对总体进行推断是非常合理的想法。

归纳一下，以前的欧洲人自己所见到的、别人见到的、包括那些环游世界的人见到的都是白天鹅，书里也没有介绍过有黑天鹅存在，因此，欧洲人推断天鹅都是白色的非常合理，因此他们的结论如下。

H_0：天鹅全是白色的。

先给出一个结论 H_0，然后通过观察样本做出接受或拒绝该结论的决策，如果能够推翻 H_0，相当于承认了与 H_0 相反的结论，即

H_1：天鹅不全是白色的。

这样的逻辑能够成立的前提在于 H_0 和 H_1 之间是互斥的，即两者不存在模糊的地带，一旦拒绝其中一个论断，就会接受另一个论断。但是你会发现有个现象：如果拒绝了某个结论，则很容易接受另外一个结论。如前所述，你很难做出接受某一个结论的决策。这样做出决策也有可能犯错，就像欧洲人认为的天鹅全是白色的一样会犯错误，有时候，因为各种原因，你无法穷尽所有的个体。

在统计学中，统计推断都是由两种不同的结论开始，这两种结论不能同时发生，若一个发生则另一个一定不发生，通过对样本数据的合理推断对两种结论做出接受或拒绝的决策。其中，对两种不同结论的陈述称为假设。原假设是我们做出的对结论的一种陈述，也称零假设。备择假设是与原假设对立的另一个假设。假设检验就是通过样本数据推断要拒绝或接受哪一个假设。

你通常也会遇到一些情况，需要在两个假设中做出相信哪一个假设的决策。例如，前面所介绍的女士品茶的例子，她说自己能够品尝出一杯茶中加入牛奶和茶的先后顺序。因此，我们的做法是做一个简单的试验，随机泡 10 杯茶，5 杯先加牛奶后加茶，另外 5 杯正好相反，然后请她品尝并给出结果。假设一个人完全没有她这种品尝的特殊技能，纯属瞎猜的话有可能猜对 5 杯的先后顺序。因此，我们可以按照一种规则做出判断：如果 10 杯中有 9 杯或 10 杯都能回答正确，我们可能会倾向于相信他具备这种特殊技能；如果只有 6 杯、7 杯正确，则怀疑她不具备这种特殊技能。那么如果回答正确 8 杯呢？好像介于两者之间。这里的正确回答的数量类似假设检验里的临界值。总有一个值（可能是非整数），超过这个值我们拒绝原假设，而小于这个值我们接受原假设，这个值就是临界值。要计算临界值，需要给出检验统计量的具体分布及显著性水平。显著性水平是事前决定用于拒绝 H_0 的证据应该强到何种程度的度量，一般可以取 0.01、0.05 和 0.1 三个值中的一个，在没有特殊指定的情况下可以取 0.05。检验统计量因检验的不同而不同，其分布依据第 6 章中的理论给出。

假设检验就是以上推断过程的严格版本。假设在原假设正确的情况下，几乎不可能发生的结果却发生了，那么有理由怀疑原假设的正确性，即拒绝原假设成立，认为备择假设成立。这就是统计学中的小概率原理。

在统计学中，我们给定的假设是对总体参数的一种陈述，总体参数可以是总体均值、总体比例、总体方差等。例如总体均值是否为 0、比例是否等于某个给定值、两个总体均值是否相等都属于假设。因此，假设检验是事先对总体参数或分布形式做出某种假设，然后利用样本信息来判断原假设是否成立。假设检验采用了逻辑上的反证法，依据的是统

中的**小概率原理**，即小概率事件在一次抽样中几乎不可能发生。如果在一次试验中小概率事件发生了，那么有理由怀疑这个事件不是小概率事件。在假设检验中，**原假设**是待检验的假设，是研究者想收集证据予以反对的假设，通常用H_0表示。一般在原假设中总有等号（例如＝、≤或≥），原假设一般都是关于事物"没有改善""没有显著关系""没有区别""几乎一致"之类的陈述。**备择假设**是与原假设对立的假设，是研究者想收集证据予以支持的假设，常用H_1表示。备择假设一般都是关于事物"有所改善""存在显著关系""存在区别""不一致"之类的陈述。

假设检验

在实际应用中，假设检验要解答的问题是：我们从样本特征中归纳的一项关于总体参数的论述，究竟是随机发生的还是因为总体服从某种规律的有力证据？而小概率原理告诉我们，如果单纯只是凭借随机性，产生这样的样本的概率很小，几乎不可能发生。下文我们利用显著性水平或p值对产生这样的样本的概率给出具体的回答。

1. 两类错误

原假设和备择假设不能同时成立，在进行统计决策时，要么拒绝原假设，要么不拒绝原假设。我们总是希望能够做出正确的决策，希望在原假设正确时没有拒绝它，在原假设不正确时拒绝它，但在实际中很难保证不犯错误。

例如，女士品茶的结果中出现她只品尝出 6 杯的先后顺序，是因为她运气太差、从来不失灵的技能突然不灵了，还是她根本就不具备这项技能？我们能够做出决策的依据是小概率原理，是说小概率事件在一次抽样中几乎不可能发生。注意"几乎"两个字，也就是说并不是一定不可能发生，只是这种可能性非常小。就像花两元钱买彩票中了巨额奖金一样，虽然这种事情在理论上是有可能发生的，但是你即使花钱买了一注，也不会期待一夜暴富吧。所以，我们依据小概率原理拒绝原假设的结论成立，转而支持备择假设是可能犯错的。由于随机性的干扰，不能完全断定原假设一定不对，只是依据样本结果推断总体犯错误的可能性非常小，因此才会推断备择假设是正确的。

第Ⅰ类错误是当原假设为真时拒绝原假设，犯这种错误的概率用α表示，所以也称为弃真错误，α是显著性水平。**第Ⅱ类错误**是当原假设为假时接受了原假设，犯这种错误的概率用β表示，也称取伪错误。按照常理，我们当然希望犯这两类错误的概率都越小越好，但不幸的是，对于确定的样本量n，不能做到同时减小犯两类错误的概率。第Ⅰ类错误和第Ⅱ类错误就像跷跷板一样，如果犯第Ⅰ类错误的概率变小，则犯第Ⅱ类错误的概率就会变大，反之亦然。所以要对这两类错误进行控制，统计学家皮尔逊提出：在控制犯第Ⅰ类错误概率的情况下，使得犯第Ⅱ类错误的概率尽可能小。

2. 单侧检验和双侧检验

做假设检验的基本流程如下。
(1) 提出原假设和备择假设。
(2) 确定适当的检验统计量。
(3) 规定显著性水平。
(4) 计算检验统计量的值。
(5) 做出统计决策。

根据原假设和备择假设的取值，假设检验可以分为单侧检验和双侧检验，单侧检验又可分为左侧检验和右侧检验。一般在备择假设中关于参数不等于某个值的检验是双侧检验，参数小于或大于某个值的检验为左侧检验或右侧检验。一般原假设的论述是你认为所发现的现象在总体中几乎不可能发生或几乎不存在，备择假设则认为该现象在总体中会发生或存在。所以在一次抽样中，原假设几乎不可能发生，如果原假设发生了，有理由怀疑原假设不正确，因此做出拒绝原假设的决策。

检验统计量的确定很难，下面仅在较为常规的情况下给出检验统计量及其分布。

显著性水平是事前决定用于拒绝 H_0 的证据应该强到何种程度的度量，一般可以取 0.01、0.05 和 0.1 三个值中的一个，在没有特殊指定的情况下取 0.05 即可。显著性水平取 0.05 表示要求数据给出拒绝 H_0 的证据，要强到当 H_0 正确时这种结果发生的概率不超过 0.05（相当于在相同条件下重复 100 次试验，发生的次数不超过 5 次）。如果显著性水平取值为 0.01，则相当于在相同条件下重复 100 次试验，发生的次数不超过 1 次。在原假设为真时，拒绝原假设的概率是显著性水平，其对应的区域称为拒绝域。

可以用检验统计量的值与检验统计量的抽样分布临界值比较做出决策，也可以通过 p 值进行决策。p 值是一个概率值，当原假设为真时，抽样分布中比检验统计量的值更为"极端"的概率。p 值很小表示样本的结果只是随机（凑巧）发生的概率不大。

左侧检验时，p 值为曲线上方小于等于检验统计量部分的面积（临界值很小，比小的临界值更小视为"极端"），如图 6.6 所示。右侧检验时，p 值为曲线上方大于等于检验统计量部分的面积（临界值很大，比大的临界值更大视为"极端"），可以想象把图 6.6 水平翻转 180 度后的图形。图 6.7 所示为双侧检验，对应的 p 值是比左边小的临界值更小、比右边大的临界值更大的那部分面积，也被称为观察到的（或实测的）显著性水平。

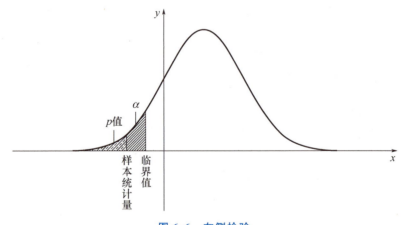

图 6.6　左侧检验

利用 p 值进行检验时的规则如下。

① 单侧检验中，若 p 值 $<\alpha$，则拒绝 H_0。
② 双侧检验中，若 p 值 $<\alpha/2$，则拒绝 H_0。

如果 p 值小于或等于 α（或 $\alpha/2$），我们称该组数据在显著性水平 α 上具有统计学意义上的显著性。显著在统计学上并不是著名、显然、重要等词的替代词，它表示的是"单纯凭借随机性几乎不可能发生"。给显著性赋予具体数值，即 α，表示这个几乎不可能发生的概率不超过 α。

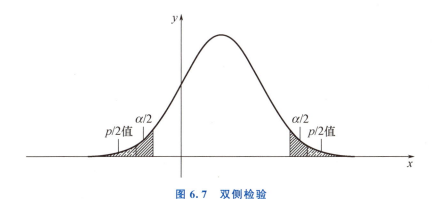

图 6.7 双侧检验

思考：如果你仔细阅读本节，就会发现本节的叙述中都使用了拒绝原假设和不拒绝原假设。在不拒绝原假设的时候可以说接受原假设，但是从来都没有提到接受原假设的叙述。为什么？

统计学家提出原假设的目的就是能够找到证据拒绝原假设，而不是去接受它。因为依据小概率原理，原假设的发生概率很低（小于显著性水平，例如 5%），因此，出现的样本有很大概率不会展现原假设描述的现象，如果出现了原假设描述的现象，拒绝原假设理由非常充分。而一旦结果支持了原假设，一般我们会说：**在现有样本情况下**，不能得出拒绝原假设的结论。因此，出现不拒绝原假设时可能需要抽取更多样本，再重新开始假设检验。

6.4.1 单总体假设检验

对总体参数的不同假设需要用不同的检验统计量。在单总体参数的检验中，用到的检验统计量主要有三个：z 统计量、t 统计量和 χ^2 统计量。z 统计量和 t 统计量常常用于均值和比例的检验，χ^2 统计量则用于方差的检验。在假设检验做出决策步骤中，使用拒绝域在计算中较为常用。

1. 正态总体，方差已知时的均值检验

假设总体方差 σ^2 已知，总体 $X \sim N(\mu, \sigma^2)$，$X_1, X_2, \cdots, X_n$ 是从 X 中抽取的随机样本。对总体均值 μ 做显著性检验，当原假设成立时检验统计量服从正态分布，即

$$z = \frac{\overline{X} - \mu_0}{\sigma/\sqrt{n}} \sim N(0,1)$$

总体均值的检验

（1）双边假设检验

$$H_0: \mu = \mu_0 \quad \text{v.s.} \quad H_1: \mu \neq \mu_0$$

拒绝域为

$$|z| = \left| \frac{\overline{x} - \mu_0}{\sigma/\sqrt{n}} \right| \geqslant z_{\alpha/2}$$

如果检验统计量 $|z|$ 的值大于等于 $z_{\alpha/2}$，称落入拒绝域，此时应拒绝原假设。

(2) 右边假设检验

$$H_0: \mu \leqslant \mu_0 \quad \text{v.s.} \quad H_1: \mu > \mu_0$$

拒绝域为

$$z = \frac{\overline{x} - \mu_0}{\sigma/\sqrt{n}} \geqslant z_\alpha$$

(3) 左边假设检验

$$H_0: \mu \geqslant \mu_0 \quad \text{v.s.} \quad H_1: \mu < \mu_0$$

拒绝域为

$$z = \frac{\overline{x} - \mu_0}{\sigma/\sqrt{n}} \leqslant -z_\alpha$$

【例 6.15】 假定某企业的年销售收入 $X \sim N(570, 64)$，即年销售收入的均值为 570 万元，方差为 64。今年新招了一批员工，假设新员工销售收入的标准差与老员工的相同，随机抽取 10 名新员工，获取销售收入数据为

$$572、578、570、568、572、570、570、572、596、584$$

检验新员工的销售收入与老员工的销售收入有无显著差异（$\alpha = 0.05$）。

解： 写出原假设和备择假设

$$H_0: \mu = 570 \quad \text{v.s.} \quad H_1: \mu \neq 570$$

原假设表示新员工的销售收入与老员工的销售收入没有显著差异，而备择假设则表示有显著差异。检验统计量为

$$z = \frac{\overline{X} - \mu_0}{\sigma/\sqrt{n}} \sim N(0,1)$$

已知显著性水平 $\alpha = 0.05$，$\overline{X} = 575.2$，$n = 10$，$\mu_0 = 570$，$\sigma^2 = 64$，计算检验统计量为

$$|z| = \frac{\overline{X} - \mu_0}{\sigma/\sqrt{n}} = \frac{5.2\sqrt{10}}{8} = 2.055$$

由于 $|z| = 2.055 \geqslant z_{0.025} = 1.96$，即落入拒绝域，因此拒绝 H_0，接受 H_1，认为新员工的销售收入与老员工的销售收入有差别。

2. 正态总体，方差未知时的均值检验

假设总体方差 σ^2 未知，总体 $X \sim N(\mu, \sigma^2)$ 或样本量不大（小于 30）时，X_1，$X_2, \cdots, X_n$ 为 X 的样本。给定显著性水平 α，当原假设成立时检验统计量服从 t 分布，即

$$t = \frac{\overline{X} - \mu_0}{s/\sqrt{n}} \sim t(n-1)$$

(1) 双边假设检验

$$H_0: \mu = \mu_0 \quad \text{v.s.} \quad H_1: \mu \neq \mu_0$$

拒绝域为

$$|t| > t_{\alpha/2}(n-1)$$

(2) 右边假设检验

$$H_0: \mu \leqslant \mu_0 \quad \text{v.s.} \quad H_1: \mu > \mu_0$$

拒绝域为

$$t > t_a(n-1)$$

(3) 左边假设检验

$$H_0: \mu \geq \mu_0 \quad \text{v.s.} \quad H_1: \mu < \mu_0$$

拒绝域为

$$t < -t_a(n-1)$$

【例 6.16】 某地区报送的材料中称，该地区年人均收入已经达到 50000 元。为了核实该说法的正确性，统计部门随机抽取了 25 人，测得年人均收入为 49500 元，标准差为 200，假设该地区年人均收入服从正态分布，检验该地区年人均收入是否达到了 50000 元？

解：写出原假设和备择假设

$$H_0: \mu = 50000 \quad \text{v.s.} \quad H_1: \mu \neq 50000$$

原假设表示该地区年人均收入为 50000 元，备择假设则表示年人均收入不是 50000 元，检验统计量为

$$t = \frac{\overline{X} - \mu_0}{s/\sqrt{n}} \sim t(n-1)$$

已知显著性水平 $\alpha = 0.05$，$\overline{X} = 49500$，$n = 25$，$\mu_0 = 50000$，$s = 200$，计算检验统计量为

$$t = \frac{\overline{X} - \mu_0}{s/\sqrt{n}} = \frac{49500 - 50000}{200/\sqrt{25}} = -12.5$$

由于 $|t| = 12.5 > t_{0.025}(25-1) = 2.0687$，即落入拒绝域，因此拒绝 H_0，接受 H_1，认为年人均收入不是 50000 元。

3. 大样本非正态总体，方差未知时的均值检验

假设总体方差 σ^2 未知，总体分布未知，但样本量足够大，$X_1, X_2, \cdots, X_n$ 为 X 的样本。给定显著性水平 α，当原假设成立时检验统计量服从正态分布，即

$$z = \frac{\overline{X} - \mu_0}{s/\sqrt{n}} \sim N(0,1)$$

(1) 双边假设检验

$$H_0: \mu = \mu_0 \quad \text{v.s.} \quad H_1: \mu \neq \mu_0$$

拒绝域为

$$|z| = \left| \frac{\overline{x} - \mu_0}{s/\sqrt{n}} \right| \geq z_{\alpha/2}$$

(2) 右边假设检验

$$H_0: \mu \leq \mu_0 \quad \text{v.s.} \quad H_1: \mu > \mu_0$$

拒绝域为

$$z = \frac{\overline{x} - \mu_0}{s/\sqrt{n}} \geq z_\alpha$$

(3) 左边假设检验

$$H_0: \mu \geq \mu_0 \quad \text{v.s.} \quad H_1: \mu < \mu_0$$

拒绝域为

$$z = \frac{\overline{x} - \mu_0}{s/\sqrt{n}} \leqslant -z_\alpha$$

注意此时的检验统计量与第一种情况相似,由于总体方差未知,此时用样本标准差替换了总体标准差。

【例 6.17】 在例 6.16 中,如果统计部门随机抽取了 36 人,其他情况不变,检验该地区年人均收入是否达到 50000 元?

解: 写出原假设和备择假设

$$H_0: \mu = 50000 \quad \text{v. s.} \quad H_1: \mu \neq 50000$$

原假设表示该地区年人均收入为 50000 元,备择假设则表示年人均收入不是 50000 元,检验统计量为

$$z = \frac{\overline{X} - \mu_0}{s/\sqrt{n}} \sim N(0,1)$$

已知显著性水平 $\alpha = 0.05$,$\overline{X} = 49500$,$n = 36$,$\mu_0 = 50000$,$s = 200$,计算检验统计量为

$$z = \frac{\overline{X} - \mu_0}{s/\sqrt{n}} = \frac{49500 - 50000}{200/\sqrt{36}} = -15$$

由于 $|z| = 15 > z_{0.025} = 1.96$,即落入拒绝域,因此拒绝 H_0,接受 H_1,认为年人均收入不是 50000 元。

思考: 在例 6.17 中,如果调查所得的年收入是 50500 元,其他条件不变,利用例 6.17 中的方法计算,看看你会得到什么结论?

需要注意的是,调查所得年收入在 49500 元和 50500 元时都会拒绝原假设,即认为年人均收入不是 50000 元。但是明显这两个调查样本显示的结果是不一样的,49500 元表示调查样本所得年人均收入数据不足以支持年人均收入是 50000 元的结论,数据显示年人均收入比 50000 元少。而 50500 元虽然也不支持年人均收入是 50000 元的结论,但是数据显示年人均收入要比 50000 元多。为了验证是比 50000 元多还是少,需要做单侧假设检验。

思考: 进一步,如果调查所得的年人均收入为 49935～50065 元,例如 50065 元,其他条件不变,利用例 6.17 中的方法计算,看看你会得到什么结论?

你会发现,只要调查所得年人均收入为 49935～50065 元,就会得到不拒绝原假设,即年人均收入是 50000 元的结论。

总体比例的假设检验

4. 大样本时,总体比例的检验

设总体比例为 π,**大样本情况下**,当原假设成立时检验统计量近似服从正态分布,即

$$p \sim N(\pi, \pi(1-\pi)/n)$$

当原假设 $H_0: \pi = \pi_0$ 为真时,统计量为

$$Z = \frac{p - \pi_0}{\sqrt{\pi_0(1-\pi_0)/n}} \sim N(0,1)$$

拒绝域的形式见表 6.1。

表 6.1　大样本总体比例检验方法

统计量	H_1	拒绝域
$Z=\dfrac{p-\pi_0}{\sqrt{\pi_0(1-\pi_0)/n}}$	$\pi\neq\pi_0$	$|Z|\geqslant Z_{\alpha/2}$
	$\pi>\pi_0$	$Z>Z_\alpha$
	$\pi<\pi_0$	$Z<-Z_\alpha$

【例 6.18】 一项关于大学生吸烟情况的调查报告称，大学生的吸烟率达到了 15%。为了验证该说法的正确性，你从本校中抽取了 100 名大学生，发现有 12 人吸烟。根据你的调查，支持还是拒绝大学生吸烟率 15% 的说法？

解： 写出原假设和备择假设

$$H_0:\pi=15\% \quad \text{v.s.} \quad H_1:\pi\neq 15\%$$

检验统计量为

$$Z=\frac{p-\pi_0}{\sqrt{\pi_0(1-\pi_0)/n}}\sim N(0,1)$$

已知显著性水平 $\alpha=0.05$，$p=\dfrac{12}{100}=12\%$，$n=100$，$\pi_0=15\%$，计算检验统计量为

$$Z=\frac{p-\pi_0}{\sqrt{\pi_0(1-\pi_0)/n}}=\frac{12\%-15\%}{\sqrt{15\%\times(1-15\%)/100}}=-0.84$$

由于 $|z|=0.84<z_{0.025}=1.96$，没落入拒绝域，因此不能拒绝 H_0，即在现有调查数据上，不能拒绝吸烟率是 15% 的原假设。

5. 正态总体，总体方差的检验

设总体服从正态分布，当原假设成立时检验统计量服从卡方分布，即

$$\chi^2=\frac{(n-1)s^2}{\sigma_0^2}\sim\chi^2(n-1)$$

拒绝域的形式见表 6.2。

表 6.2　总体方差检验方法

统计量	H_1	拒绝域
$\chi^2=\dfrac{(n-1)s^2}{\sigma_0^2}$	$\sigma^2\neq\sigma_0^2$	$\chi^2>\chi^2_{\alpha/2}(n-1)$ 或 $\chi^2<\chi^2_{1-\alpha/2}(n-1)$
	$\sigma^2>\sigma_0^2$	$\chi^2>\chi^2_\alpha(n-1)$
	$\sigma^2<\sigma_0^2$	$\chi^2<\chi^2_{1-\alpha}(n-1)$

总体方差的检验是为了检验总体方差是否等于（小于或大于）某个给定的常数，常用于检验总体是否稳定、离散程度是否符合要求。

【例 6.19】 某企业生产的新型材料总体方差不超过 20 可认为是合格的。为了保证产品质量，从生产的产品中抽取了 10 个，测得产品均值是 25，样本方差是 22，是否能够相信该产品的总体方差符合要求？

解：写出原假设和备择假设

$$H_0: \sigma^2 \leqslant 20 \quad \text{v.s.} \quad H_1: \sigma^2 > 20$$

检验统计量为

$$\chi^2 = \frac{(n-1)s^2}{\sigma_0^2} \sim \chi^2(n-1)$$

已知显著性水平 $\alpha=0.05$，$n=10$，$\sigma_0^2=20$，$s^2=22$，计算检验统计量为

$$\chi^2 = \frac{(n-1)s^2}{\sigma_0^2} = \frac{(10-1) \times 22}{20} = 9.9$$

由于 $\chi^2 = 9.9 < \chi^2_{0.05}(10-1) = 16.92$，没落入拒绝域，因此不能拒绝 H_0，认为在现有调查数据上，不能拒绝产品的总体方差小于 20 的结论，即产品是合格的。

6.4.2 两个总体假设检验

两个总体均值之差的假设检验

1. 两个独立的正态总体，方差已知，两总体均值是否相等的检验

假设两个独立的总体服从正态分布，总体方差已知，当原假设成立时，检验两个总体均值是否相等（等价于两总体均值之差是否为零）的检验统计量服从正态分布，即

$$z = \frac{(\overline{x}_1 - \overline{x}_2) - (\mu_1 - \mu_2)}{\sqrt{\dfrac{\sigma_1^2}{n_1} + \dfrac{\sigma_2^2}{n_2}}} \sim N(0,1)$$

此时建立的原假设和备择假设为

$$H_0: \mu_1 = \mu_2 \quad \text{v.s.} \quad H_1: \mu_1 \neq \mu_2$$

或者等价的原假设和备择假设为

$$H_0: \mu_1 - \mu_2 = 0 \quad \text{v.s.} \quad H_1: \mu_1 - \mu_2 \neq 0$$

拒绝域的形式见表 6.3。

表 6.3　独立正态分布，方差已知时均值之差的检验

统计量	H_1	拒绝域
$z = \dfrac{(\overline{x}_1 - \overline{x}_2) - (\mu_1 - \mu_2)}{\sqrt{\dfrac{\sigma_1^2}{n_1} + \dfrac{\sigma_2^2}{n_2}}}$	$\mu_1 - \mu_2 \neq 0$	$\lvert Z \rvert > Z_{\alpha/2}$
	$\mu_1 - \mu_2 < 0$	$Z < -Z_\alpha$
	$\mu_1 - \mu_2 > 0$	$Z > Z_\alpha$

2. 两个独立的正态总体，方差未知，大样本，两总体均值是否相等的检验

假定两个独立的总体服从正态分布，总体方差未知，样本量足够大，当原假设成立时，检验两总体均值之差是否为零的检验统计量服从正态分布，即

$$z = \frac{(\overline{x}_1 - \overline{x}_2) - (\mu_1 - \mu_2)}{\sqrt{\dfrac{s_1^2}{n_1} + \dfrac{s_2^2}{n_2}}} \sim N(0,1)$$

拒绝域的形式见表 6.4。

表 6.4 独立正态分布，方差未知，大样本时均值之差的检验

统计量	H_1	拒绝域
$z=\dfrac{(\bar{x}_1-\bar{x}_2)-(\mu_1-\mu_2)}{\sqrt{\dfrac{s_1^2}{n_1}+\dfrac{s_2^2}{n_2}}}$	$\mu_1-\mu_2\neq 0$	$\lvert Z\rvert>Z_{\alpha/2}$
	$\mu_1-\mu_2<0$	$Z<-Z_\alpha$
	$\mu_1-\mu_2>0$	$Z>Z_\alpha$

表 6.4 和表 6.3 几乎一致，区别在于计算检验统计量时，分母中用样本方差代替了总体方差。

【例 6.20】 学校拟推广线上线下混合式教学方式，想要比较线上线下混合式教学方式与单纯的线下教学是否存在差异。因此在本学期开设"统计学"的两个班级进行试点，一班采用了混合式教学方式，二班采用线下教学方式，经过一学期试验，两个班的成绩如下。一班：$n_1=36$，$\bar{x}_1=89$，$s_1=15$。二班：$n_2=40$，$\bar{x}_2=80$，$s_2=20$，是否能说明两个班的教学成绩存在差异（假设两个班的成绩是独立的且服从正态分布）？

解：写出原假设和备择假设

$$H_0:\mu_1-\mu_2=0 \quad \text{v.s.} \quad H_1:\mu_1-\mu_2\neq 0$$

在两个独立正态分布，总体方差未知，大样本情况下检验统计量为

$$z=\frac{(\bar{x}_1-\bar{x}_2)-(\mu_1-\mu_2)}{\sqrt{\dfrac{s_1^2}{n_1}+\dfrac{s_2^2}{n_2}}}$$

已知显著性水平 $\alpha=0.05$，$n_1=36$，$\bar{x}_1=89$，$s_1=15$，$n_2=40$，$\bar{x}_2=80$，$s_2=20$，$\mu_1-\mu_2=0$，计算检验统计量为

$$z=\frac{(\bar{x}_1-\bar{x}_2)-(\mu_1-\mu_2)}{\sqrt{\dfrac{s_1^2}{n_1}+\dfrac{s_2^2}{n_2}}}=\frac{(89-80)-0}{\sqrt{\dfrac{15^2}{36}+\dfrac{20^2}{40}}}=2.23$$

由于 $z=2.23>z_{0.025}=1.96$，落入拒绝域，因此拒绝 H_0，认为两个班的学习成绩存在差异。

思考：在现实中，比较两个总体之间是否存在差异，利用例 6.20 中的做法是可以的，但是存在很多限制条件。请思考有哪些限制条件。

第一，假设两个成绩总体服从正态分布（一些研究结果显示成绩可能不服从正态分布，但是在本例中，是大样本，可认为近似服从正态分布）。

第二，假设两个班的成绩是独立的（即使是不同的教师授课，同一学校的两个班的学习成绩也可能不独立）。

第三，直接拿两个班来做试验所得的结果不属于随机抽样，因此最终的结果可能不能直接用于推断总体（本例为了说明怎么使用，直接拿两个班的成绩作为样本数据，在实际操作中，可以对比不同学校不同教学方式的两个班的成绩）。

第四，虽然可以使用，但是学校如果推广，仍需解决两个问题。一是样本量还是太小，需要较大规模的试验数据做支持；二是评价线上线下混合式教学和线下教学，单纯使用考试成绩做检验也略显偏颇。

3. 两个独立总体，大样本时比率之差的检验

假定两个独立总体，大样本情况下，检验总体比率之差，即 $H_0: \pi_1 - \pi_2 = 0$。当原假设成立时，检验统计量近似服从正态分布，即

$$z = \frac{(p_1 - p_2) - (\pi_1 - \pi_2)}{\sqrt{\dfrac{\pi_1(1-\pi_1)}{n_1} + \dfrac{\pi_2(1-\pi_2)}{n_2}}} \sim N(0,1)$$

拒绝域的形式见表 6.5。

表 6.5 两个总体比率之差的检验方法

统计量	H_1	拒绝域
$z = \dfrac{(p_1 - p_2) - (\pi_1 - \pi_2)}{\sqrt{\dfrac{\pi_1(1-\pi_1)}{n_1} + \dfrac{\pi_2(1-\pi_2)}{n_2}}}$	$\pi_1 - \pi_2 \neq 0$	$\lvert Z \rvert > Z_{\alpha/2}$
	$\pi_1 - \pi_2 < 0$	$Z < -Z_\alpha$
	$\pi_1 - \pi_2 > 0$	$Z > Z_\alpha$

【**例 6.21**】 企业推出了一项员工福利，想了解不同性别的员工对该福利的支持程度是否存在差异。因此，调查了两家子企业，结果显示：$n_1 = 400$，$n_2 = 360$，$\pi_1 = 75\%$，$\pi_2 = 68\%$，即第一家企业的员工中有 75% 的员工支持该福利，而第二家企业只有 68% 的员工支持该福利，请检验两家子企业的员工对该福利的支持程度是否有显著差异。

解： 写出原假设和备择假设

$$H_0: \pi_1 - \pi_2 = 0 \quad \text{v.s.} \quad H_1: \pi_1 - \pi_2 \neq 0$$

原假设表示两家子企业的支持程度无显著差异，而备择假设则表示两家子企业的支持程度有显著差异。

在独立大样本情况下，检验统计量为

$$z = \frac{(p_1 - p_2) - (\pi_1 - \pi_2)}{\sqrt{\dfrac{\pi_1(1-\pi_1)}{n_1} + \dfrac{\pi_2(1-\pi_2)}{n_2}}}$$

已知显著性水平 $\alpha = 0.05$，$n_1 = 400$，$n_2 = 360$，$\pi_1 = 75\%$，$\pi_2 = 68\%$，计算检验统计量为

$$z = \frac{(p_1 - p_2) - (\pi_1 - \pi_2)}{\sqrt{\dfrac{\pi_1(1-\pi_1)}{n_1} + \dfrac{\pi_2(1-\pi_2)}{n_2}}} = \frac{(75\% - 68\%) - 0}{\sqrt{\dfrac{75\% \times (1-75\%)}{400} + \dfrac{68\% \times (1-68\%)}{360}}} = 2.14$$

由于 $z = 2.14 > z_{0.025} = 1.96$，落入拒绝域，因此拒绝 H_0，认为两家子企业的支持程度存在差异。

4. 两个独立的正态总体，方差是否相等的检验

假定两个独立的正态总体，检验方差是否相等（等价的检验方差之比是否等于1），即 $H_0: \sigma_1^2 = \sigma_2^2$（等价为 $H_0: \sigma_1^2 / \sigma_2^2 = 1$），当原假设成立时，检验统计量服从 F 分布，即

$$F = \frac{s_1^2}{s_2^2} \sim F(n_1 - 1, n_2 - 1)$$

拒绝域形式见表 6.6。

表 6.6　两个总体方差是否相等的检验

统计量	H_1	拒绝域
$F=\dfrac{s_1^2}{s_2^2}$	$\sigma_1^2 \neq \sigma_2^2$	$F>F_{\frac{\alpha}{2}}(n_1-1, n_2-1)$ 或 $F<F_{1-\frac{\alpha}{2}}(n_1-1, n_2-1)$
	$\sigma_1^2 < \sigma_2^2$	$F<F_{1-\alpha}(n_1-1, n_2-1)$
	$\sigma_1^2 > \sigma_2^2$	$F>F_{\alpha}(n_1-1, n_2-1)$

6.5　品质数据统计推断

前面讲过，数据按照计量尺度可以分为分类数据、顺序数据和数值型数据。其中分类数据和顺序数据称为品质数据，也称定性数据。品质数据通常用文字表示，以说明调查对象的品质特征，为了方便，一般用具体数字表现。品质数据的统计推断是在汇总起来的频数基础上，进一步分析不同类别的变量之间的关联。

例如，"泰坦尼克号"事件中，根据记载，船上共有 2208 人。如果按照年龄划分，成年人有 2099 人，儿童有 109 人；获救的 718 人中，成年人有 661 人，儿童有 57 人。按年龄分类情况就是品质数据，调查结果可用数字"1"和"2"分别代表"成年人"和"儿童"两个类别。我们的问题是：事故中的死亡人数是否与年龄相关？类似的问题有很多，例如员工对企业薪资制度的支持度是否与不同区域存在关系，企业的销售量（假设按照 A、B、C、D 顺序排序）是否与性别有关，学生的公共课成绩（假设按照优、良、中、差排列）是否与不同学科有关，等等。

如果上述数据是数值型数据，那么，按照第 4 章介绍的相关系数很容易计算。但是现在的数据是离散的，两个离散数据的平均值有时不能表示任何意义，因此需要使用其他统计推断方法。

拟合优度检验

6.5.1　拟合优度检验

1912 年 4 月 13 日，"泰坦尼克号"与冰山相撞沉没。表 6.7 给出了"泰坦尼克号"事故前和事故后的人数统计数据。

表 6.7　"泰坦尼克号"事故前和事故后人数统计数据　　　单位：人

	性别		年龄		舱位			
	男	女	成年人	儿童	一等舱	二等舱	三等舱	船员舱
事故前	1738	470	2099	109	325	285	706	892
事故后	374	344	661	57	203	118	178	219

我们想了解的是：事故后是否幸存（幸存或不幸存）与性别、年龄或舱位有无关系。先看看事故后是否幸存与性别有无关系。如果两者之间没有关系，那么男性的幸存比例和女性的幸存比例应该大致相同。从数据中可以得出，男性的幸存比例为 374/1738×

100%＝21.52%，女性的幸存比例为344/470×100%＝73.19%，不难发现男女之间的幸存比例存在非常大的差异，说明是否幸存与性别应该有关系。

怎么从统计上说明二者之间存在关系呢？先把上述问题简单化，我们只看表6.7的前三列数据。事故前船上共有2208人，事故发生后幸存718人，即事故的生存率为718/2208×100%＝32.5%。也就是说，如果是否幸存与性别无关的话，那么，男性在事故后预期的幸存人数应该是1738×32.5%＝565人（结果已取整），而女性在事故后预期的幸存人数应该是470×32.5%＝153人（结果也已取整），事故后预期的总幸存人数为565＋153＝718人（事故后实际的幸存人数），具体如表6.8所示。

表6.8 事故后的实际频数和预期频数　　　　　　　　　　　　　　　单位：人

	f_0		f_e	
	男	女	男	女
事故前	1738	470	—	—
事故后	374	344	565	153

不难发现，如果是否幸存与性别之间没有关系，那么实际的幸存人数（实际频数，常用f_0表示）与预期的幸存人数（预期频数，常用f_e表示）应该很接近，因此，"是否幸存与性别之间没有关系"的问题可以转化为度量"幸存的实际频数与预期频数很接近"。反之，如果是否幸存与性别之间存在某种关系，那么实际频数与预期频数之间的距离应该相距较远。因此，我们可以用实际频数与预期频数之间的差距来测量。在本例中，男性（女性）的实际频数与预期频数之差为$f_0-f_e=374-565=-191$（$f_0-f_e=344-153=191$），注意两者之间的人数有较大差别，相当于男性实际幸存人数和预期幸存人数差191人，相应地，女性的实际幸存人数比预期幸存人数就多了191人。

如果单纯把这两个相差数据加总就会抹去数据之间的差异，因此考虑用实际频数与预期频数之差的平方来衡量，即$(f_0-f_e)^2$。此处的$(f_0-f_e)^2$是对实际频数与预期频数差距的绝对衡量。为了避免实际数据过大或过小导致的绝对数的可比性降低缺陷，常采用相对数进行比较。为了说明这种极端情况，假设表6.8中男性的实际幸存人数为1，相应地，女性幸存人数就会变为717，则男性（女性）实际幸存频数与绝对频数的平方为$(f_0-f_e)^2=(1-565)^2=318096$ $[(f_0-f_e)^2=(717-153)^2=318096]$，绝对数很大。因此我们常用$(f_0-f_e)^2/f_e$来度量差距的平方与预期频数的相对差距，然后将男性组的度量值与女性组的度量值加总得到的量作为对二者是否一致（存在关系）的衡量。

上述度量值即为卡方拟合优度检验的统计量：

$$\chi^2 = \sum_{i=1}^{k} \frac{(f_{i0}-f_{ie})^2}{f_{ie}} \sim \chi^2(k-1) \tag{6.4}$$

式(6.4)中，f_{i0}是第i类的实际频数，f_{ie}是第i类的预期频数，k是列别或组别的个数。

卡方拟合优度检验常用来测定单个样本的比例是否与已知比例相同，检验两个分类或分组变量之间是否独立等。两个分类变量的独立性检验将在列联分析中介绍。式(6.4)中的统计量描述了实际值与预期值之间的接近程度，若实际值与预期值越接近，$(f_0-f_e)^2$越小，计算出的统计量的值越小，反之越大。利用卡方拟合优度检验需要把式（6.4）计算的统计量和卡方分布临界值进行比较，若统计量的值大于临界值，则拒绝原假设，认为实际频数与预期频数不一致，也就是说，两变量之间存在显著相关关系。

上述假设检验的原假设和备择假设分别如下。

H_0：实际频数与预期频数一致。

H_1：实际频数与预期频数不一致。

上述假设也可以等价于如下假设。

H_0：两个变量之间不存在显著关系（或两个变量独立）。

H_1：两个变量之间存在显著关系。

计算所得结果为

$$\chi^2 = \sum_{i=1}^{2} \frac{(f_0 - f_e)^2}{f_e} = 303$$

查自由度为 $k-1$ 的卡方分布（k 是分类变量个数，本例中有男性和女性两个类别，因此 $k=2$），如果显著性水平取 0.05，则 $\chi^2_{0.05}(2-1) = 3.84$，因为 $303 > 3.84$，因此，拒绝原假设，即认为实际频数与预期频数不一致，也就是说，是否幸存与性别之间存在显著相关关系。

思考： 利用表 6.7 的数据检验是否幸存与年龄、舱位有无关系。

上述检验等价于检验幸存人数的实际频数与预期频数是否一致，只不过需要用到年龄或舱位的幸存数据进行计算。

先进行是否幸存与年龄之间的相关性检验（见表 6.9），即按年龄划分的幸存数据的实际频数与预期频数是否一致。

H_0：实际频数与预期频数一致。

H_1：实际频数与预期频数不一致。

表 6.9 "泰坦尼克号"幸存人数统计（按年龄划分）

	事故前人数/人	f_0	f_e	$(f_0-f_e)^2/f_e$
成年人	2099	661	682.175	0.6572809
儿童	109	57	35.425	13.139891

注：预期频数 f_e 没有经过取整处理。

$$\chi^2 = \sum_{i=1}^{2} \frac{(f_0 - f_e)^2}{f_e} = 13.80$$

由于年龄的类别只有成年人和儿童，$k=2$，$13.80 > \chi^2_{0.05}(2-1) = 3.84$，因此拒绝原假设，认为是否幸存与年龄之间显著相关。

再来看是否幸存与舱位之间有无关系（见表 6.10）。即按舱位划分，幸存数据的实际频数与预期频数是否一致。

H_0：实际频数与预期频数一致。

H_1：实际频数与预期频数不一致。

表 6.10 "泰坦尼克号"幸存人数统计（按舱位划分）

舱位	事故前人数/人	f_0	f_e	$(f_0-f_e)^2/f_e$
一等舱	325	203	105.625	89.769379
二等舱	285	118	92.625	6.9515857
三等舱	706	178	229.45	11.536729
船员舱	892	219	289.9	17.339807

$$\chi^2 = \sum_{i=1}^{4} \frac{(f_0-f_e)^2}{f_e} = 125.5975$$

由于舱位的类别有一等舱、二等舱、三等舱和船员仓，故 $k=4$，$125.5975 > \chi^2_{0.05}(4-1) = 7.81$，因此拒绝原假设，认为是否幸存与舱位之间显著相关。

思考： 从上文中是否幸存与性别、年龄和舱位的关系来看，是否幸存与三个变量都存在关系，从三组具有显著相关关系的结果能得到什么结论？

是否幸存与性别显著相关，结合数据我们容易看出，实际幸存的女性要比预期幸存的女性人数多（此处的预期表示的是没有显著关系时的幸存人数）。因此，可以得出结论：在轮船发生事故时，应该有更多的女性被送上了救生船，因而女性有更高的生存概率。同理，有更多的儿童被送上了救生船，因此儿童幸存人数比成年人多。但是，是否幸存和舱位也是有显著相关关系的。结合数据来看，一等舱的生存率高达 62%（203/325×100%），二等舱的生存率为 41%（118/285×100%），三等舱的生存率为 25%（178/706×100%），船员舱的生存率为 24%（219/892×100%）。船员要照顾船上人员逃生，因此可能被排到了最后，生存率较低。很明显，一等舱的生存率要明显高于二等舱和三等舱，虽然这可以用一等舱靠近船的甲板，因此有更多机会逃生来解释，但是也难以掩盖价格昂贵的舱位比价格低廉的舱位逃生概率更高的事实。

注意：

（1）卡方拟合优度检验常被用来检验某种已知比例的假设。

（2）卡方拟合优度检验也常被用来检验两变量之间独立或存在显著相关的假设。

（3）预期频数中的"预期"并不是指两变量的预计频数应该是这么多，而是指在没有显著关系时预计可能发生的频数。

（4）实际上，做出拒绝或不拒绝原假设的决策还会受到置信水平的影响。统计学中置信水平常取 0.01、0.05 或 0.1。在没有特殊的说明的情况下，本节默认取置信度为 0.05。

卡方拟合优度检验也可以检验单个样本的比例是否与已知比例相同，举例如下。

【**例 6.22**】 某企业生产的产品不合格率要求不大于 5%，质检部门随机抽取 100 件产品，不合格产品有 10 件，能否接受该产品的品质达到了"不合格率不大于 5%"的结论？

解： H_0：企业产品的不合格率不大于 5%（实际频数与理论频数一致）。

H_1：企业产品的不合格率大于 5%（实际频数与理论频数不一致）。

依据条件，抽样数据中合格产品的实际频数为 90，不合格产品的实际频数为 10，而如果 H_0 成立，则合格品的预期频数为 95（实际上应该大于 95），不合格品的预期频数为 5，因此

$$\chi^2=(10-5)^2/5+(90-95)^2/95=5.26$$

由于 $5.26>\chi^2_{0.05}(2-1)=3.84$，因此拒绝原假设，即认为企业的不合格率大于 5%。

【例 6.23】 假设老年人、中年人和青年人对线上购物的满意度分别为 10%、20% 和 70%。一项针对 100 人的调查结果显示，老年人、中年人和青年人对线上购物满意的人数分别为 8 人、24 人和 68 人，问调查结果是否与假设的已知比例一致？

解： H_0：老年人、中年人和青年人对线上购物的满意度分别为 10%、20% 和 70%。
H_1：老年人、中年人和青年人对线上购物的满意度不是上述比例。

依据条件，调查数据中，老年人、中年人和青年人对线上购物满意的人数的实际频数分别为 8、24 和 68，根据假设比例，老年人、中年人和青年人对线上购物满意的人数的预期频数分别为 10（100×10%）、20（100×20%）和 70（100×70%），因此

$$\chi^2=(10-8)^2/10+(20-24)^2/20+(70-68)^2/70=1.26$$

由于 $1.26<\chi^2_{0.05}(4-1)=7.82$，因此不能拒绝原假设，即认为老年人、中年人和青年人对线上购物的满意度分别为 10%、20% 和 70%。

6.5.2 列联分析

当我们研究的问题存在两个或以上分类变量或顺序变量，想要验证两个变量之间是否独立（或存在显著相关关系）时，常用的方法是列联分析。分析的过程通常是通过列联表的方式展现，故而得名，有时也称独立性检验。

很多学生因为各种原因参加兼职活动，参加兼职是否会对学生成绩产生影响，即参加校外兼职与学生成绩之间是否存在相关关系？表 6.11 展示了参加兼职和未参加兼职学生的学习成绩（以 A、B、C 三个等次表示）的列联表。

表 6.11 是否参加兼职与学生的学习成绩等次

	A 等次	B 等次	C 等次	合计
参加兼职	589	360	154	1103
未参加兼职	164	115	66	345
合计	753	475	220	1448

表 6.11 中的行为是否参加兼职，分为两类：参加兼职和未参加兼职；列是学生成绩等次，分为三类：A 等次、B 等次和 C 等次。数据系列（灰色底纹数据；第二、三行，第二、三、四列）构成了一个 2×3 列联表。其中 589 表示参加兼职的学生的学习成绩为 A 等次的频数，66 表示未参加兼职的学生的学习成绩为 C 等级的频数，第五列中的 1103 表示参加兼职的学生频数合计值（下文称为**行合计值**），同样，第四行中的 475 表示成绩为 B 等次的学生频数合计值（下文称为**列合计值**），第四行第五列的数据 1448 表示所有学生的频数（下文称为**总合计值**），1448 既是第五列数据的合计值，也是第四行数据的合计值。

列联表是将两个或两个以上的分类变量进行交叉分类的频数分布表。行变量的类别有 R 个，列变量类别有 C 个，构成了 $R \times C$ 列联表。列联表常用来验证行变量与列变量之间是否独立（或存在显著相关关系）。

单纯从频数无法看出行变量与列变量之间是否有关系，通过百分比数据会更加清晰。

例如，描述不同成绩等次的学生情况：A 等次的学生百分比为 753/1448×100％＝52％，B 等次的学生百分比为 475/1448×100％＝33％，C 等次的学生百分比为 220/1448×100％＝15％。也可以描述是否参加兼职的学生百分比：参加兼职的学生百分比为 1103/1448×100％＝76％，未参加兼职的学生百分比为 345/1448×100％＝24％。还可以描述是否参加兼职的学生不同成绩等次百分比：参加兼职的 A 等次学生百分比为 589/753×100％＝78％，参加兼职的 B 等次学生百分比为 360/475×100％＝76％，参加兼职的 C 等次学生百分比为 154/220×100％＝70％，未参加兼职的 A（B、C）等次学生百分比为 22％（24％、30％）。我们发现可以计算出的百分比相当多，那么，我们需要哪一种百分比数据呢？

在列联分析中，我们需要计算的百分比数据有两个，即行合计值与总合计值的百分比、列合计值与总合计值的百分比，以表 6.11 为例，即计算如下百分比。

（第一行的）行合计值与总合计值的百分比为 1103/1448×100％，表示（第一行）参加兼职的人数占总人数的百分比。

（第二行的）行合计值与总合计值的百分比为 345/1448×100％。

（第一列的）列合计值与总合计值的百分比为 753/1448×100％，表示（第一列）A 等次的学生占总人数的百分比。

（第二列的）列合计值与总合计值的百分比为 475/1448×100％。

（第三列的）列合计值与总合计值的百分比为 220/1448×100％。

行（列）合计值与总合计值的百分比称为**预期频数**，将原始数据仍称为实际频数，利用卡方拟合优度检验统计量可以检验行变量与列变量之间是否独立。

H_0：行变量与列变量之间是独立的（不存在相关关系）。

H_1：行变量与列变量之间不独立（存在相关关系）。

卡方拟合优度检验统计量为

$$\chi^2 = \sum_{i=1}^{R}\sum_{j=1}^{C} \frac{(f_{ij0} - f_{ije})^2}{f_{ije}} \sim \chi^2(R-1)(C-1) \qquad (6.5)$$

式（6.5）中，f_{ij0} 为第 i 行第 j 列的实际频数，f_{ije} 为第 i 行第 j 列的预期频数，R 为行变量个数，C 为列变量个数。卡方分布的自由度为 $(R-1)(C-1)$。

【**例 6.24**】将表 6.11 的数据稍加变换，计算卡方拟合优度检验统计量，见表 6.12。

表 6.12 是否参加兼职与学生成绩等次的预期频数计算

		A 等次	B 等次	C 等次	合计
f_0	参加兼职	589	360	154	1103
	未参加兼职	164	115	66	345
	合计	753	475	220	1448
f_e	参加兼职	573.59	361.83	167.58	
	未参加兼职	179.41	113.17	52.42	
$\dfrac{(f_0 - f_e)^2}{f_e}$	参加兼职	0.41	0.01	1.10	
	未参加兼职	1.32	0.03	3.52	

$$\chi^2 = \sum_{i=1}^{R}\sum_{j=1}^{C} \frac{(f_{ij0} - f_{ije})^2}{f_{ije}} = 0.41 + 0.01 + 1.10 + 1.32 + 0.03 + 3.52 = 6.39$$

由于 $R=2$，$C=3$，因此 $(R-1)(C-1)=2$，又因为 $6.39 > \chi_{0.05}^2(2) = 5.99$，故拒绝原假设，即认为是否参加兼职与学习成绩等次之间存在相关关系。

思考与实践：统计你自己班级的学生性别与大学英语四级是否通过的数据，检验性别是否与四级通过率之间存在相关关系？

注意：

（1）当计算的预期频数小于5的数量占到总预期频数的20%以上时，卡方拟合优度检验的检验效果较差，此时尽量不使用拟合优度检验。

（2）如果上述情况发生，可以将预期频数小于5的类别或组别合并以减少预期频数小于5的类别或组别数。

（3）当拟合优度检验得到的结论是"行变量与列变量之间存在相关关系"时，也不能得出行变量改变会导致列变量改变，或列变量改变导致行变量改变，主要原因是：通过观察所得的数据没有很好地控制其他变量的影响，有可能是其他变量影响了行（列）变量。例如得到"情绪暴躁和血压高之间存在相关关系"，就不能说情绪暴躁会导致血压升高，有可能是情绪暴躁的人会对饮食节制较少，过量摄入高油、高盐、高糖的食物从而导致血压升高。要排除其他因素的影响可以通过统计试验控制其他变量的影响。因此，由卡方拟合优度检验得到的结论可以作为行变量和列变量之间存在相关关系的证据，但是一般多用于初步研究结果的展示。为了证实相关性，需要更进一步的研究来验证。

思考：看如下的例子，某大学入学申请通过与否是否存在性别歧视？通过卡方拟合优度检验验证表6.13中工程学和英语专业中入学申请通过是否与性别有关，再验证表6.14中申请通过是否与性别有关。

表 6.13　入学申请与性别数据

	工程学		英语	
	男性	女性	男性	女性
申请通过	30	10	5	10
申请被拒绝	30	10	15	30
合计	60	20	20	40

假设某大学只招收工程学和英语两个专业，两个专业都是入学申请制，根据入学申请通过和被拒绝的人数，能够得出该校的入学申请是否通过与性别存在相关关系吗？如果有相关关系，这说明入学申请过程中存在性别歧视。简单从数据来看，工程学专业中，男性和女性的入学申请通过的百分比都是50%（即30/60和10/20），英语专业的男性和女性入学申请通过的百分比都是25%（即5/20和10/40），这表明申请是否通过与性别之间不存在相关关系。

表6.14是将表6.13中的两个专业数据合并得到，容易看到，男性的入学通过率为 $35/80 \times 100\% = 44\%$，女性的入学通过率为 $20/60 \times 100\% = 33\%$，男性比女性高出了近11%。数据合并后女性入学通过率要比男性少很多，能否说明入学申请是否通过与性别之间存在相关关系？

表 6.14　入学申请与性别数据

	男性	女性
申请通过	35	20
申请被拒绝	45	40
合计	80	60

在任何一个专业中并没有显示出相关性，但是数据合并之后却产生了相关性，为什么？

这个例子显示了辛普森悖论。辛普森悖论指的是在几个组别中存在相关关系，合并后的数据不存在相关关系（或相反的相关关系）。观察数据后不难发现，英语专业的男女性别比例为 1∶2，而工程学专业的男女性别比例为 3∶1。也就是说，更多女性申请了英语专业，更多男性申请了工程学专业，而合并后的列联表（表 6.14）在合并时"抹去"了这种差异，因此产生了悖论。辛普森悖论提醒我们：如果存在潜在因素影响，观察所得的相关关系可能具有误导性。

列联表中的相关测量

6.5.3　列联表中的相关测量

列联分析告诉我们，利用卡方拟合优度检验能检验两个变量之间是否存在相关关系，如果两变量之间存在相关关系，那么相关关系的程度有多大？这是本节将要讨论的问题。

数值型数据通常可以用相关系数来测定相关程度，但是对于离散的分类变量或顺序变量来说，也可以计算相关系数，即品质相关系数。常用的品质相关系数有以下几种。

1. φ 相关系数

φ 相关系数是描述 2×2 列联表数据相关程度最常用的一种相关系数，其计算公式是

$$\varphi = \sqrt{\chi^2/n} \tag{6.6}$$

其中，χ^2 是计算所得的卡方拟合优度检验统计量的值，见式（6.5），n 是总合计值。下面用一个简化的 2×2 列联表进行展示，见表 6.15。

表 6.15　2×2 列联表

因素 Y	因素 X		合计
	x_1	x_2	
y_1	a	b	$a+b$
y_2	c	d	$c+d$
合计	$a+c$	$b+d$	

表 6.15 中，a，b，c，d 是实际频数，通过计算预期频数后计算卡方拟合优度检验估计量，代入式（6.6）有

$$\varphi = \sqrt{\chi^2/n} = \frac{ad - bc}{\sqrt{(a+b)(c+d)(a+c)(b+d)}} \tag{6.7}$$

当 $ad = bc$ 时，表明变量 X 和 Y 之间相互独立，此时 $\varphi = 0$。

若 $b = 0$，$c = 0$，由式（6.7）计算得 $\varphi = 1$，此时 X 与 Y 完全相关。

因此，$|\varphi| = 1$，表示 X 与 Y 完全相关，必有某个方向对角线上的值全为零。由于列联表中变量位置可以任意变换，因此 φ 的符号没有实际意义。φ 的绝对值越大，说明变

量 X 与 Y 的相关程度越高。

虽然对于 2×2 列联表计算的 φ 相关系数在 0 到 1 之间，当 $R\times C$ 列联表中的行数 R 或者列数 C 大于 2 时，φ 相关系数将随着 R 或者 C 的增大而增大，且 φ 的值没有上限。当行数或列数较多时，采用 φ 相关系数测定两变量间的相关程度是不合适的，此时可以采用列联相关系数。

2. 列联相关系数

列联相关系数改进了 φ 相关系数，其公式为

$$c=\sqrt{\frac{\chi^2}{\chi^2+n}} \tag{6.8}$$

当列联表中的两个变量相互独立时，相关系数 $c=0$。从式（6.8）的结构可以看出，列联相关系数不可能大于 1。

列联相关系数的优点：计算简便，对于总体的分布无任何要求，是一种适应性较广的测度值。当两变量完全不相关时，列联相关系数等于 0。

列联相关系数的缺陷：当两变量完全相关时，列联相关系数不等于 1。当两个变量完全相关时，2×2 列联表的相关系数为 $c=0.7071$，3×3 列联表的相关系数为 $c=0.8165$，4×4 列联表的相关系数为 $c=0.87$。行数和列数不同的两个列联表所计算的列联相关系数不具有可比性。

3. V 相关系数

鉴于 φ 相关系数无上限，c 相关系数上限小于 1 的情况，克拉默提出了 V 相关系数，计算公式为

$$V=\sqrt{\frac{\chi^2}{n\times\min[(R-1),(C-1)]}} \tag{6.9}$$

V 相关系数也是基于 χ^2 计算的，$\min[(R-1),(C-1)]$ 是行数减 1 与列数减 1 的最小的一个。当两个变量相互独立时，$V=0$；当两个变量完全相关时，$V=1$。当列联表中行数或列数等于 2 时，此时 V 相关系数就等于 φ 相关系数。

【例 6.25】 根据例 6.24 中的结果计算三个相关系数。

例 6.24 中，$\chi^2=6.39$，$R=2$，$C=3$，$n=1448$，则有

$$\varphi=\sqrt{\frac{\chi^2}{n}}=\sqrt{\frac{6.39}{1448}}\approx 0.0664$$

$$c=\sqrt{\frac{\chi^2}{\chi^2+n}}=\sqrt{\frac{6.39}{6.39+1448}}\approx 0.0663$$

$$V=\sqrt{\frac{\chi^2}{n\times\min[(R-1),(C-1)]}}=\sqrt{\frac{6.39}{1448\times\min[(2-1),(3-1)]}}=\varphi\approx 0.0664$$

这里，由于 $\chi^2=6.39$，相对于 $n=1448$ 来说很小，因此三个相关系数的值很接近，几乎相同。一般情况下，这三个相关系数的值不相同。

习 题

一、简答题

1. 简述中心极限定理的含义和意义。

2. 简述大数定律的含义和意义。
3. 点估计的评价标准是什么？
4. 点估计的步骤是什么？
5. 极大似然估计的步骤是什么？
6. 如何寻找总体参数的区间估计？
7. 做假设检验的基本流程是什么？
8. 中心极限定理的"中心"怎么理解？
9. 用一两句话解释95%置信水平和统计上的显著性。

二、计算题

1. 2010年关于某地区大学毕业生酗酒的调查，随机抽取了6911名大学生，其中有792人说他们那一年有过酗酒经历，求该地区大学毕业生在过去一年中酗酒人数比例的95%的置信区间。

2. 有一批零件，其长度 $X \sim N(\mu, \sigma^2)$，现从中任意抽取8件，测得长度分别为10、14、15、13、12.6、13.4、12.8、13.2（单位：mm），

（1）试估计总体均值 μ。

（2）求总体均值 μ 的95%的置信区间。

3. 易怒的人是否更容易患心脏病？一项历时4年的研究追踪了三地共计12986人的随机样本。所有实验对象在研究开始前都没有心脏病，他们接受了斯皮尔伯格发怒量表测试，该量表用来度量一个人的易怒程度。以下是样本中血压正常的8474人的数据。（CHD代表冠心病患者，包括患过急性心脏病的人，以及需要治疗的心脏病患者。）请回答：易怒程度与患心脏病之间存在相关性吗？相关程度有多大，是否具有统计意义上的显著性。我们能否得出易怒会导致人们患心脏病的结论呢？

表 6.16 易怒程度与冠心病的列联表

	易怒程度		
	低	中	高
样本量	3110	4731	633
CHD 计数	53	110	27
CHD 百分比	1.7%	2.3%	4.3%

4. 某工厂使用新设备生产一种电子元件，要求该元件的寿命不低于1000h。现在从一批原件中随机抽取25件，测得其寿命平均值为950h。已知该元件寿命服从标准差为 $\sigma=100$ 的正态分布，试在显著性水平0.05下确定新设备生产的这批产品是否合格。

5. 资料显示服用某种安眠药后的平均睡眠时间为20.8h，标准差为1.6h。现有一种新安眠药，据说在一定剂量下，能比旧安眠药平均增加睡眠时间3h。为了检验这个说法是否正确，收集到一组使用新安眠药的睡眠时间（单位：h）为：26.7，22.0，24.1，21.0，27.2，25.0，23.4。试问：从这组数据能否说明新安眠药已达到新的疗效（假定睡眠时间服从正态分布，$\alpha=0.05$）？

第 7 章 统 计 指 数

- ▶ 复述指数的使用范围和计算方法
- ▶ 判别数量指标指数和质量指标指数
- ▶ 区分不同类型的指数
- ▶ 复述常用的经济指数

- ▶ 根据指数体系因素分解分析社会经济现象变化
- ▶ 具备初步建构满意度指数的能力
- ▶ 评价统计报告中指数建构是否合理,提出可行建议

思维导图

统计指数

概念分类

指数性质
- 综合性
- 相对性
- 动态性
- 平均性
- 代表性

指数分类
- 考察对象范围
  - 个体指数
  - 总指数
- 具体指标性质
  - 数量指标指数
  - 质量指标指数
- 权重赋予
  - 简单指数
  - 加权指数
- 对比内容
  - 静态指数
  - 动态指数
- 对比基期
  - 定基指数
  - 环比指数

指数编制中的问题
- 项目选择
- 权重确定
- 计算方法

指数体系因素分解
- 总量指数因素分解
- 平均指数因素分解

个体指数和总指数

- 个体指数
  - 数量指标个体指数
  - 质量指标个体指数
- 总指数
  - 综合指数
    - 简单综合指数
    - 加权综合指数
  - 平均指数
    - 简单平均指数
    - 加权平均指数

常用经济指数
- 居民消费价格指数
- 生产者价格指数
- 满意度指数
- 股票价格指数

每天，我们都免不了和统计指数打交道，相信大家对这样的报道并不陌生。

国家统计局于 2021 年 3 月 10 日发布数据：2 月份，全国居民消费价格指数同比下降 0.2%，食品价格由上月的同比上涨 1.6% 转为同比下降 0.2%，非食品价格同比下降 0.2%；2 月份，全国工业生产者价格指数同比上涨 1.7%，涨幅比上月扩大 1.4 个百分点[①]。

北京时间 2021 年 3 月 16 日，上证指数收盘上涨 26.78 点，涨幅为 0.78%，报收 3446.73 点，成交额 3323.88 亿元；深证成指收盘上涨 122.88 点，涨幅为 0.91%，报收 13642.95 点，成交额 4031.17 亿元；沪深 300 收盘上涨 43.82 点，涨幅为 0.87%，报收 5079.36 点，成交额 2717.55 亿元。沪深两市成交额 7355.1 亿元；两市 95 股涨停，9 股跌停（含 ST）[②]。

上面两则新闻报道涉及多个统计指数，如居民消费价格指数、工业生产者价格指数、上证指数、深圳成指、沪深 300 等，有时我们还会遇到满意度指数、制造业采购经理指数、全球幸福指数、人类发展指数、贫困指数等，这些统计指数对我们来讲有什么用？这些指数能做什么？真的能反映网站上说的事情吗？

知晓指数概念、了解指数的编制方法及其作用，将有助于我们更清晰地认识不同指数的功能和作用。统计指数可以反映某种现象的数量变化方向及程度。例如，居民消费价格指数是 110（或 90），相当于现在比基期物价上涨（下降）了 10%。统计指数还可以分析各个因素的变动及其对社会经济现象总体的影响程度。例如，物价上涨（或下降）10%，可以分析出哪个因素对其影响最大。此外，统计指数还可以用于分析复杂现象总体的长期变化趋势。例如，2000 年到现在的股票价格指数可以反映国内股票市场的收益率情况。

7.1 指数的概念及分类

7.1.1 指数的概念

指数的概念

如果你留意新闻报道，会发现国家统计局会定期公布一些价格指数（如上面提到的居民消费价格指数、工业生产者价格指数等），以及科研机构发布的专业指数（如上海财经大学发布的上海市消费者信心指数和上海市投资者信心指数、中国人民大学发布的中国发展指数、厦门大学发布的海西信心指数等）。社会上咨询机构也会研究并发布专业指数（如房地产价格指数、交通指数等）。全球大学排行榜也是通过指标体系构建的指数建立的。统计指数和我们的日常生活关系密切，在经济社会中的应用非常广泛，一个优秀的指数能够反映对应事物的发展状况和变动趋势。

最早的统计指数编制是因为物价的变动而产生的。17 世纪，沃汉在测度商品价格变动时建立了物价指数，经济学家用此测定劳资双方对于货币交换的比例。18 世纪中后期，大量金银流入市场导致物价骤然上涨，引起了社会的广泛关注，为了反映物价变动情况，

---

① http://tv.cctv.com/2021/03/11/VIDEzkXYO2Qbdvuz7YYIWMfm210311.shtml ［2022-06-20］
② https://baijiahao.baidu.com/s?id=16943714029194521358&wfr=spider&for=pc ［2022-06-20］

产生了编制指数的要求。随着历史的推移，统计指数理论体系不断完善，实践应用不断延伸，现已发展到生产生活的各个领域，成为研究社会经济现象的数量关系在时间上变动和在空间上对比的重要分析工具，至今已有300多年的历史。

从广义上讲，只要是若干数值对比而形成的相对数就可以称为指数，指数可以用于说明某种社会经济现象的数量变动。从狭义上讲，指数是测定若干项内容数量综合变动的一种特殊的相对数。

指数的概念蕴含以下几个要点。

第一，综合性。其实质是测定由多个个体或者多个项目组成的数量上不能直接加总的现象总体，从整体上对其数量变动进行综合反映，例如居民消费价格指数反映的是居民所有生活消费项目的价格水平。虽然单个项目的价格指数也是指数范畴，但并不是本章讨论的核心内容。

第二，相对性。其表现形式是相对数，依据所要研究的现象之间的经济意义或客观联系，用相除的方法将相关指标进行对比，得到一个抽象化的数值比率。

第三，动态性。动态性主要体现在不同要素于不同时期（基期、报告期）的选择上，这样就使不同时空的绝对数具有了可比性，达到纵向对比的效果。动态性是编制指数需要讨论的一个重要问题。

第四，平均性。由于个体间的变动状况各不相同，指数只能反映其变动的一般水平，即总体变动是一种平均意义上的变动。

第五，代表性。每种社会经济现象背后的全面资料都非常庞大，不可能全部计算入内，编制指数时通常只能选择若干种作为计算依据。例如商品零售价格指数，由于社会零售商品种类繁多，层出不穷，且价格时常变动，因此在实际工作中只能选择代表商品进行计算。

7.1.2 指数的分类

从不同的角度出发，统计指数分为不同的类型。

1. 按照考察对象范围分为个体指数和总指数

个体指数是反映个体或单一项目数量变动的相对数，它适用于同质现象构成的总体，是计算总指数的基础。例如反映某商品去年和今年的价格变动可以编制价格指数，反映商品销售量变动情况可以编制销售量指数，反映商品成本变动则可编制成本指数。

总指数是综合反映多个个体或项目的数量变动相对数。对于多个不同个体，指数就不能简单相加而编制。例如1个苹果和1kg水泥在数量上无法加总。因此需要用合理的方法，将具有不同性质、不能够直接对比的多种事物综合起来进行考察。例如多种商品的价格总指数、多种产品的产量总指数、居民消费价格指数等都是总指数。

2. 按照具体指标性质分为数量指标指数和质量指标指数

数量指标指数是测度数量指标变动的相对数，反映现象的总体规模或者数量水平的变动程度。例如反映某商品的产量变动、商品销售量变动等。数量指标通常采用实物计量单位。

质量指标指数是测度质量指标变动的相对数，反映现象的相对水平或平均水平的变动程度。例如成本指数、工资指数、价格指数等。质量指标通常采用货币量计量单位。

3. 按照权重赋予不同分为简单指数和加权指数

简单指数给计入指数的若干项目赋予相同的权重，直接进行计算。例如，高考平均成绩的计算可以将语文、数学、外语和文科（理科）综合的成绩相加后乘以 1/4，相当于给每门课程赋予相同的权重（1/4），这里的高考平均成绩可以看作一个简单指数。

加权指数给计入指数的若干项目依据重要程度赋予不同的权数，再进行计算。例如，考生报考理工类专业，可能院校对数学和理科综合比较看重，因此要求这两门课的成绩较高才行，该专业会对考生的四门课赋予不同权重。例如，语文和外语赋予 0.2 的权重、数学和理科综合赋予 0.3 的权重。此时，该专业对考生的平均成绩排名计算方式如下。

平均成绩＝0.2×语文分数＋0.3×数学分数＋0.2×英语分数＋0.3×理科综合

上述平均成绩即为加权指数，其中 0.2，0.3，0.2，0.3 均是权重。在加权指数中，如何科学、合理地对各个项目赋予合适的权重是一个非常重要的问题，不同方法、不同专家给出的权重赋予可能有较大差别，因此，选择什么权重需认真斟酌。

思考：在上面的高考平均成绩计算中，给出的权重 0.2，0.3，0.2，0.3 是否合理？你能想出其他更合理的权重吗？

4. 按照对比内容不同分为静态指数和动态指数

静态指数是指同类现象在相同的时间、不同空间（包括国家、地区和部门等）进行对比的结果，反映现象在不同空间的变动程度。

动态指数是指同类现象在不同时期进行对比，反映现象在时间上的变动程度。

5. 按照对比基期不同分为定基指数和环比指数

定基指数是指采用某一固定时期作为基期进行计算，优点是可以得到不同指数值和同一时期的对比情况。例如以 2000 年 1 月为基期，2000 年 2 月和 2000 年 8 月的价格指数反映的是 2 月和 8 月的价格与 1 月的价格相比的变动程度。

环比指数是指采用报告期前一时期作为基期进行计算得到的指数。例如 2000 年 2 月的环比价格指数反映的是与 2000 年 1 月的价格相比的变动情况，2000 年 8 月的价格指数反映的是与 2000 年 7 月的价格指数相比的变动情况，其优点是可以得到当期指数值与最近一期的对比情况。上述数据是月度数据，基期的选择都是月。如果是季度数据或年度数据，那么基期就变成了季度或年度。

7.1.3 指数编制中的问题

在指数编制过程中，需要解决的最重要的三个问题是：项目选择、权重确定和计算方法。

1. 项目选择

指数是反应总体数量变动的相对数，对所有总体进行指数编制是不现实的，也是没有必要的。以最简单的农产品价格指数为例。第一，农产品都包括什么？多到不可计数，所以不可能把所有农产品都拉进来，因此一般选择销售量大的农产品。第二，全国可以确定统一的农产品品种吗？不可以。例如一些青菜在 A 地区销售量很大，但在 B 地区销售量就很小，那么在 B 地区就没有必要纳入农产品价格指数。第三，例如苹果入选了农产品价格指数，那么要计算哪种——红富士、红元帅、黄元帅、国光、……？与之前的选择方法一样，只计算产量或销售量大的。第四，原来入选的某种农产品今年受灾严重，产量小得可怜，价格会很高，那么还能按照原来的方法继续计算农产品价格指数吗？不能，需要调换成其他农产品。因此，在指数编制过程中，没有必要、也不可能将总体的所有项目都计算在内，通常需要对项目进行筛选，选择具有代表性的规格品。

2. 权重确定

指数是对有代表性的项目进行加权得到的相对数，因此确定权重非常关键。确定权重的方法无外乎两种。一种是主观方法确定权重，研究社会现象时通常会采用这种方法。由于有些指数测度的是人群的行为、态度和看法，没有绝对的对错之分，如幸福指数、满意度指数等，不同项目之间的权重确定没有公认的标准，只能采用主观方法确定权重。这里的主观确定和随意确定不一样。主观确定一般由编制人员根据研究问题的特征进行充分讨论、专家咨询、集思广益得到合理的权重。另一种是客观方法确定权重，有三种确定方法。一是根据已有的信息构造客观权重。例如，商品的零售价格指数中每个代表项目的权重是该商品的零售额在全部零售额中所占的比重，一些股票指数也是通过每只股票的市值占总市值的比例作为权重。用个体占总体比例作为权重的做法有一定的合理性。二是通过指标建立模型，通过某种模型构建客观权重。此时权重的选取和模型的适用性有关，是将权重选择问题转化为模型选择问题而已。三是采用简单指数，对各个项目取相同客观权重，这适用于对各项目间的重要关系完全不了解或者重要关系差别不太大的情况。

3. 计算方法

由于研究对象不同，数据来源也不同，因此对统计指数的计算方法也不同。不同的应用场合下，有不同的指数编制方法。例如同样的数据，以基期加权或以报告期加权会得到不同的指数，而且两种指数值都有合理的解释。因此，掌握指数背后的统计思想，使用什么计算方法要根据具体问题进行选择。

7.2　个体指数和总指数

7.2.1　个体指数

1. 数量指标个体指数

数量指标个体指数是指某一种社会经济现象报告期和基期的数量指标值做对比的结果，用来反映简单社会经济现象数量变动方向和变动程度，其表达式一般为

$$K_q = \frac{q_1}{q_0} \tag{7.1}$$

其中，q 代表数量指标，下标 1 代表报告期（也称当期），下标 0 代表基期。

【例 7.1】 表 7.1 所示为某商场三种商品的销售量和相应销售价格的销售数据，请分别计算三种商品的数量指标个体指数（销售数量个体指数）。

表 7.1　某商场三种商品的销售量和相应销售价格的销售数据

商品名称	计量单位	销售量		销售价格/元	
		基期 q_0	报告期 q_1	基期 p_0	报告期 p_1
A	瓶	2500	2000	2.5	3.0
B	个	500	600	30	30
C	双	300	400	120	100

解：

$$K_{qA} = \frac{q_1}{q_0} = \frac{2000}{2500} \times 100\% = 80\%$$

$$K_{qB} = \frac{q_1}{q_0} = \frac{600}{500} \times 100\% = 120\%$$

$$K_{qC} = \frac{q_1}{q_0} = \frac{400}{300} \times 100\% = 133\%$$

计算结果表明，A 商品的销售量减少了 20%，B 商品的销售量增加了 20%，C 商品的销售量增加了 33%。

2. 质量指标个体指数

质量指标个体指数是指某一种社会经济现象报告期和基期的质量（价格）指标值做对比的结果，用来反映简单社会经济现象价格变动方向和变动程度，其表达式一般为

$$K_p = \frac{p_1}{p_0} \tag{7.2}$$

其中，p 代表质量指标，下标 1 代表报告期，下标 0 代表基期。

【例 7.2】　承例 7.1。表 7.1 所示为某商场三种商品的销售量和相应销售价格的销售数据，分别计算三种商品的质量指标个体指数（销售价格个体指数）。

解：

$$K_{pA} = \frac{p_1}{p_0} = \frac{3}{2.5} \times 100\% = 120\%$$

$$K_{pB} = \frac{p_1}{p_0} = \frac{30}{30} \times 100\% = 100\%$$

$$K_{pC} = \frac{p_1}{p_0} = \frac{100}{120} \times 100\% = 83.3\%$$

计算结果表明，A 商品的销售价格提高了 20%，B 商品的销售价格保持不变，C 商品的销售价格降低了 16.7%。

7.2.2　总指数

总指数是对个体指数的综合，其编制方法有两种基本形式：综合指数和平均指数。综合指数是指将不能直接加总或对比的总体通过同度量单位将其转化为可以加总的量，通过对比，计算得到总指数。综合指数用于反映复杂社会经济现象的综合变动方向和程度。平

均指数则是以个体指数为基础对个体指数进行加权平均的结果。

1. 综合指数

将个体指数综合的方法有两种：一是将所有个体的权重看作一样，直接将个体指数简单汇总，即简单综合指数；二是按照某种规则对项目赋予权重，即加权综合指数。综合指数的特点是先综合后对比。

（1）简单综合指数

分别将报告期和基期的指标加总起来，然后进行对比得到相对数，即为简单综合指数。其计算公式为

数量指标指数：

$$I_q = \frac{\sum q_1}{\sum q_0} \tag{7.3}$$

质量指标指数：

$$I_p = \frac{\sum p_1}{\sum p_0} \tag{7.4}$$

其中，q 代表数量指标，p 代表质量指标，下标 1 代表报告期，下标 0 代表基期。

【例 7.3】 表 7.2 所示为某商场三种商品的销售量和相应销售价格的销售数据，试采用简单汇总的方式计算数量指标指数（销售量指数）和质量指标指数（价格指数）。

表 7.2 某商场三种商品的销售数据量和相应销售价格的销售数据

商品名称	计量单位	销售量		销售价格/元		销售额/元			
		基期	报告期	基期	报告期	基期	报告期	假定	
		q_0	q_1	p_0	p_1	$q_0 p_0$	$q_1 p_1$	$q_1 p_0$	$q_0 p_1$
A	瓶	2500	2000	2.5	3.0	6250	6000	5000	7500
B	个	500	600	30	30	15000	18000	18000	15000
C	双	300	400	120	100	36000	40000	48000	30000
合计	—	3300	3000	152.5	133	57250	64000	71000	5250

解：

$$I_q = \frac{\sum q_1}{\sum q_0} = \frac{2000+600+400}{2500+500+300} \times 100\% = \frac{3000}{3300} \times 100\% \approx 90.91\%$$

$$I_p = \frac{\sum p_1}{\sum p_0} = \frac{3+30+100}{2.5+30+120} \times 100\% = \frac{133}{152.5} \times 100\% \approx 87.21\%$$

从计算结果可以看出，该商场的销售数量，报告期比基期下降 9.09%；销售价格，报告期比基期下降了 12.79%。

思考：通过表 7.2 的数据和计算结果，想一想利用简单综合指数有什么地方不太好？（简单综合指数的优点和缺点是什么？）

不难看出，利用简单综合指数可以很直观地反映出报告期与基期这段时间间隔内的商品综合价格变化，但同时也发现，商品 A 与 C 的销售量的计量单位不同或销售价格差异太大，会导致当某一商品销售量或价格发生剧烈变化时，个体指数也会发生剧烈变化，从而导致可比性变差，甚至当销售量的单位不同时，加总可能无实际意义。

简单综合指数的优点：操作简单，便于理解，对数据要求少。

简单综合指数的缺点：理论上存有明显的不足，例如价格指数，直接将所有调查对象报告期和基期的价格分别汇总起来，忽略了不同商品价值量的差距，导致价格较高的商品掩盖了价格较低的商品的价格波动。

(2) 加权综合指数

当一些复杂的社会经济现象总体不能直接加总或对比时，如出现例 7.3 中商品 A 与 C 的价格差异太大的情况，就需要将总体进行转化。如何转化？

<u>首先</u>，引入同度量因素①作为媒介。例如，研究销售体系，基于销售量、销售价格和销售额之间的关系有

$$商品销售额 = 商品销售价格 \times 商品销售量$$

在计算销售价格总指数时，由于直接加总商品价格会造减弱可比性，因此，可以将销售价格通过引入销售数量转化为可以直接相加的销售额，销售额即同度量因素。同样，在计算销售量总指数时，由于商品的计量单位不同不能直接相加时，可以通过引入销售价格过渡为可以直接相加的销售额。

也就是说，考察质量指标变动情况时，引入数量指标作为同度量因素；考察数量指标变动情况时，引入质量指标作为同度量因素；通过销售额这个可以加总、可以比较的同度量因素对数量指标和质量指标进行对比。

<u>其次</u>，要固定同度量因素的时期。由于引入的同度量因素有不同时期的指标值，因此需要将其固定在同一时期的水平上，以消除同度量因素的影响，从而单纯反映所研究因素的变动情况。将同度量单位作为权重的选择并无异议，但是选择基期还是报告期的因素作为同度量单位产生了分歧，从而产生了不同的指数，即拉氏指数和帕氏指数。

①拉氏指数。

拉氏指数是由德国统计学家拉斯贝尔斯于 1864 年提出的。拉斯贝尔斯主张无论是数量指标指数还是质量指标指数，<u>都将同度量因素固定在基期水平</u>。拉氏指数的计算公式具体如下。

拉氏数量指标指数：

$$I_q = \frac{\sum q_1 p_0}{\sum q_0 p_0} \tag{7.5}$$

拉氏质量指标指数：

$$I_p = \frac{\sum q_0 p_1}{\sum q_0 p_0} \tag{7.6}$$

---

① 简单地讲，就是将性质、类型、量纲不同的商品统一度量。比如，虽然商品的属性不同，但是由商品的销售量和销售价格的乘积构成商品销售额，不同商品的销售额是可以度量的，具有可比性。

注意：拉氏数量指标指数将质量因素作为权重，所以将价格都固定在了基期，即分子分母中都是 p_0。而拉氏质量指标指数将数量因素作为权重，所以将数量都固定在了基期，即分子分母中都是 q_0。

② 帕氏指数。

帕氏指数是由德国统计学家帕舍于 1874 年提出的。帕舍主张无论是数量指标指数还是质量指标指数，<u>都将同度量因素固定在报告期</u>。帕氏指数的计算公式具体如下。

帕氏数量指标指数：

$$I_q = \frac{\sum q_1 p_1}{\sum q_0 p_1} \tag{7.7}$$

帕氏质量指标指数：

$$I_p = \frac{\sum q_1 p_1}{\sum q_1 p_0} \tag{7.8}$$

注意：帕氏数量指标指数将质量因素作为权重，所以将价格都固定在了报告期，即分子分母中都是 p_1。而帕氏质量指标指数将数量因素作为权重，所以将数量都固定在了报告期，即分子分母中都是 q_1。

【**例 7.4**】续例 7.3。表 7.2 是某商场三种商品销售量和相应销售价格的销售数据，分别用拉氏指数和帕氏指数计算三种商品的数量指标指数和质量指标指数。

解：

（1）采用拉氏指数计算

$$I_q = \frac{\sum q_1 p_0}{\sum q_0 p_0} = \frac{71000}{57250} \times 100\% \approx 124.02\%$$

$$I_p = \frac{\sum q_0 p_1}{\sum q_0 p_0} = \frac{52500}{57250} \times 100\% \approx 91.70\%$$

（2）采用帕氏指数计算

$$I_q = \frac{\sum q_1 p_1}{\sum q_0 p_1} = \frac{64000}{52500} \times 100\% \approx 121.90\%$$

$$I_p = \frac{\sum q_1 p_1}{\sum q_1 p_0} = \frac{64000}{71000} \times 100\% \approx 90.14\%$$

由上述计算结果可知，使用不同的权重确定方法计算出来的指数是不同的。

一般而言，在计算数量指标指数时，选择将权重确定在基期计算的指数能够剔除价格变动对指数的影响，从而准确反映数量变化，因此大多选择拉氏指数。常用的应用有以不变价格计算的销售量、产量等指数。在计算质量指标指数时，若将数量权重确定在基期，反映的是基期的产品结构下价格的变动影响；如果将数量权重确定在报告期，反映的是报告期（当下）的产品结构下价格的变动影响。因此在计算质量指标指数时，按照编制指数的目的选择拉氏或帕氏指数。

除此之外，还有一些指数，常见的有马埃指数和费雪理想指数。

③**马埃指数**。

马埃指数是 1887 年由英国学者马歇尔提出,后由埃奇沃斯推广,用于计算物量方面的指数。如果不能确定权重选择在基期或报告期,那么选择基期和报告期的简单平均似乎是一个最优的选择,建议将同度量因素固定在基期和报告期的平均水平。马埃指数计算公式具体如下。

马埃数量指标指数:

$$I_q = \frac{\sum q_1 (\frac{p_0 + p_1}{2})}{\sum q_0 (\frac{p_0 + p_1}{2})} \tag{7.9}$$

马埃质量指标指数:

$$I_p = \frac{\sum p_1 (\frac{q_0 + q_1}{2})}{\sum p_0 (\frac{q_0 + q_1}{2})} \tag{7.10}$$

马埃指数介于拉氏指数和帕氏指数之间,算是对拉氏指数和帕氏指数的一种折中,优点在于调和了拉氏指数或帕氏指数的选择问题,缺点在于失去了原有的经济学解释意义。

④**费雪理想指数**。

美国统计学家费雪于 1911 年提出交叉计算指数的方法,费雪理想指数是帕氏指数和拉氏指数的几何平均,其计算公式为

费雪理想数量指标指数:

$$I_q = \sqrt{\frac{\sum q_1 p_0}{\sum q_0 p_0} \times \frac{\sum q_1 p_1}{\sum q_0 p_1}} \tag{7.11}$$

费雪理想质量指标指数:

$$I_p = \sqrt{\frac{\sum q_0 p_1}{\sum q_0 p_0} \times \frac{\sum q_1 p_1}{\sum q_1 p_0}} \tag{7.12}$$

计算:利用表 7.2 的数据计算马埃指数和费雪理想指数,验证这两个指数都介于拉氏指数和帕氏指数之间。

费雪理想指数的数学意义较好(源于几何平均数的性质),但是和马埃指数一样,失去了实际的经济意义,解释性不强。马埃指数相当于拉氏指数和帕氏指数的算术平均,而费雪理想指数则是拉氏指数和帕氏指数的几何平均。下面的平均指数中会专门介绍其他的加权平均指数。

2. 平均指数

编制综合指数需要掌握全面的原始数据,而实际生活中有时无法获得全部的数据,此时便需要采用平均指数。平均指数是以个体指数为基础进行平均得到的总指数。平均指数的特点是先对比,后综合。

(1) 简单平均指数

①简单算术平均指数。

简单算术平均指数是先求每个个体的个体指数,再用简单平均法计算得到总指数。其

计算公式具体如下。

数量指标指数：

$$I_q = \frac{1}{n} \sum \frac{q_1}{q_0} \tag{7.13}$$

质量指标指数：

$$I_p = \frac{1}{n} \sum \frac{p_1}{p_0} \tag{7.14}$$

【**例 7.5**】 表 7.3 是某商场三种商品的销售量和相应销售价格的销售数据，试采用简单平均指数的方式分别计算数量指标指数和质量指标指数。

表 7.3 例 7.5 三种商品的销售数据

商品名称	计量单位	销售量		销售价格/元		销售额/元			
		基期	报告期	基期	报告期	基期	报告期		
		q_0	q_1	p_0	p_1	$q_0 p_0$	$q_1 p_1$	$q_1 p_0$	$q_0 p_1$
A	瓶	2500	2000	2.5	3.0	6250	6000	5000	7500
B	个	500	600	30	30	15000	18000	18000	15000
C	双	300	400	120	100	36000	40000	48000	30000
合计	—	—	—	—	—	57250	64000	71000	5250

解：

$$I_q = \frac{1}{n} \sum \frac{q_1}{q_0} = \frac{1}{3}\left(\frac{2000}{2500} + \frac{600}{500} + \frac{400}{300}\right) \times 100\% \approx 111\%$$

$$I_p = \frac{1}{n} \sum \frac{p_1}{p_0} = \frac{1}{3}\left(\frac{3}{2.5} + \frac{30}{30} + \frac{100}{120}\right) \times 100\% \approx 101\%$$

② 简单几何平均指数。

简单几何平均指数是对个体指数计算几何平均数，其计算公式如下。

数量指标指数：

$$I_q = \sqrt[n]{\prod_{i=1}^{n} \left(\frac{q_{1i}}{q_{0i}}\right)} \tag{7.15}$$

质量指标指数：

$$I_p = \sqrt[n]{\prod_{i=1}^{n} \left(\frac{p_{1i}}{p_{0i}}\right)} \tag{7.16}$$

（2）加权平均指数

加权平均指数是以个体指数为基础，通过对个体指数进行加权平均来编制的指数，通常以数量或价格作为权重，权数可以取不同的时期，类似于前面所提到的拉氏指数和帕氏指数。加权平均指数计算公式如下。

① 加权算术平均指数。

数量指标指数：

$$I_q = \frac{\sum \frac{q_1}{q_0} q_0 p_0}{\sum q_0 p_0} \tag{7.17}$$

质量指标指数：

$$I_p = \frac{\sum \frac{p_1}{p_0} q_1 p_0}{\sum q_1 p_0} \tag{7.18}$$

②加权调和平均指数。

数量指标指数：

$$I_q = \frac{\sum q_1 p_0}{\sum \frac{q_0}{q_1} q_1 p_0} \tag{7.19}$$

质量指标指数：

$$I_p = \frac{\sum q_1 p_1}{\sum \frac{p_0}{p_1} q_1 p_1} \tag{7.20}$$

加权算术平均指数和加权调和平均指数有些差异，但无本质区别。

平均指数其实是综合指数的变形，其分子、分母的实际含义和个体指数中的一致，但二者计算公式的表现形式有区别。计算综合指数要知道基期和报告期的所有数据，数据掌握不全面时可以使用平均指数。综合指数常用来比较指数变动的影响因素，平均指数则一般用于反映现象变化的方向和程度。

另外，在指数计算方法中，有些指数为了创新，采用不同时期的价格比或数量比作为拉氏指数或帕氏指数的再加权，导致分子或分母的加总值出现不同时期权重与不同时期数量价格乘积后的再乘积，虽然在数学上可行，但完全不具备实际的经济含义。因此，在指数计算时，遇到多次不同时期的价格数量乘积再加权时要慎重。

7.3 指数体系因素分解

分析社会经济现象的数量综合变化情况，如果单个的指数不能反映事物或现象全貌时，通常可以借助指数体系来完成。**指数体系**是将若干存在相互联系的指数构成系统，每个单独的指数反映事物或现象的一部分变动情况，所有指数共同作用来全面反映事物或现象的整体情况。要求在数量上存在一定关系的指数构成指数体系，是因为可以通过指数体系进行因素分解，进一步分析社会经济现象的相互联系，以及分析总体总量受各因素变动的影响程度和影响方向。

例如，销售额等于销售量与销售价格的乘积，那么销售额指数也应该是销售数量指数和销售价格指数的乘积。也就是说，如果指标之间存在某种数量上的关系，则该种关系也会传递到对应的指数上。

7.3.1 总量指数因素分解

通常一个总量指数（综合指数）可以分解成若干构成因素的乘积，其因素指数变动是由数量因素指数和质量因素指数共同作用的结果。它们共同作用影响着总量指数的变动方向和变动程度,其数量关系可以用指数体系的形式表现出来如下。

$$销售额指数=销售数量指数×销售价格指数$$
$$总产值指数=产量指数×产品价格指数$$
$$销售利润指数=销售量指数×销售价格指数×销售利润率指数$$

上述涉及的若干因素指数如果可以进一步分解,就能构造多因素指数框架。在指数体系构建中,除了总量指数和影响总量指数的若干因素指数,还需要明确总量指数和因素指数之间的数量关系。这些指数体系是在一定的经济联系基础上形成的较为严密的数量关系式,因而具备现实的经济意义。回顾下指数的概念,指数是相对数,即数值之间的比值关系,有时需要计算数量之间绝对量的关系,此时可以通过相减而不是相比得到。在统计指数中,一般总量指数中同时含有数量指数和质量指数,如前面提到的拉氏指数和帕氏指数。为简便起见,我们采用总量指数的两因素分析方法加以说明。某总量指数为

$$\frac{\sum q_1 p_1}{\sum q_0 p_0} = \frac{\sum q_1 p_0}{\sum q_0 p_0} \times \frac{\sum q_1 p_1}{\sum q_1 p_0} \tag{7.21}$$

报告期的总量与基期的总量(绝对量)变动关系表示为

$$\sum q_1 p_1 - \sum q_0 p_0 = \left(\sum q_1 p_1 - \sum q_1 p_0\right) + \left(\sum q_1 p_0 - \sum q_0 p_0\right) \tag{7.22}$$

式(7.22)中,$\sum q_1 p_1$ 是报告期总量指数,$\sum q_0 p_0$ 是基期总量指数;q 表示数量指数,p 表示质量指数。

【例7.6】 采用指数体系对表7.4中的数据进行因素分析。

表7.4 例7.6 三种商品的销售数据

商品名称	计量单位	销售量		销售价格/元		销售额/元			
		基期	报告期	基期	报告期	基期	报告期	假定	
		q_0	q_1	p_0	p_1	$q_0 p_0$	$q_1 p_1$	$q_1 p_0$	$q_0 p_1$
A	瓶	2500	2000	2.5	3.0	6250	6000	5000	7500
B	个	500	600	30	30	15000	18000	18000	15000
C	双	300	400	120	100	36000	40000	48000	30000
合计	—	—	—	—	—	57250	64000	71000	5250

解:

(1)销售额指数:

$$I_{qp} = \frac{\sum q_1 p_1}{\sum q_0 p_0} = \frac{64000}{57250} \times 100\% = 111.79\%$$

销售额变动的绝对值:

$$\sum q_1 p_1 - \sum q_0 p_0 = 64000 - 57250 = 6750(元)$$

(2)销售数量总指数:

$$I_q = \frac{\sum q_1 p_0}{\sum q_0 p_0} = \frac{71000}{57250} \times 100\% = 124.02\%$$

销售数量变动的绝对量：

$$\sum q_1 p_0 - \sum q_0 p_0 = 71000 - 57250 = 13750(元)$$

(3) 销售价格总指数：

$$I_p = \frac{\sum q_1 p_1}{\sum q_1 p_0} = \frac{64000}{71000} \times 100\% = 90.14\%$$

销售价格变动的绝对量：

$$\sum q_1 p_1 - \sum q_1 p_0 = 64000 - 71000 = -7000(元)$$

(4) 三者之间的数量关系：

$$111.79\% = 124.02\% \times 90.14\%$$
$$6750\,(元) = 13750\,(元) - 7000\,(元)$$

计算结果显示，该商店 A、B、C 三种商品报告期与基期相比，销售总额平均上涨了 11.79%，即销售总额增加了 6750 元。其中，因销售量平均提高 24.02%，使得销售总额增加 13750 元；因销售价格平均下降 5.86%，使得销售总额减少 7000 元。

对于个体的总量指数因素分析只要去掉相应的求和号即可，这里不再赘述。

7.3.2 平均指数因素分解

平均指数的因素分解也可以采用同样的思想进行，它反映了平均指数的水平变化和结构变化对平均指数变动影响的相对程度和绝对数量。以分组数据的加权算术平均数公式为例：

$$\bar{x} = \frac{\sum xf}{\sum f} = \sum \left(x \frac{f}{\sum f} \right)$$

由此可以看出，各组的变量水平变化（x）和各组的结构变化 $\frac{f}{\sum f}$ 这两个因素影响着平均数的变动。这种因素影响在指数体系中仍然成立。

总平均水平指数：

$$I_{xf} = \frac{\bar{x}_1}{\bar{x}_0} = \frac{\sum x_1 f_1 / \sum f_1}{\sum x_0 f_0 / \sum f_0} \tag{7.23}$$

水平变动指数：

$$I_x = \frac{\bar{x}_1}{\bar{x}_n} = \frac{\sum x_1 f_1 / \sum f_1}{\sum x_0 f_1 / \sum f_1} \tag{7.24}$$

结构变动指数：

$$I_f = \frac{\bar{x}_n}{\bar{x}_0} = \frac{\sum x_0 f_1 / \sum f_1}{\sum x_0 f_0 / \sum f_0} \tag{7.25}$$

不难发现，上述三个指数之间具有数量关系，可以构造成指数体系，具体表现为

$$\frac{\sum x_1 f_1 / \sum f_1}{\sum x_0 f_0 / \sum f_0} = \frac{\sum x_1 f_1 / \sum f_1}{\sum x_0 f_1 / \sum f_1} \times \frac{\sum x_0 f_1 / \sum f_1}{\sum x_0 f_0 / \sum f_0}$$

简写为

$$I_{xf} = I_x \times I_f$$

也就是说，有

总平均水平指数＝水平变动指数×结构变动指数

其绝对量的变动关系为

$$\sum x_1 f_1 / \sum f_1 - \sum x_0 f_0 / \sum f_0 = \left(\sum x_1 f_1 / \sum f_1 - \sum x_0 f_1 / \sum f_1 \right) + \left(\sum x_0 f_1 / \sum f_1 - \sum x_0 f_0 / \sum f_0 \right)$$

即

总平均水平变动量＝水平变动量＋结构变动量

在进行分析时，总体结构看作数量指标，各组变量看作质量指标。对平均指数进行因素分解时，各组变量固定在基期，在分析变量变动对平均数的影响时，要将结构固定在报告期。

【例 7.7】 某车间有两个生产小组，其劳动生产率数据如表 7.5 所示，对其进行因素分解。

表 7.5 某车间劳动生产率数据

	劳动生产率/（件/人）		工人数/人	
	基期 x_0	报告期 x_1	基期 f_0	报告期 f_1
小组一	40	46	100	120
小组二	35	42	80	90

解：

基期总平均劳动生产率

$$\bar{x}_0 = \frac{\sum x_0 f_0}{\sum f_0} = \frac{40 \times 100 + 35 \times 80}{100 + 80} = \frac{6800}{180} = 37.78 \text{（件/人）}$$

报告期总平均劳动生产率

$$\bar{x}_1 = \frac{\sum x_1 f_1}{\sum f_1} = \frac{46 \times 120 + 42 \times 90}{120 + 90} = \frac{9300}{210} = 44.29 \text{（件/人）}$$

假定的总平均劳动生产率

$$\bar{x}_n = \frac{\sum x_0 f_1}{\sum f_1} = \frac{40 \times 120 + 35 \times 90}{120 + 90} = \frac{7950}{210} = 37.85 \text{（件/人）}$$

（1）总平均劳动生产率指数

$$I_{\bar{x}} = \frac{\bar{x}_1}{\bar{x}_0} = \frac{44.29}{37.78} = 117.23\%$$

总平均劳动生产率变动的绝对量＝44.29－37.78＝6.51（件/人）

(2) 组平均劳动生产率指数

$$I_x = \frac{\sum x_1 f_1}{\sum f_1} \div \frac{\sum x_0 f_1}{\sum f_1} = \frac{44.29}{37.85} = 117.01\%$$

各组劳动生产率变动的影响量＝44.29－37.85＝6.44（件/人）

(3) 结构影响指数

$$I_f = \frac{\sum x_0 f_1}{\sum f_1} \div \frac{\sum x_0 f_0}{\sum f_0} = \frac{37.85}{37.78} \times 100\% = 100.19\%$$

工人数结构变动的影响量＝37.85－37.78＝0.07（件/人）

(4) 以上计算结果的数量关系为

$$117.23\% = 117.01\% \times 100.19\%$$

6.51（件/人）＝6.44（件/人）＋0.07（件/人）

相对数分析结果表明，该车间在报告期总平均劳动生产率比基期提高了 17.23%，这是由两个因素共同作用的结果：两个小组劳动生产率平均提高了 17.01%，工人数结构变动使车间总平均变动率提高了 0.19%。

绝对数分析的结果表明，该车间报告期人均产值比基期增加了 6.51 件，这是由两个因素共同作用的结果：两个小组的劳动生产率提高使企业人均产值增加了 6.44 件，工人数结构变动使车间人均产值提高了 0.07 件。

7.4 常用经济指数

7.4.1 居民消费价格指数

居民消费价格指数

1. 概念

居民消费价格指数是综合度量居民购买的消费品与服务项目价格水平随着时间变动的相对数，常用于分析经济形势走势、监测物价水平变化、进行国民经济核算的重要宏观经济指标，在学术研究中常被用作测度通货膨胀的替代变量。

居民消费价格指数测度在特定时段内（月、季度、年等）一组代表性消费商品或服务项目（形象地称之为一篮子商品或消费篮子）的价格水平（最终消费价格）随时间而变动的情况。居民消费价格指数的变动一定程度上也能反映一个国家或地区通货膨胀或紧缩的程度，因此同个人的日常生活及工作密切相关，在整个国民经济价格体系中占有重要的地位，是进行经济分析与决策、价格总水平监测与调控及国民经济核算的重要指标。

居民消费价格指数的测量随时间变化而变化。目前，我国的居民消费价格指数按城乡分别编制，统计范围涵盖了全国城乡居民生活消费的食品、烟酒及用品、衣着、家庭设备用品及维修服务、医疗保健和个人用品、交通和通信、娱乐教育文化用品及服务、居住等八大类 262 个基本分类的商品与服务价格。调查方法通过抽样调查确定，一般是确定调查地点，定人、定点、定时派专人到调查点采集商品和服务的原始价格，数据来源于全国所有省（自治区、直辖市）500 多个市、县的 8 万多家调查点，包括商场、超市、农贸市场、服务网点、互联网、电商等。

居民消费价格指数的计算公式由一组固定商品按当期价格计算的价值除以按基期价格计算的价值再乘以100%得到。权重的选择基于城乡近100000多户家庭的实际消费构建,每两年修正一次,以使权重与居民的消费习惯相符。

思考和实践: 国家统计局会定期发布居民消费价格指数,请查找近20年全国城乡居民的居民消费价格指数数据,利用统计图和统计表进行展示。在国家统计局网站上查到居民消费价格指数数据后会发现有全国各地的居民消费价格指数分类数据,还有分城乡的居民消费价格指数数据。仔细想一想如何查到近20年全国城乡居民的居民消费价格指数数据。

2. 编制居民消费价格指数的目的

首先,居民消费价格指数是反映与居民生活有关的消费品及服务价格水平的变动情况的重要宏观经济指标,借助该指数可以纵向了解物价变动情况,例如通过居民消费价格指数及因素分解可以了解肉类和蔬菜价格变动情况,对于平抑重大节假日前后的物价变动有重要作用。了解全国各地价格变动的基本情况,分析研究价格变动对社会经济和居民生活的影响,也是国家对居民发放物价补贴、养老金与最低工资调整的依据之一。

其次,居民消费价格指数会影响国家的宏观经济调控政策、措施的实施力度,也会影响企业的用工规模、证券市场的价格变化。

最后,结合居民消费价格指数与其他数据的综合研判,是金融市场上重点关注的热门经济指标之一。居民消费价格指数过快上涨和快速下跌都会对居民的生活产生重要影响,进而会影响居民对未来居民消费价格指数的预期,最终可能会影响企业的经营决策、投资行为及政府的政策制定和实施等。

思考: 想一想,在生活中居民消费价格指数发生变动(假设变动幅度较大)会对你的生活产生什么影响?会对经济社会产生哪些影响?

(1) 通货膨胀(通货紧缩)。居民消费价格指数是测度通货膨胀的重要指标之一,居民消费价格指数的高低可以在一定水平上说明通货膨胀的程度。

(2) 国民经济核算。国民经济核算需要用到各种价格指数。例如消费者价格指数、生产者价格指数及GDP平减指数等。如果对GDP进行纵向比较,剔除价格因素的影响才能使得数据具备可比性,剔除价格因素影响需要使用居民消费价格指数数据。

(3) 契约指数的调整。在薪资谈判中,雇员希望名义工资会随着工作时间的增加而上涨,希望增长幅度能与居民消费价格指数相当或高于居民消费价格指数,此时居民消费价格指数可以作为工资涨幅的参考。

(4) 货币购买力。货币购买力是指单位货币能够购买到的商品和服务的数量。居民消费价格指数上涨表示货币的实际购买力下降。

(5) 资本市场价格。居民消费价格指数会对资本市场的价格产生影响,通常情况下,居民消费价格指数上涨表示市场上的商品和服务价格上涨,会推高人们对商品和服务价格的预期,最终传导到企业成本上涨、工人工资上涨,从而带动商品和服务价格的上涨。

7.4.2 生产者价格指数

生产者价格指数与消费价格指数相似,不同之处在于它是从生产者角度出发编制的物价指数。生产价格包括工业企业产品第一次出售时的出厂价格和企业作为中间投入的原材料、燃料、动力购进价格,是产品出厂价格,即扣除所有税收和折扣的价格,反映了一个国家或地区在一定时期内生产的货物或服务价格变动的一种相对数,衡量工业企业产品出厂价格变动趋势和程度，是测度某一时期生产领域价格变动情况的重要经济指标。通过生产者价格指数，我们可以判断商品的出厂价格变动对工业总产值的影响，因此生产者价格指数成为制定经济政策和国民经济核算的重要依据。由于生产者价格指数上升会导致商品的出厂价格上涨，因此生产者价格指数被看作判断市场价格的风向标。同时，生产者价格指数也可以作为通货膨胀水平的重要参考指标，一般来说，生产者价格指数的上升会伴随着通货膨胀的风险。

生产者价格指数与居民消费价格指数有一定的差异。生产者价格指数通常可以看作居民消费价格指数的先行指标，生产者价格指数的变动会间接传导到居民消费价格指数上，因为生产价格的提高会使企业生产成本提高，并通过产业链向中下游企业扩散，最终波及流通领域，导致最终产品与服务价格提高，从而转移到消费者身上。但是由于生产者价格指数重点关注的是工业品价格，反映生产环节的价格水平，而居民消费价格指数关注的是最终产品和服务价格，反映居民的消费价格水平，因此虽然有传导机制，但传导扩散有一定的滞后。居民消费价格指数不仅包含消费价格，还包括服务价格，且居民消费价格指数的构成中农产品的权重较大，这与生产者价格指数的统计口径并不一致，因此也会出现生产者价格指数与居民消费价格指数走向并不完全一致的情况，同时生产者价格指数和居民消费价格指数长期处于不一致的背离情形也不太符合传导机制。

我国从1984年开始编制生产者价格指数，2011年国家统计局调整了生产者价格指数的基期、权重、企业规格品和产品分类方法等，生产者价格指数的调查产品有4000多种，其中包含规格品9500多种，覆盖全部39个工业行业大类，涉及调查种类186个，调查企业高达50000多家。和居民消费价格指数一样，统计局会发布月度、季度和年度生产者价格指数。另外，也有各省主要城市和大中城市的生产者价格指数数据。

生产者价格指数的编制过程主要以价格变动为基础，利用加权算术平均法计算，其计算过程如下。首先，计算某企业的某种代表性的规格品价格指数，将不同调查时间的价格取算术平均。其次，通过几何平均法计算企业同种代表规格品的价格指数和代表产品的价格指数。最后，利用加权算术平均计算工业品出厂价格总指数，即可得到生产者价格指数。

在编制生产者价格指数的过程中，编制方法、权重确定及选择，产品分类，规格品的选择、确定及调整等因素非常关键，我国编制生产者价格指数的主要特点如下。

首先，选定规格品，通过统计调查方法依据规格品选取企业。通过重点抽样和典型调查选取调查企业，以此保证规格品的同质性。为确保规格品的可比性，要求企业每月上报两次价格，以平均价格计算生产者价格指数。

其次，通过间接权重分摊方法保证生产者价格指数编制的权重合理。由于工业产品数量繁多，无论怎么选取，都会有产品未被选为规格品。此时，把未被选中的产品（或行业）的权重合理分配到选中的产品（或行业）中。按行业大类确定权重，细分行业中类、小类，计算规格品的权重。分摊方法消除了行业间规格品分布不均衡的问题。中类及以下的产品权重数据缺乏准确的数据来源，因此可能会影响生产者价格指数的准确性。

最后，通过基层数据上报汇总保证生产者价格指数的质量。生产者价格指数不是通过各省（自治区、直辖市）的数据汇总得到，而是通过基层上报的企业数据汇总得到全国总指数。

生产者价格指数编制中仅对投入价格和产出价格进行描述，因此，对A企业购买B企业的生产产品需计入生产者价格指数计算之中，A企业使用自己生产的产品再投入生产并未包含在内。另外，生产者价格指数主要测算离开生产企业时的价格，用于出口的产品价格或利用进口产品再投入的价格并未统计在内。

7.4.3 满意度指数

了解满意度指数

满意度是对产品感知的效果（或结果）与期望值的契合程度，契合程度越高越满意，反之越不满意。满意度指数是一个衡量个体主观行为、态度和看法的相对数，与前述客观标准不一样。也就是说，满意度指数的具体数据不像价格，虽然企业对不同购买者所给的出厂价格不一致，但最终有一个具体的数值，总能计算出企业的平均出厂价格。但是满意度的答案是主观的，没有标准答案，也不存在正确答案。不同消费者对同一产品的满意度可以有不同结果，甚至同一消费者对于同一产品在不同时间内的满意度结果也可能不同。卡多佐于1965年对产品满意度方面进行了研究，认为提高顾客满意度会增强顾客的"忠诚度"，会促使顾客产生再次购买行为。

顾客满意度是对顾客满意程度的衡量指标，常常通过随机调查获取样本，以顾客对特定满意度指标的打分数据为基础，运用加权平均法得出相应结果即为满意度指数。例如，企业的满意度调查可能不仅需要了解消费者（外部顾客）的满意度状况，而且要求了解员工（内部顾客）的满意度状况，从而揭示企业在创造和传递顾客价值方面存在的问题。顾客满意度是一个变动的目标，能够使一个顾客满意的东西未必会使另外一个顾客满意，能使得顾客在一种情况下满意的产品，在另一种情况下未必能使其满意，只有全面掌握不同的顾客群体满意度的影响因素，才能更好地提升顾客满意度。

消费者满意度指数是指消费者对购买商品在消耗使用过程中及其结束后对该项消费总体的态度和看法，包含商品消费、服务消费、消费维权等环节。例如某省开展的某项满意度调查，工商局联合科研机构通过网络问卷、消委会投诉平台、大数据采集等多种形式汇总了近400万条数据信息进行统计建模分析，最后的指数结果变动在50～100区间，50表示消费者很不满意，100表示很满意。当年的消费者满意度指数为77.2，高于中值75.0，显示出城乡居民对消费总体满意度为中性偏好。从商品消费、服务消费、消费维权三个指标具体来看，消费者对商品消费满意度最高，为77.2；其次是消费维权满意度，为77.0；服务消费满意度最低，为76.3，表明消费者对服务的期望越来越高。

思考： 员工对企业食堂提出意见，表达自己的不满。如果领导请你调查此事，你如何调查食堂满意度？如果是编制食堂满意度指数，该怎么做？

7.4.4 股票价格指数

股票价格指数是用来测度某一股票市场在某段时间内的多种股票价格变动的相对数。证券市场上股票指数产品种类繁多，不同的股票价格指数反映不同股票组合的价格变动。查看数千只股票的价格变动情况在实际操作中是不现实的，我们可以选取一些股票组合，通过这些股票组合的价格变动情况反映股票市场上所有股票价格的平均变动情况。下面以我国的上证股价指数为例，简要介绍股票价格指数的编制。由上海证券交易所编制并发布的指数系列，包括上证综合指数、上证180指数、上证50指数、上证380指数等，称为上证股价指数。其中最具典型意义的上证综合指数（简称上证综指），也是最早编制的股票价格指数，于1991年7月15日起正式发布，以1990年12月19日为基日，基日指数为100点，以所有上市股票（包括A股和B股）为样本，将报告期股票发行量为权数进行编制，计算公式为

$$今日股价指数 = \frac{今日市价总值}{基准日市价总值} \times 100$$

其中，市价总值等于收盘价乘以发行股数。如果遇到发行新股或者扩股时，市价总值需要进行修正。

上证综合指数在编制上有以下几个特点。

(1) 包括挂牌上市的所有股票。优点在于能全面准确地反映某个时点股票价格的综合变动情况，具有广泛的代表性。缺点是敏感性太差，不能及时反映主要上市公司股票价格对市场大势的影响。新股上市、旧股退市、股权拆分等情况使得指数内部结构变动频繁，影响了结构的稳定性。

(2) 将股票发行量作为权数。优点是广泛全面，缺点是不能反映暂时不能流通的法人股（有些企业不流通的法人股占相当大的比重）。因此，该指数只能反映流通市场的变化情况，不能反映现实市场股价的综合变动。

不同的股票价格指数各有各的优点，同时也存在局限性。单一指数不能说明所有问题，还需要结合其他数据作为补充，全面科学地看待市场上发布的各种指数。

习 题

一、简答题

1. 简述统计指数的概念。
2. 统计指数的分类及其分类的原则是什么？
3. 什么是同度量因素？引入同度量因素时要注意什么？
4. 综合指数与平均指标指数编制时的区别是什么？
5. 平均指数都有哪些具体形式？各有什么特点？
6. 什么是指数体系？
7. 居民消费价格指数的概念是什么？居民消费价格指数主要应用于衡量经济中的哪些问题？

二、计算题

1. 现有几种商品的销售量和销售价格如表 7.6 所示。

表 7.6 商品销售量和商品价格

商品名称	销售量/kg		销售价格/（元/kg）	
	基期	报告期	基期	报告期
牛肉	50000	48000	33.8	40.2
调味品	5000	6000	5.0	4.4
鸡蛋	12000	16500	4.4	3.8

计算：(1) 各个商品的销售量个体指数。

(2) 各个商品的价格个体指数。

(3) 所有商品的销售量总指数。

(4) 所有商品的价格总指数。

2. 某企业三种商品的产值和产量的数据如表7.7所示。

表7.7 某企业三种商品的产值和产量

商品名称	实际产值/万元		基期比报告期产量增长/%
	基期	报告期	
甲	400	500	5
乙	600	800	8
丙	800	1050	10

试计算三种商品的产量总指数,并说明由于产量增加而使得企业增加的产值。

3. 某地区三种商品的收购额数据如表7.8所示,计算三种产品的收购价格总指数,说明基期和报告期收购价格的变化程度,以及由于收购价格提高而增加的收入。

表7.8 某地区三种商品的收购数据

商品名称	基期		报告期	
	平均价格/(元/kg)	收购额/万元	平均价格/(元/kg)	收购额/万元
甲	10	240	12	280
乙	8	200	11	300
丙	5	150	6	180

4. 三种商品的销售数据如表7.9所示。

表7.9 三种商品的销售数据

商品名称	计量单位	销售量		价格/元	
		基期	报告期	基期	报告期
牛奶	kg	9000	10000	10	11
火腿	袋	3000	3500	19	22
月饼	盒	8500	9500	35	40

计算:(1) 销售额指数和销售额增加额。
(2) 销售量总指数和由于销售量变动对销售额的影响。
(3) 价格总指数和由于价格变动对销售额的影响。
(4) 利用指数体系说明三者的变动关系。

5. 某总公司的两个分公司的某一产品的成本数据如表7.10所示,计算并且分析总公司产品的平均单位成本变动受分公司成本水平及总公司产量结构变动的影响。

表7.10 分公司的某一产品的成本数据

公司	单位成本/元		生产量/件	
	x_0	x_1	f_0	f_1
分公司甲	8.0	9.0	300	700
分公司乙	5.0	7.0	600	800
总公司	—	—	900	1500

附 录

附表 1　标准正态分布表

x	0.00	0.01	0.02	0.03	0.04	0.05	0.06	0.07	0.08	0.09
0.0	0.5000	0.5040	0.5080	0.5120	0.5160	0.5199	0.5239	0.5279	0.5319	0.5359
0.1	0.5398	0.5438	0.5478	0.5517	0.5557	0.5596	0.5636	0.5675	0.5714	0.5753
0.2	0.5793	0.5832	0.5871	0.5910	0.5948	0.5987	0.6026	0.6064	0.6103	0.6141
0.3	0.6179	0.6217	0.6255	0.6293	0.6331	0.6368	0.6406	0.6443	0.6480	0.6517
0.4	0.6554	0.6591	0.6628	0.6664	0.6700	0.6736	0.6772	0.6808	0.6844	0.6879
0.5	0.6915	0.6950	0.6985	0.7019	0.7054	0.7088	0.7123	0.7157	0.7190	0.7224
0.6	0.7257	0.7291	0.7324	0.7357	0.7389	0.7422	0.7454	0.7486	0.7517	0.7549
0.7	0.7580	0.7611	0.7642	0.7673	0.7704	0.7734	0.7764	0.7794	0.7823	0.7852
0.8	0.7881	0.7910	0.7939	0.7967	0.7995	0.8023	0.8051	0.8078	0.8106	0.8133
0.9	0.8159	0.8186	0.8212	0.8238	0.8264	0.8289	0.8315	0.8340	0.8365	0.8389
1.0	0.8413	0.8438	0.8461	0.8485	0.8508	0.8531	0.8554	0.8577	0.8599	0.8621
1.1	0.8643	0.8665	0.8686	0.8708	0.8729	0.8749	0.8770	0.8790	0.8810	0.8830
1.2	0.8849	0.8869	0.8888	0.8907	0.8925	0.8944	0.8962	0.8980	0.8997	0.9015
1.3	0.9032	0.9049	0.9066	0.9082	0.9099	0.9115	0.9131	0.9147	0.9162	0.9177
1.4	0.9192	0.9207	0.9222	0.9236	0.9251	0.9265	0.9279	0.9292	0.9306	0.9319
1.5	0.9332	0.9345	0.9357	0.9370	0.9382	0.9394	0.9406	0.9418	0.9429	0.9441
1.6	0.9452	0.9463	0.9474	0.9484	0.9495	0.9505	0.9515	0.9525	0.9535	0.9545
1.7	0.9554	0.9564	0.9573	0.9582	0.9591	0.9599	0.9608	0.9616	0.9625	0.9633
1.8	0.9641	0.9649	0.9656	0.9664	0.9671	0.9678	0.9686	0.9693	0.9699	0.9706
1.9	0.9713	0.9719	0.9726	0.9732	0.9738	0.9744	0.9750	0.9756	0.9761	0.9767
2.0	0.9772	0.9778	0.9783	0.9788	0.9793	0.9798	0.9803	0.9808	0.9812	0.9817

续表

x	0.00	0.01	0.02	0.03	0.04	0.05	0.06	0.07	0.08	0.09
2.1	0.9821	0.9826	0.9830	0.9834	0.9838	0.9842	0.9846	0.9850	0.9854	0.9857
2.2	0.9861	0.9864	0.9868	0.9871	0.9875	0.9878	0.9881	0.9884	0.9887	0.9890
2.3	0.9893	0.9896	0.9898	0.9901	0.9904	0.9906	0.9909	0.9911	0.9913	0.9916
2.4	0.9918	0.9920	0.9922	0.9925	0.9927	0.9929	0.9931	0.9932	0.9934	0.9936
2.5	0.9938	0.9940	0.9941	0.9943	0.9945	0.9946	0.9948	0.9949	0.9951	0.9952
2.6	0.9953	0.9955	0.9956	0.9957	0.9959	0.9960	0.9961	0.9962	0.9963	0.9964
2.7	0.9965	0.9966	0.9967	0.9968	0.9969	0.9970	0.9971	0.9972	0.9973	0.9974
2.8	0.9974	0.9975	0.9976	0.9977	0.9977	0.9978	0.9979	0.9979	0.9980	0.9981
2.9	0.9981	0.9982	0.9982	0.9983	0.9984	0.9984	0.9985	0.9985	0.9986	0.9986
3.0	0.9987	0.9987	0.9987	0.9988	0.9988	0.9989	0.9989	0.9989	0.9990	0.9990
3.1	0.9990	0.9991	0.9991	0.9991	0.9992	0.9992	0.9992	0.9992	0.9993	0.9993
3.2	0.9993	0.9993	0.9994	0.9994	0.9994	0.9994	0.9994	0.9995	0.9995	0.9995
3.3	0.9995	0.9995	0.9995	0.9996	0.9996	0.9996	0.9996	0.9996	0.9996	0.9997
3.4	0.9997	0.9997	0.9997	0.9997	0.9997	0.9997	0.9997	0.9997	0.9997	0.9998
3.5	0.9998	0.9998	0.9998	0.9998	0.9998	0.9998	0.9998	0.9998	0.9998	0.9998

附表 2　标准正态分布分位数表

p	0.000	0.001	0.002	0.003	0.004	0.005	0.006	0.007	0.008	0.0009
0.50	0.0000	0.0025	0.0050	0.0075	0.0100	0.0125	0.0150	0.0175	0.0201	0.0226
0.51	0.0251	0.0276	0.0301	0.0326	0.0351	0.0376	0.0401	0.0426	0.0451	0.0476
0.52	0.0502	0.0527	0.0552	0.0577	0.0602	0.0627	0.0652	0.0677	0.0702	0.0728
0.53	0.0753	0.0778	0.0803	0.0828	0.0853	0.0878	0.0904	0.0929	0.0954	0.0979
0.54	0.1004	0.1030	0.1055	0.1080	0.1105	0.1130	0.1156	0.1181	0.1206	0.1231
0.55	0.1257	0.1282	0.1307	0.1332	0.1358	0.1383	0.1408	0.1434	0.1459	0.1484
0.56	0.1510	0.1535	0.1560	0.1586	0.1611	0.1637	0.1662	0.1687	0.1713	0.1738
0.57	0.1764	0.1789	0.1815	0.1840	0.1866	0.1891	0.1917	0.1942	0.1968	0.1993
0.58	0.2019	0.2045	0.2070	0.2096	0.2121	0.2147	0.2173	0.2198	0.2224	0.2250
0.59	0.2275	0.2301	0.2327	0.2353	0.2378	0.2404	0.2430	0.2456	0.2482	0.2508
0.60	0.2533	0.2559	0.2585	0.2611	0.2637	0.2663	0.2689	0.2715	0.2741	0.2767
0.61	0.2793	0.2819	0.2845	0.2871	0.2898	0.2924	0.2950	0.2976	0.3002	0.3029
0.62	0.3055	0.3081	0.3107	0.3134	0.3160	0.3186	0.3213	0.3239	0.3266	0.3292
0.63	0.3319	0.3345	0.3372	0.3398	0.3425	0.3451	0.3478	0.3505	0.3531	0.3558

续表

p	0.000	0.001	0.002	0.003	0.004	0.005	0.006	0.007	0.008	0.009
0.64	0.3585	0.3611	0.3638	0.3665	0.3692	0.3719	0.3745	0.3772	0.3799	0.3826
0.65	0.3853	0.3880	0.3907	0.3934	0.3961	0.3989	0.4016	0.4043	0.4070	0.4097
0.66	0.4125	0.4152	0.4179	0.4207	0.4234	0.4261	0.4289	0.4316	0.4344	0.4372
0.67	0.4399	0.4427	0.4454	0.4482	0.4510	0.4538	0.4565	0.4593	0.4621	0.4649
0.68	0.4677	0.4705	0.4733	0.4761	0.4789	0.4817	0.4845	0.4874	0.4902	0.4930
0.69	0.4959	0.4987	0.5015	0.5044	0.5072	0.5101	0.5129	0.5158	0.5187	0.5215
0.70	0.5244	0.5273	0.5302	0.5330	0.5359	0.5388	0.5417	0.5446	0.5476	0.5505
0.71	0.5534	0.5563	0.5592	0.5622	0.5651	0.5681	0.5710	0.5740	0.5769	0.5799
0.72	0.5828	0.5858	0.5888	0.5918	0.5948	0.5978	0.6008	0.6038	0.6068	0.6098
0.73	0.6128	0.6158	0.6189	0.6219	0.6250	0.6280	0.6311	0.6341	0.6372	0.6403
0.74	0.6433	0.6464	0.6495	0.6526	0.6557	0.6588	0.6620	0.6651	0.6682	0.6713
0.75	0.6745	0.6776	0.6808	0.6840	0.6871	0.6903	0.6935	0.6967	0.6999	0.7031
0.76	0.7063	0.7095	0.7128	0.7160	0.7192	0.7225	0.7257	0.7290	0.7323	0.7356
0.77	0.7388	0.7421	0.7454	0.7488	0.7521	0.7554	0.7588	0.7621	0.7655	0.7688
0.78	0.7722	0.7756	0.7790	0.7824	0.7858	0.7892	0.7926	0.7961	0.7995	0.8030
0.79	0.8064	0.8099	0.8134	0.8169	0.8204	0.8239	0.8274	0.8310	0.8345	0.8381
0.80	0.8416	0.8452	0.8488	0.8524	0.8560	0.8596	0.8633	0.8669	0.8705	0.8742
0.81	0.8779	0.8816	0.8853	0.8890	0.8927	0.8965	0.9002	0.9040	0.9078	0.9116
0.82	0.9154	0.9192	0.9230	0.9269	0.9307	0.9346	0.9385	0.9424	0.9463	0.9502
0.83	0.9542	0.9581	0.9621	0.9661	0.9701	0.9741	0.9782	0.9822	0.9863	0.9904
0.84	0.9945	0.9986	1.0027	1.0069	1.0110	1.0152	1.0194	1.0237	1.0279	1.0322
0.85	1.0364	1.0407	1.0450	1.0494	1.0537	1.0581	1.0625	1.0669	1.0714	1.0758
0.86	1.0803	1.0848	1.0893	1.0939	1.0985	1.1031	1.1077	1.1123	1.1170	1.1217
0.87	1.1264	1.1311	1.1359	1.1407	1.1455	1.1503	1.1552	1.1601	1.1650	1.1700
0.88	1.1750	1.1800	1.1850	1.1901	1.1952	1.2004	1.2055	1.2107	1.2160	1.2212
0.89	1.2265	1.2319	1.2372	1.2426	1.2481	1.2536	1.2591	1.2646	1.2702	1.2759
0.90	1.2816	1.2873	1.2930	1.2988	1.3047	1.3106	1.3165	1.3225	1.3285	1.3346
0.91	1.3408	1.3469	1.3532	1.3595	1.3658	1.3722	1.3787	1.3852	1.3917	1.3984
0.92	1.4051	1.4118	1.4187	1.4255	1.4325	1.4395	1.4466	1.4538	1.4611	1.4684
0.93	1.4758	1.4833	1.4909	1.4985	1.5063	1.5141	1.5220	1.5301	1.5382	1.5464
0.94	1.5548	1.5632	1.5718	1.5805	1.5893	1.5982	1.6072	1.6164	1.6258	1.6352

续表

p	0.000	0.001	0.002	0.003	0.004	0.005	0.006	0.007	0.008	0.009
0.95	1.6449	1.6546	1.6646	1.6747	1.6849	1.6954	1.7060	1.7169	1.7279	1.7392
0.96	1.7507	1.7624	1.7744	1.7866	1.7991	1.8119	1.8250	1.8384	1.8522	1.8663
0.97	1.8808	1.8957	1.9110	1.9268	1.9431	1.9600	1.9774	1.9954	2.0141	2.0335
0.98	2.0537	2.0749	2.0969	2.1201	2.1444	2.1701	2.1973	2.2262	2.2571	2.2904

附表 3 t 分布临界值表

d/α	0.100	0.050	0.025	0.010	0.005
1	3.0777	6.3138	12.7062	31.8205	63.6567
2	1.8856	2.9200	4.3027	6.9646	9.9248
3	1.6377	2.3534	3.1824	4.5407	5.8409
4	1.5332	2.1318	2.7764	3.7469	4.6041
5	1.4759	2.0150	2.5706	3.3649	4.0321
6	1.4398	1.9432	2.4469	3.1427	3.7074
7	1.4149	1.8946	2.3646	2.9980	3.4995
8	1.3968	1.8595	2.3060	2.8965	3.3554
9	1.3830	1.8331	2.2622	2.8214	3.2498
10	1.3722	1.8125	2.2281	2.7638	3.1693
11	1.3634	1.7959	2.2010	2.7181	3.1058
12	1.3562	1.7823	2.1788	2.6810	3.0545
13	1.3502	1.7709	2.1604	2.6503	3.0123
14	1.3450	1.7613	2.1448	2.6245	2.9768
15	1.3406	1.7531	2.1314	2.6025	2.9467
16	1.3368	1.7459	2.1199	2.5835	2.9208
17	1.3334	1.7396	2.1098	2.5669	2.8982
18	1.3304	1.7341	2.1009	2.5524	2.8784
19	1.3277	1.7291	2.0930	2.5395	2.8609
20	1.3253	1.7247	2.0860	2.5280	2.8453
21	1.3232	1.7207	2.0796	2.5176	2.8314
22	1.3212	1.7171	2.0739	2.5083	2.8188
23	1.3195	1.7139	2.0687	2.4999	2.8073
24	1.3178	1.7109	2.0639	2.4922	2.7969
25	1.3163	1.7081	2.0595	2.4851	2.7874

续表

d/α	0.100	0.050	0.025	0.010	0.005
26	1.3150	1.7056	2.0555	2.4786	2.7787
27	1.3137	1.7033	2.0518	2.4727	2.7707
28	1.3125	1.7011	2.0484	2.4671	2.7633
29	1.3114	1.6991	2.0452	2.4620	2.7564
30	1.3104	1.6973	2.0423	2.4573	2.7500

附表 4　卡方分布临界值表

d/α	0.995	0.99	0.975	0.95	0.9	0.1	0.05	0.025	0.01	0.005
1	0.0000	0.0002	0.0010	0.0039	0.0158	2.7055	3.8415	5.0239	6.6349	7.8794
2	0.0100	0.0201	0.0506	0.1026	0.2107	4.6052	5.9915	7.3778	9.2103	10.5966
3	0.0717	0.1148	0.2158	0.3518	0.5844	6.2514	7.8147	9.3484	11.3449	12.8382
4	0.2070	0.2971	0.4844	0.7107	1.0636	7.7794	9.4877	11.1433	13.2767	14.8603
5	0.4117	0.5543	0.8312	1.1455	1.6103	9.2364	11.0705	12.8325	15.0863	16.7496
6	0.6757	0.8721	1.2373	1.6354	2.2041	10.6446	12.5916	14.4494	16.8119	18.5476
7	0.9893	1.2390	1.6899	2.1673	2.8331	12.0170	14.0671	16.0128	18.4753	20.2777
8	1.3444	1.6465	2.1797	2.7326	3.4895	13.3616	15.5073	17.5345	20.0902	21.9550
9	1.7349	2.0879	2.7004	3.3251	4.1682	14.6837	16.9190	19.0228	21.6660	23.5894
10	2.1559	2.5582	3.2470	3.9403	4.8652	15.9872	18.3070	20.4832	23.2093	25.1882
11	2.6032	3.0535	3.8157	4.5748	5.5778	17.2750	19.6751	21.9200	24.7250	26.7568
12	3.0738	3.5706	4.4038	5.2260	6.3038	18.5493	21.0261	23.3367	26.2170	28.2995
13	3.5650	4.1069	5.0088	5.8919	7.0415	19.8119	22.3620	24.7356	27.6882	29.8195
14	4.0747	4.6604	5.6287	6.5706	7.7895	21.0641	23.6848	26.1189	29.1412	31.3193
15	4.6009	5.2293	6.2621	7.2609	8.5468	22.3071	24.9958	27.4884	30.5779	32.8013
16	5.1422	5.8122	6.9077	7.9616	9.3122	23.5418	26.2962	28.8454	31.9999	34.2672
17	5.6972	6.4078	7.5642	8.6718	10.0852	24.7690	27.5871	30.1910	33.4087	35.7185
18	6.2648	7.0149	8.2307	9.3905	10.8649	25.9894	28.8693	31.5264	34.8053	37.1565
19	6.8440	7.6327	8.9065	10.1170	11.6509	27.2036	30.1435	32.8523	36.1909	38.5823
20	7.4338	8.2604	9.5908	10.8508	12.4426	28.4120	31.4104	34.1696	37.5662	39.9968
21	8.0337	8.8972	10.2829	11.5913	13.2396	29.6151	32.6706	35.4789	38.9322	41.4011
22	8.6427	9.5425	10.9823	12.3380	14.0415	30.8133	33.9244	36.7807	40.2894	42.7957
23	9.2604	10.1957	11.6886	13.0905	14.8480	32.0069	35.1725	38.0756	41.6384	44.1813
24	9.8862	10.8564	12.4012	13.8484	15.6587	33.1962	36.4150	39.3641	42.9798	45.5585

续表

d/α	0.995	0.99	0.975	0.95	0.9	0.1	0.05	0.025	0.01	0.005
25	10.5197	11.5240	13.1197	14.6114	16.4734	34.3816	37.6525	40.6465	44.3141	46.9279
26	11.1602	12.1981	13.8439	15.3792	17.2919	35.5632	38.8851	41.9232	45.6417	48.2899
27	11.8076	12.8785	14.5734	16.1514	18.1139	36.7412	40.1133	43.1945	46.9629	49.6449
28	12.4613	13.5647	15.3079	16.9279	18.9392	37.9159	41.3371	44.4608	48.2782	50.9934
29	13.1211	14.2565	16.0471	17.7084	19.7677	39.0875	42.5570	45.7223	49.5879	52.3356
30	13.7867	14.9535	16.7908	18.4927	20.5992	40.2560	43.7730	46.9792	50.8922	53.6720
31	14.4578	15.6555	17.5387	19.2806	21.4336	41.4217	44.9853	48.2319	52.1914	55.0027
32	15.1340	16.3622	18.2908	20.0719	22.2706	42.5847	46.1943	49.4804	53.4858	56.3281
33	15.8153	17.0735	19.0467	20.8665	23.1102	43.7452	47.3999	50.7251	54.7755	57.6484
34	16.5013	17.7891	19.8063	21.6643	23.9523	44.9032	48.6024	51.9660	56.0609	58.9639
35	17.1918	18.5089	20.5694	22.4650	24.7967	46.0588	49.8018	53.2033	57.3421	60.2748
36	17.8867	19.2327	21.3359	23.2686	25.6433	47.2122	50.9985	54.4373	58.6192	61.5812
37	18.5858	19.9602	22.1056	24.0749	26.4921	48.3634	52.1923	55.6680	59.8925	62.8833
38	19.2889	20.6914	22.8785	24.8839	27.3430	49.5126	53.3835	56.8955	61.1621	64.1814
39	19.9959	21.4262	23.6543	25.6954	28.1958	50.6598	54.5722	58.1201	62.4281	65.4756

附表 5　F 分布临界值表（$\alpha=0.1$）

$d2/d1$	1	2	3	4	5	6	7	8	9	10
1	39.86	49.50	53.59	55.83	57.24	58.20	58.91	59.44	59.86	60.19
2	8.53	9.00	9.16	9.24	9.29	9.33	9.35	9.37	9.38	9.39
3	5.54	5.46	5.39	5.34	5.31	5.28	5.27	5.25	5.24	5.23
4	4.54	4.32	4.19	4.11	4.05	4.01	3.98	3.95	3.94	3.92
5	4.06	3.78	3.62	3.52	3.45	3.40	3.37	3.34	3.32	3.30
6	3.78	3.46	3.29	3.18	3.11	3.05	3.01	2.98	2.96	2.94
7	3.59	3.26	3.07	2.96	2.88	2.83	2.78	2.75	2.72	2.70
8	3.46	3.11	2.92	2.81	2.73	2.67	2.62	2.59	2.56	2.54
9	3.36	3.01	2.81	2.69	2.61	2.55	2.51	2.47	2.44	2.42
10	3.29	2.92	2.73	2.61	2.52	2.46	2.41	2.38	2.35	2.32
11	3.23	2.86	2.66	2.54	2.45	2.39	2.34	2.30	2.27	2.25
12	3.18	2.81	2.61	2.48	2.39	2.33	2.28	2.24	2.21	2.19
13	3.14	2.76	2.56	2.43	2.35	2.28	2.23	2.20	2.16	2.14
14	3.10	2.73	2.52	2.39	2.31	2.24	2.19	2.15	2.12	2.10

续表

d2/d1	1	2	3	4	5	6	7	8	9	10
15	3.07	2.70	2.49	2.36	2.27	2.21	2.16	2.12	2.09	2.06
16	3.05	2.67	2.46	2.33	2.24	2.18	2.13	2.09	2.06	2.03
17	3.03	2.64	2.44	2.31	2.22	2.15	2.10	2.06	2.03	2.00
18	3.01	2.62	2.42	2.29	2.20	2.13	2.08	2.04	2.00	1.98
19	2.99	2.61	2.40	2.27	2.18	2.11	2.06	2.02	1.98	1.96
20	2.97	2.59	2.38	2.25	2.16	2.09	2.04	2.00	1.96	1.94
21	2.96	2.57	2.36	2.23	2.14	2.08	2.02	1.98	1.95	1.92
22	2.95	2.56	2.35	2.22	2.13	2.06	2.01	1.97	1.93	1.90
23	2.94	2.55	2.34	2.21	2.11	2.05	1.99	1.95	1.92	1.89
24	2.93	2.54	2.33	2.19	2.10	2.04	1.98	1.94	1.91	1.88
25	2.92	2.53	2.32	2.18	2.09	2.02	1.97	1.93	1.89	1.87
26	2.91	2.52	2.31	2.17	2.08	2.01	1.96	1.92	1.88	1.86
27	2.90	2.51	2.30	2.17	2.07	2.00	1.95	1.91	1.87	1.85
28	2.89	2.50	2.29	2.16	2.06	2.00	1.94	1.90	1.87	1.84
29	2.89	2.50	2.28	2.15	2.06	1.99	1.93	1.89	1.86	1.83
30	2.88	2.49	2.28	2.14	2.05	1.98	1.93	1.88	1.85	1.82
40	2.84	2.44	2.23	2.09	2.00	1.93	1.87	1.83	1.79	1.76
50	2.81	2.41	2.20	2.06	1.97	1.90	1.84	1.80	1.76	1.73
60	2.79	2.39	2.18	2.04	1.95	1.87	1.82	1.77	1.74	1.71
70	2.78	2.38	2.16	2.03	1.93	1.86	1.80	1.76	1.72	1.69
80	2.77	2.37	2.15	2.02	1.92	1.85	1.79	1.75	1.71	1.68
90	2.76	2.36	2.15	2.01	1.91	1.84	1.78	1.74	1.70	1.67
100	2.76	2.36	2.14	2.00	1.91	1.83	1.78	1.73	1.69	1.66
10000	2.71	2.30	2.08	1.95	1.85	1.77	1.72	1.67	1.63	1.60

附表 6 F 分布临界值表（$\alpha = 0.05$）

d2/d1	1	2	3	4	5	6	7	8	9	10
1	161.45	199.50	215.71	224.58	230.16	233.99	236.77	238.88	240.54	241.88
2	18.51	19.00	19.16	19.25	19.30	19.33	19.35	19.37	19.38	19.40
3	10.13	9.55	9.28	9.12	9.01	8.94	8.89	8.85	8.81	8.79
4	7.71	6.94	6.59	6.39	6.26	6.16	6.09	6.04	6.00	5.96
5	6.61	5.79	5.41	5.19	5.05	4.95	4.88	4.82	4.77	4.74

续表

d2/d1	1	2	3	4	5	6	7	8	9	10
6	5.99	5.14	4.76	4.53	4.39	4.28	4.21	4.15	4.10	4.06
7	5.59	4.74	4.35	4.12	3.97	3.87	3.79	3.73	3.68	3.64
8	5.32	4.46	4.07	3.84	3.69	3.58	3.50	3.44	3.39	3.35
9	5.12	4.26	3.86	3.63	3.48	3.37	3.29	3.23	3.18	3.14
10	4.96	4.10	3.71	3.48	3.33	3.22	3.14	3.07	3.02	2.98
11	4.84	3.98	3.59	3.36	3.20	3.09	3.01	2.95	2.90	2.85
12	4.75	3.89	3.49	3.26	3.11	3.00	2.91	2.85	2.80	2.75
13	4.67	3.81	3.41	3.18	3.03	2.92	2.83	2.77	2.71	2.67
14	4.60	3.74	3.34	3.11	2.96	2.85	2.76	2.70	2.65	2.60
15	4.54	3.68	3.29	3.06	2.90	2.79	2.71	2.64	2.59	2.54
16	4.49	3.63	3.24	3.01	2.85	2.74	2.66	2.59	2.54	2.49
17	4.45	3.59	3.20	2.96	2.81	2.70	2.61	2.55	2.49	2.45
18	4.41	3.55	3.16	2.93	2.77	2.66	2.58	2.51	2.46	2.41
19	4.38	3.52	3.13	2.90	2.74	2.63	2.54	2.48	2.42	2.38
20	4.35	3.49	3.10	2.87	2.71	2.60	2.51	2.45	2.39	2.35
21	4.32	3.47	3.07	2.84	2.68	2.57	2.49	2.42	2.37	2.32
22	4.30	3.44	3.05	2.82	2.66	2.55	2.46	2.40	2.34	2.30
23	4.28	3.42	3.03	2.80	2.64	2.53	2.44	2.37	2.32	2.27
24	4.26	3.40	3.01	2.78	2.62	2.51	2.42	2.36	2.30	2.25
25	4.24	3.39	2.99	2.76	2.60	2.49	2.40	2.34	2.28	2.24
26	4.23	3.37	2.98	2.74	2.59	2.47	2.39	2.32	2.27	2.22
27	4.21	3.35	2.96	2.73	2.57	2.46	2.37	2.31	2.25	2.20
28	4.20	3.34	2.95	2.71	2.56	2.45	2.36	2.29	2.24	2.19
29	4.18	3.33	2.93	2.70	2.55	2.43	2.35	2.28	2.22	2.18
30	4.17	3.32	2.92	2.69	2.53	2.42	2.33	2.27	2.21	2.16
40	4.08	3.23	2.84	2.61	2.45	2.34	2.25	2.18	2.12	2.08
50	4.03	3.18	2.79	2.56	2.40	2.29	2.20	2.13	2.07	2.03
60	4.00	3.15	2.76	2.53	2.37	2.25	2.17	2.10	2.04	1.99
70	3.98	3.13	2.74	2.50	2.35	2.23	2.14	2.07	2.02	1.97
80	3.96	3.11	2.72	2.49	2.33	2.21	2.13	2.06	2.00	1.95
90	3.95	3.10	2.71	2.47	2.32	2.20	2.11	2.04	1.99	1.94

续表

d_2/d_1	1	2	3	4	5	6	7	8	9	10
100	3.94	3.09	2.70	2.46	2.31	2.19	2.10	2.03	1.97	1.93
10000	3.84	3.00	2.61	2.37	2.21	2.10	2.01	1.94	1.88	1.83

附表 7 F 分布临界值表（$\alpha = 0.025$）

d_2/d_1	1	2	3	4	5	6	7	8	9	10
1	647.79	799.50	864.16	899.58	921.85	937.11	948.22	956.66	963.28	968.63
2	38.51	39.00	39.17	39.25	39.30	39.33	39.36	39.37	39.39	39.40
3	17.44	16.04	15.44	15.10	14.88	14.73	14.62	14.54	14.47	14.42
4	12.22	10.65	9.98	9.60	9.36	9.20	9.07	8.98	8.90	8.84
5	10.01	8.43	7.76	7.39	7.15	6.98	6.85	6.76	6.68	6.62
6	8.81	7.26	6.60	6.23	5.99	5.82	5.70	5.60	5.52	5.46
7	8.07	6.54	5.89	5.52	5.29	5.12	4.99	4.90	4.82	4.76
8	7.57	6.06	5.42	5.05	4.82	4.65	4.53	4.43	4.36	4.30
9	7.21	5.71	5.08	4.72	4.48	4.32	4.20	4.10	4.03	3.96
10	6.94	5.46	4.83	4.47	4.24	4.07	3.95	3.85	3.78	3.72
11	6.72	5.26	4.63	4.28	4.04	3.88	3.76	3.66	3.59	3.53
12	6.55	5.10	4.47	4.12	3.89	3.73	3.61	3.51	3.44	3.37
13	6.41	4.97	4.35	4.00	3.77	3.60	3.48	3.39	3.31	3.25
14	6.30	4.86	4.24	3.89	3.66	3.50	3.38	3.29	3.21	3.15
15	6.20	4.77	4.15	3.80	3.58	3.41	3.29	3.20	3.12	3.06
16	6.12	4.69	4.08	3.73	3.50	3.34	3.22	3.12	3.05	2.99
17	6.04	4.62	4.01	3.66	3.44	3.28	3.16	3.06	2.98	2.92
18	5.98	4.56	3.95	3.61	3.38	3.22	3.10	3.01	2.93	2.87
19	5.92	4.51	3.90	3.56	3.33	3.17	3.05	2.96	2.88	2.82
20	5.87	4.46	3.86	3.51	3.29	3.13	3.01	2.91	2.84	2.77
21	5.83	4.42	3.82	3.48	3.25	3.09	2.97	2.87	2.80	2.73
22	5.79	4.38	3.78	3.44	3.22	3.05	2.93	2.84	2.76	2.70
23	5.75	4.35	3.75	3.41	3.18	3.02	2.90	2.81	2.73	2.67
24	5.72	4.32	3.72	3.38	3.15	2.99	2.87	2.78	2.70	2.64
25	5.69	4.29	3.69	3.35	3.13	2.97	2.85	2.75	2.68	2.61
26	5.66	4.27	3.67	3.33	3.10	2.94	2.82	2.73	2.65	2.59
27	5.63	4.24	3.65	3.31	3.08	2.92	2.80	2.71	2.63	2.57

续表

d_2/d_1	1	2	3	4	5	6	7	8	9	10
28	5.61	4.22	3.63	3.29	3.06	2.90	2.78	2.69	2.61	2.55
29	5.59	4.20	3.61	3.27	3.04	2.88	2.76	2.67	2.59	2.53
30	5.57	4.18	3.59	3.25	3.03	2.87	2.75	2.65	2.57	2.51
40	5.42	4.05	3.46	3.13	2.90	2.74	2.62	2.53	2.45	2.39
50	5.34	3.97	3.39	3.05	2.83	2.67	2.55	2.46	2.38	2.32
60	5.29	3.93	3.34	3.01	2.79	2.63	2.51	2.41	2.33	2.27
70	5.25	3.89	3.31	2.97	2.75	2.59	2.47	2.38	2.30	2.24
80	5.22	3.86	3.28	2.95	2.73	2.57	2.45	2.35	2.28	2.21
90	5.20	3.84	3.26	2.93	2.71	2.55	2.43	2.34	2.26	2.19
100	5.18	3.83	3.25	2.92	2.70	2.54	2.42	2.32	2.24	2.18
1000	5.04	3.70	3.13	2.80	2.58	2.42	2.30	2.20	2.13	2.06

参 考 文 献

贾俊平,何晓群,金勇进,2018. 统计学 [M]. 7版. 北京:中国人民大学出版社.
萨尔斯伯格,2016. 女士品茶 [M]. 刘清山,译. 南昌:江西人民出版社.
王汉生,2017. 数据思维 [M]. 北京:中国人民大学出版社.
西内启,2013. 看穿一切数字的统计学 [M]. 朱悦玮,译. 北京:中信出版社.
惠伦,2013. 赤裸裸的统计学 [M]. 曹槟,译. 北京:中信出版社.
史密斯,2018. 简单统计学 [M]. 刘清山,译. 南昌:江西人民出版社.
小岛宽之,2015. 你一定爱读的极简统计学 [M]. 孔霈,译. 北京:台海出版社.
穆尔,诺茨,2017. 统计学的世界 [M]. 8版. 郑磊,译. 北京:中信出版社.